Traducción & Paratraducción III

STUDIEN ZUR ROMANISCHEN SPRACHWISSENSCHAFT UND INTERKULTURELLEN KOMMUNIKATION

Herausgegeben von
José Juan Batista Rodríguez, Dolores García-Padrón und
Encarnación Tabares Plasencia

Begründet von Gerd Wotjak †

BAND 170

PETER LANG
Berlin · Bruxelles · Chennai · Lausanne · New York · Oxford

Patricia Buján Otero y Lara Domínguez Araújo (eds.)

Traducción & Paratraducción III

Procesos inherentes a la interpretación, la revisión y la traducción

PETER LANG
Berlin · Bruxelles · Chennai · Lausanne · New York · Oxford

Información bibliográfica publicada por la Deutsche Nationalbibliothek
La Deutsche Nationalbibliothek recoge esta publicación en la Deutsche Nationalbibliografie; los datos bibliográficos detallados están disponibles en Internet en http://dnb.d-nb.de.

Esta publicación ha sido financiada por el Programa Doctoral Internacional Traducción & Paratraducción (T&P) de la Universidad de Vigo.

Catalogación en publicación de la Biblioteca del Congreso

Names: Buján Otero, Patricia editor | Domínguez Araújo, Lara editor
Title: Traducción & paratraducción. III, Procesos inherentes a la interpretación, la revisión y la traducción / Patricia Buján Otero y Lara Domínguez Araújo (eds.).
Other titles: Procesos inherentes a la interpretación, la revisión y la traducción
Description: Berlin ; New York : Peter Lang, 2026. | Series: Studien zur romanischen Sprachwissenschaft und interkulturellen Kommunikation, 1436-1914 ; Band 170 | Includes bibliographical references.
Identifiers: LCCN 2026003049 (print) | LCCN 2026003050 (ebook) | ISBN 9783631867792 hardback | ISBN 9783631872055 pdf | ISBN 9783631872062 epub
Subjects: LCSH: Translating and interpreting | LCGFT: Essays
Classification: LCC P306 .T66264 2026 (print) | LCC P306 (ebook)
LC record available at https://lccn.loc.gov/2026003049
LC ebook record available at https://lccn.loc.gov/2026003050

ISSN 1436-1914
ISBN 978-3-631-86779-2 (Print)
ISBN 978-3-631-87205-5 (ePDF)
ISBN 978-3-631-87206-2 (ePUB)
DOI 10.3726/b19355

Publicado por Peter Lang GmbH, Berlin, Alemania

info@peterlang.com

www.peterlang.com

Contacto sobre el Reglamento relativo a la seguridad general de los productos (RSGP): gpsr@peterlang.com

Contenidos

Figuras

Tablas

Introducción a los procesos inherentes a la interpretación, la revisión y la traducción

Patricia Buján Otero & Lara Domínguez Araújo[*]

En continuidad con la línea de publicaciones iniciada dentro del Doctorado en Traducción y Paratraducción con *Traducción & Paratraducción (T&P). Líneas de investigación I* (Peter Lang, 2022), en las que se ahondaba en diferentes aspectos empíricos, sociológicos y discursivos relacionados con la traducción y la paratraducción, este tercer volumen se abre a la diversidad de los ámbitos de la investigación y la profesión sobre traducción e interpretación (TeI) —edición, videojuegos, biomedicina, textos técnicos, subtítulos, didáctica...— desde ópticas que amplían el foco más allá de la persona que traduce e interpreta y destacan el carácter colectivo e interdependiente de numerosas actividades relacionadas con la traducción e interpretación.

Al margen del tema central de cada capítulo, entre todos ellos ponen de manifiesto el carácter situado, contextual y específico de cada encargo en el mundo profesional —o aficionado— y las numerosas actividades paralelas y complementarias a la traducción e interpretación que intervienen en dichos procesos (corrección y revisión, negociación con clientes, coordinación de equipos, preparación terminológica, diseño de herramientas de consulta, iniciación, mediación, recepción, etc.).

En el primer capítulo, Galanes-Santos nos ofrece una propuesta metodológica de evaluación de la fijación terminológica (en diacronía corta y en relación con la diccionarización) de neologismos metafóricos que puede ser de gran utilidad a la hora de elaborar repertorios lexicográficos y tomar decisiones terminológicas previas, simultáneas o posteriores al proceso de traducción.

También en relación con el apoyo a las decisiones de traducción, en este caso de textos con un alto grado de especialización —dentro del ámbito biomédico de las enfermedades raras y, más concretamente, en relación con los medicamentos huérfanos—, Sánchez Trigo y Varela Vila nos presentan una herramienta multilingüe obtenida a partir de corpus paralelos con un

* Universidade de Vigo

diseño y características especialmente pensadas para ayudar en el proceso de traducción de textos biomédicos especializados.

A partir del caso particular de la traducción de un texto literario de la potencia y singularidad de *Panza de burro* (Abreu 2021), cuya lengua, tema y discurso abre nuevos horizontes a la literatura en lengua castellana, Andrés reflexiona sobre los dilemas y abordajes del proceso de traducción inter e intralingüístico, desde el punto de vista traductor y paratraductor, dando voz a las personas que intervinieron en él, ya fuese traduciendo o mediando en su llegada al público lector.

La fraseología como indicador de calidad en la traducción de textos técnicos es abordada por Buján Otero a partir de una revisión teórica de gran calado acerca de su función en el género textual «manual de instrucciones», sobre la que elabora una propuesta de criterios de calidad específicos para la evaluación de la traducción de este género textual tan presente en el mundo profesional.

Luna retoma el ámbito de la traducción editorial desde el punto de vista de las personas que intervienen en él, en la línea de Andrés, poniendo el foco sobre cuatro sellos independientes que publican traducción en Galicia y ofreciendo una cuidada descripción sobre estas editoriales y un análisis exhaustivo sobre sus políticas y prácticas en relación con la bibliodiversidad.

Méndez González llama la atención sobre un sector, el de los videojuegos, cuyo auge en la traducción profesional no se ha visto refrendado por un interés similar desde la formación e investigación en interpretación. A partir de ejemplos reales de interpretaciones para la prensa especializada en videojuegos, reclama la necesidad de formación y especialización en el ámbito.

Quintairos-Soliño describe la organización e historia del proceso de traducción de manga por parte de fans y para fans a partir del caso del detective Conan, analizando las dinámicas propias de traducción y otras tareas relacionadas, que beben de los procesos de revisión y edición profesionales, así como su evolución y profesionalización a lo largo de las últimas décadas.

Rodríguez-Saavedra nos presenta el proceso de coordinación, revisión y traducción que culminó con la publicación de la obra trilingüe *Unha mirada de antano. Fotografías de Ruth Matilda Anderson en Galicia*, un hito en el conocimiento y memoria histórica de la sociedad gallega que vio la luz gracias a un trabajo interdisciplinar de traducción transtextual e intersemiótica que acercó la obra de la fotógrafa estadounidense Ruth Matilda Anderson, realizada para The Hispanic Society of America a finales de los años 30 del siglo pasado, al público de 2009.

El análisis de la traducción de subtítulos desde las unidades de traducción es tratada por Sotelo Dios en su estudio de un corpus paralelo anotado de sesenta productos audiovisuales en lengua inglesa subtitulados en inglés y gallego, en los que, teniendo en cuenta la naturaleza multisemiótica de los textos, analiza y describe las tendencias de omisión y adición, así como los posibles motivos de estas.

El hincapié de Domínguez Araújo en el carácter procesual de la interpretación y de su aprendizaje la lleva a proponer unas destrezas —y herramientas para su evaluación— fundamentales en el establecimiento de las bases de la técnica de esta modalidad de interpretación. Estas desglosan las habilidades necesarias para la consecución de la técnica de interpretación consecutiva y se presentan como objetivos de aprendizaje ordenados cronológicamente para potenciar su aprendizaje progresivo en el aula de grado.

Por último, Hermida nos ofrece una propuesta didáctica para integrar la realidad profesional en el aula de traducción que consiste en el simulacro de la negociación con la clientela a lo largo de todo el proceso que acompaña a un encargo real de traducción, desde su inicio con la primera consulta por correo electrónico hasta la emisión de la factura una vez concluido, pasando por la comprobación de referencias, la negociación y aceptación del encargo, las posibles dudas durante su ejecución y su envío final.

Decisión terminológica en traducción: fijación y evolución de la neología metafórica

*Iolanda Galanes-Santos**

RESUMEN

Los procesos de traducción llevan aparejada la decisión sobre las variantes terminológicas en el texto meta. Para denominar nuevos conceptos es frecuente utilizar neologismos metafóricos, cuyo grado de fijación es desconocido. La emergencia de un neologismo terminológico (terminogénesis) responde a una necesidad lingüística que afecta a varios planos: denominativo, conceptual, semántico y referencial (Cabré, 2008; Pelletier, 2012), y es un proceso dinámico cuya observación es necesaria para conocer su evolución. A través de un estudio del cambio lingüístico en diacronía corta (Picton, 2014) sobre un corpus de neologismos de la crisis económica en español, analizamos la fijación de neologismos metafóricos en diccionario (de diversos tipos) y en discurso (prensa, ensayo y divulgación) junto a denominaciones discursivas del mismo concepto que no han llegado a fijarse. El *Modelo de implantación de neologismos metafóricos* que formulamos permite afinar y detectar términos emergentes y en formación en español, así como identificar las mejores fuentes para documentar esa emergencia.

Palabras clave: traducción, terminología especializada, neología, término metafórico, terminogénesis.

1. Introducción

El/la profesional de la traducción y la interpretación especializada se enfrenta en la preparación del trabajo a una fase de exploración terminológica en la lengua meta de modo previo o simultáneo al proceso de traducción. En caso de tratarse de un texto de actualidad, la búsqueda de equivalentes se focaliza en los neologismos terminológicos cuya resolución no es simple, pues la lengua meta puede no haber acuñado una solución denominativa propia para ese concepto o, por el contrario, varias denominaciones pueden designarlo. Esa inestabilidad denominativa es muestra de su novedad.

* Departamento de Tradución e Lingüística de la Universidade de Vigo. Miembro del Grupo de Investigación en Estudos Literarios e Culturais, Tradución e Interpretación BiFeGa, línea Terminoloxía e Terminografía, financiado en convocatoria de concurrencia competitiva de la Xunta de Galicia, Programa de Consolidación e Estruturación de Unidades de Investigación Competitivas en las universidades SUG (Ref. ED431C 2024/20, GRC 2024–2027, DOG 146, 30/07/2024) de la Universidade de Vigo. ORCID: 0000-0002-6149-6068.

De entre los procedimientos neológicos, es frecuente el uso de metáforas que dan lugar en algunos casos a neologismos metafóricos. Estos atañen al plano cognitivo, en la medida en que presentan al concepto por semejanza con otro, y también al lingüístico, pues la lengua, como sistema semiótico, le permite a la innovación tomar cuerpo en el léxico y en el discurso (Pecman, 2018, p. 223). Su génesis y (posible) formalización no se produce de modo inmediato, sino que viene precedida de un período en que pueden convivir múltiples denominaciones para un mismo concepto.

Sirva de ejemplo *subprime mortgage loan*, que ha recibido varias denominaciones, muchas de ellas metafóricas, en las lenguas romances (Fernández Rodríguez y Galanes Santos, 2015). En la prensa española se pueden leer, como mínimo, *hipoteca basura*, *hipoteca subprime*, *hipoteca de alto riesgo*, *hipoteca burbuja*, *hipoteca de mala calidad*, *hipoteca tóxica*, *hipoteca problemática*, *hipoteca loca*, *crédito subprime*, etc. Llegado a este punto, quien traduce e interpreta se pregunta: ¿cuál o cuáles de ellas se deben utilizar en el texto meta?, ¿qué criterios sirven para seleccionar la más adecuada?, ¿cuál de las imágenes metafóricas triunfará en el neologismo?, ¿qué denominación figurará en el diccionario en el futuro para designar ese concepto?, ¿solo son válidas las denominaciones que figuran en el diccionario? Entender cómo funcionan y se crean los términos metafóricos es una tarea clave para decidir sobre las variantes terminológicas y su documentación.

2. Marco teórico

El estudio de los neologismos ha venido desarrollándose profusamente desde la década de 1970 a hoy (Humbley, 2015, pp. 39 y ss.). La neología terminológica tiene en Humbley (2018) la formulación de sus fundamentos y en Humbley (2018, pp. 177 y ss.) un capítulo dedicado a los términos metafóricos —o neología trópica (Sánchez Manzanares, 2021, p. 244)—, que se encuadran dentro de la neología semántica o de sentido (Díaz Hormigo, 2021, p. 83).

Una de las principales dificultades de los neologismos es su identificación, cuyos criterios están en discusión desde hace décadas (p. e., Vega Moreno y Llopart Saumell, 2017). Ello se acentúa en el caso de los neologismos semánticos (frente a los formales), pues resulta una tarea más compleja por no poder automatizarse (Sánchez Manzanares, 2021, p. 250).

Otros de los asuntos de debate en la materia son su posible diccionarización (Bernal, Freixa y Torner, 2020) y su traducción (Sánchez Manzanares, 2021, pp. 243 y ss.).

La emergencia de un neologismo es un fenómeno complejo que responde a una necesidad lingüística de índole y causas variadas (Freixa, 2013) y que afecta a varios planos: denominativo, conceptual, semántico y referencial (Cabré, 2008; Pelletier, 2012).

Bajo la hipótesis de que la terminogénesis es un proceso dinámico en el que es necesario observar la variación y analizar las variantes para conocer su evolución, en este capítulo se estudian los términos metafóricos y también las denominaciones discursivas del mismo concepto que no han llegado a fijarse. Ambos hacen parte del proceso de neología metafórica y su observación es fundamental para caracterizar el cambio semántico (Nyckees, 2006), conocer el ciclo de vida de las metáforas terminológicas (Oliveira, 2009, p. 124), y también reflexionar sobre los procesos de fijación (Volanschi y Kübler, 2011; Rossi, 2015; Pecman, 2018; Humbley, 2018), sus estadios intermedios (Goatly, 1997, pp. 30–32) y sobre qué indicadores o variables muestran tal fenómeno.

Tanto la identificación de los neologismos metafóricos como las variantes que los preceden son tareas que atañen al trabajo cotidiano del/de la traductor/a e intérprete, que debe documentarlos para decidirse por una. Por ello, en nuestro *Modelo de implantación de neologismos metafóricos* hemos trabajado sobre sus posibles indicadores de uso y caracterización, siendo conscientes de que a) los diccionarios no son las únicas fuentes de consulta posibles; b) dentro de los diccionarios hay que incluir, además de los generales y los terminográficos, los de neologismos; c) la cronología es un dato relevante. En lo referido a la documentación en corpus, y dependiendo de la tipología del texto meta, consideramos que d) deben distinguirse, cuando menos, varios tipos de corpus (ensayo, prensa especializada, prensa general, blogs, etc.) y e) debe considerarse la divulgación en soporte web.

En definitiva, interesa aquí conocer en qué consiste, cómo se logra y cuáles son los indicadores de uso de los neologismos metafóricos, es decir, de su implantación terminológica frente a otras denominaciones que designan el mismo concepto. Estos son relevantes para la toma de decisiones inherente al proceso de traducción e interpretación.

3. Metodología

La variación terminológica es un poderoso indicador de cambio lingüístico y la prensa es uno de los mejores lugares para su observación (Pruvost y Sablayrolles, 2003, p. 15). Por ello nos hemos dotado de un corpus extenso que nos permita acceder a todas las variantes, incluidas también las denominaciones no diccionarizadas (o lexicalizadas). «[…] on peut répéter la formulation de Halliday selon laquelle la plupart de ces expressions ne deviennent jamais des termes consacrés. Mais il n'en demeure pas moins que certaines sont reprises et prennent progressivement leur autonomie» (Humbley, 2018, p. 175).

La observación de la emergencia terminológica exige tener en cuenta la posible interrelación entre distintos tipos de discurso (Kristiansen y Andersen, 2012); por ello en nuestro corpus están representados la prensa general, la prensa económica y el ensayo, además de comprobar usos en otros tipos de corpus (blogs y páginas especializadas). El corpus de vaciado es el subcorpus español utilizado para el *Diccionario de la crisis económica mundial* (DiCEM), de próxima publicación. Contiene prensa general y especializada (Galanes Santos y Alves, 2015) y recoge las noticias de prensa sobre crisis económica aparecidas los viernes en tres medios españoles (*El País*, *El Mundo* y *Expansión*) entre agosto de 2007 y diciembre de 2013. Para su actualización incluimos los ejemplares de los viernes de *Expansión* de 2014 a 2018 y algunas calas de *El Mundo* y *El País* del mismo período. El corpus de ensayo proviene de diversos estudios, artículos académicos e informes técnicos sobre el tema publicados en el período 2008–2018.

Tabla 1. Composición del corpus de vaciado

	MEDIO	N.º PALABRAS	% TIPO CORPUS
Prensa general	*El País* (EP), *El Mundo* (EM)	5 055 028	53,08 %
Prensa especializada	*Expansión* (EXP)	3 055 376	32,08 %
Ensayo	Varios	1 412 800	14,84 %
	TOTAL	9 523 204	

Aunque Kristiansen y Andersen (2012, p. 45) distinguen 6 tipos de corpus, nos ha parecido adecuado marcar una frontera clara entre especializado y no especializado en beneficio de la identificación de procesos de terminologización y desterminologización. Por ello, además de velar por el equilibrio cronológico, hemos procurado un volumen de discurso general y especializado homogéneo, de modo que el corpus de prensa general representa el 53,08 %, frente al corpus especializado (de prensa especializada y ensayo), que es el 46,92 % del total.

Para la extracción de candidatos a término de nuestro corpus utilizamos el programa de concordancias WordSmith 7.0, a través del que realizamos un vaciado semiautomático de denominaciones metafóricas en el corpus creado (datos primarios). A través de su herramienta Wordlist, hemos identificado los sentidos figurados en formas pertenecientes a la lengua común pero con una elevada frecuencia en un corpus de economía, lo que es indicio de un uso metafórico y de una posible fijación. Para complementar nuestra extracción terminológica utilizamos el programa TermoStat (Drouin, 2003), a través del que obtenemos una lista de candidatos a términos, incluidos los sintagmáticos. Estos se ordenan por frecuencia en corpus y por ponderación en contraste con un corpus no especializado.

4. Sistema de análisis

Para la selección de formas metafóricas, además de utilizar las herramientas citadas (WordSmith 7.0 y TermoStat) y de realizar una selección manual de las formas comunes de inusitada frecuencia y con sentido figurado, seleccionamos los candidatos a término metafórico a través de los marcadores de reformulación de neología especializada (MRNE) establecidos en Galanes-Santos (2019).

A través de estos procedimientos hemos podido seleccionar 924 términos metafóricos de nuestro corpus de prensa y ensayo. Muchas de estas denominaciones son de tipo neológico y presentan un grado de implantación variable junto a una cierta inestabilidad formal o semántica. Es precisamente esa variabilidad la que nos ha empujado a considerar una multiplicidad de criterios en nuestro análisis que nos permita establecer grados de fijación y agrupar los ejemplos de nuestro corpus para ilustrar la investigación.

Nos interesa saber qué formas se lexicalizan a través de diccionarios (especializados, bancos de datos y generalistas) y qué formas se fijan por el uso (frecuencia absoluta y relativa) en ensayo, divulgación, prensa especializada y prensa generalista. Precisamos saber, además, cuál es su cronología de implantación en corpus y su necrología con base en los estudios de terminología en diacronía corta (Picton, 2014), que se proponen modelizar ese proceso de cambio a través de la descripción de posibles escenarios. Al mismo tiempo, nos aproximamos a sus formulaciones intermedias, para identificarlas en corpus e investigar en el futuro qué funciones asumen y qué distancia hay entre ellas, entre sus significados originario y actual.

Tabla 2. Criterios del *Modelo de implantación de neologismos metafóricos*

USO_ Documentación corpus	Frecuencia absoluta
	Extracción automática
	Marca especificidad (TermoStat)
USO_Cronología	Más de 5 años
	10 años
USO_Divulgación	Emisor especialista o divulgador
DICCIONARIZACIÓN	Fuentes terminográficas
	Diccionarios neologismos
	Diccionarios lengua general (con marcas)

De acuerdo con nuestra intención de atender a aspectos conceptuales, lingüísticos, semánticos y pragmáticos, hemos reparado no solo en criterios de documentación en fuentes terminográficas (lexicalización) o corpus, sino también en su cronología y presencia en corpus divulgativos.

En nuestra concepción sobre implantación terminológica subsiste la idea de que los factores de uso (documentación de corpus, cronología y divulgación) son principales, frente a su presencia en diccionario, pues a fin de cuentas el/la traductor/a e intérprete debe localizarla en documentos semejantes al texto meta, al tiempo que los criterios de diccionarización son variables, pues están condicionados según la época (Guerrero Ramos, 2022; Estopà, 2022, p. 168) por factores diversos (práctica lexicográfica, escuela terminográfica, orientación prescriptiva o descriptiva, tipo de diccionario, etc.).

Para determinar la presencia en corpus hemos evaluado el número de referencias (frecuencia absoluta), así como la identificación automática del programa TermoStat (frecuencia relativa) y su marca de especificidad por contraste con corpus de lengua general. En lo referido a la cronología, hemos tenido en cuenta los períodos temporales que se indican como media para la fijación de un neologismo (entre 5 y 10 años) (Vega Moreno y Llopart Saumell, 2017) y solo se considera la documentación de corpus, pues la prensa permite recuperar ese dato cronológico fácilmente. La cronología es desconocida en otras fuentes documentales divulgativas, como las que hemos empleado semiespecializadas en economía para comprobar su uso: *Blog Salmón*, *Economipedia*, *Enciclopedia de economía* y *Wikipedia*.

Para conocer si las variantes están lexicalizadas, es decir, si figuran en diccionario, acudimos tanto a los diccionarios generales como a los terminográficos y a los bancos de datos terminológicos. Dado que se trata de términos en proceso de fijación y susceptibles de procesos de terminologización y de desterminologización, consideramos oportuno tener en cuenta tres tipos de fuentes diccionarísticas: terminográficas, neológicas y lexicográficas.

- Fuentes terminográficas especializadas monolingües (diccionarios de *El Economista/Expansión*) y los bancos de datos terminográficos multilingües que incluyen el español como lengua de trabajo (Cercaterm, IATE, Unterm y Termium Plus).
- Fuentes neológicas: NEOMA, Martes neológico, Fundéu, Banco de neologismos del CVC y BOBNEO.
- Fuentes lexicográficas: DLE, diccionarios VOX y diccionarios de *El País*.

El criterio que ha guiado la selección de estas fuentes es su prestigio en los estudios terminológicos y que se trate de fuentes actualizadas de fácil acceso. La cantidad de fuentes consultadas (14) deja ver el afán de exhaustividad. Dado que queremos valorar y graduar su nivel de implantación, interpretamos que, si una forma figura en una fuente terminográfica y también en una lexicográfica, se ha terminologizado o vulgarizado y, por ello, aparece en ambos tipos de fuente. Dada la novedad de la temática, hemos considerado también las fuentes neológicas, de modo alternativo a las terminográficas.

5. Resultados

Dada la imposibilidad de aplicar un sistema de análisis detallado al conjunto de formas identificadas, hemos decidido actuar por muestra. Nuestros objetivos de investigación exigen una muestra amplia que resulte cuantitativamente representativa para poder poner a prueba el modelo. Al mismo tiempo, hemos evitado escoger la muestra manualmente para evitar sesgos, por lo que realizamos nuestra prueba piloto sobre las 100 primeras denominaciones de la lista de 924 denominaciones metafóricas extraídas del corpus, organizadas alfabéticamente, esto es, en proporción porcentual (10,82 %) suficiente.

5.1. Diccionarización

La primera de las pruebas que proponemos en nuestro modelo de análisis es la de comprobar si se trata de formas que se han fijado a través de su entrada en cualquiera de los 14 diccionarios consultados; ello nos permite conocer cuál es el porcentaje de diccionarización y qué tipo de unidades son según el tipo de diccionario en el que se documentan. Los datos de la muestra presentan 37 formas lexicalizadas (o diccionarizadas) que se pueden clasificar en:

Tabla 3. Tipos de formas diccionarizadas

Formas vulgarizadas (fuentes terminológicas y lexicográficas)	8 (21,62 %)
Formas terminologizadas (solo fuentes terminológicas)	21 (56,75 %)
Formas neológicas (fuentes neológicas)	6 (16,21 %)
Formas lexicalizadas (fuentes lexicográficas)	2 (5,4 %)
TOTAL	37

Los resultados reflejan que 37 de esas 100 denominaciones figuran actualmente en diccionario y, por tanto, están fijadas en el corpus de la lengua. Este porcentaje del 37 % no se recoge del mismo modo en todos los casos, pues algunas formas hacen parte de corpus terminográfico y lexicográfico, y, por lo tanto, las consideramos formas vulgarizadas, como *activo líquido*, *ajuste contable*, *ajuste estructural*, *ajuste fiscal*, *ajuste presupuestario*, *ajuste salarial*, *anticrisis* o *apalancamiento*. Un segundo subgrupo lo constituyen las formas que figuran de modo exclusivo en fuentes terminográficas, que representan el 21 % de la muestra (*activo defectuoso*, *activo deteriorado*, *activo dudoso*, *activo ilíquido*, *activo tóxico*, *afectar*, *agobio*, *agotamiento*, *agravante*, *ajuste financiero*, *ajuste monetario*, *alerta crediticia* (o *de crédito*), *alerta de riesgo*, *alivio de la deuda*, *alivio financiero*, *amenaza*, *amnistía fiscal*, *apalancamiento financiero*, *apetito por el riesgo*). Muy pocas de las formas diccionarizadas se registran exclusivamente en fuentes neológicas (*activo basura*, *activo malo*, *agujero contable*, *agujero económico*, *agujero financiero*, *antidesahucios*), además de aquellas que también se recogen en fuentes especializadas. Por último, solo 2 (*ajuste de plantilla* y *ajuste de salario*) se documentan exclusivamente en fuentes lexicográficas.

A la vista de las formas diccionarizadas y su documentación en fuentes, no es posible deducir un patrón común que determine por qué se han incluido en diccionario; véanse como muestra los tipos de *ajuste* que pueden figurar en ambos tipos de fuentes (como *ajuste presupuestario*), en fuentes terminográficas (*ajuste financiero*) o solo en fuentes lexicográficas (*ajuste de plantilla*).

5.2. Uso

El uso de las formas se mide tanto en corpus como en fuentes digitales y se tiene en cuenta, además, su cronología para medir su grado de implantación.

El recurso al corpus como universo representativo del discurso de la crisis nos revela que una parte considerable de estos términos lexicalizados (12, es decir, el 32,43 % de las formas lexicalizadas) figuran en diccionario, pero no están respaldados por un uso extendido en corpus y no son reconocidos por el extractor TermoStat. Estamos, pues, ante el grupo de las formas diccionarizadas sin respaldo por uso. Su representación en corpus es testimonial (inferior a 10)[1] y cronológicamente no se registran durante toda la década ni siquiera durante un lustro. Se trata de las formas *activo basura*, *activo defectuoso*, *activo malo*, *activo ilíquido*, *agobio*, *agujero económico*, *ajuste de salarios*, *alerta crediticia*, *alerta de riesgo*, *alivio financiero* y *apalancamiento financiero*, que figuran exclusivamente en blogs y páginas web, con la excepción de *activo malo*, *alerta de riesgo* o *activo defectuoso*, que no recuperamos ni siquiera en la red, a pesar de haber sido incluidas en diccionarios. En concreto, en OBNEO se documenta *activo malo* y en IATE, las restantes. Podemos, entonces, identificar un segundo grupo de formas diccionarizadas pero de escaso o nulo uso.

En el polo contrario se encuentra el grupo de formas que no figuran en diccionario pero de gran uso y con índice de especificidad sistemático, es decir, que presentan un uso extendido en corpus, lo que interpretamos como un indicio de fijación. Estas voces constituyen el tercer grupo identificado y representan el 21 % del total de denominaciones. Estas 22 formas, además de presentar una elevada frecuencia absoluta en corpus (prensa general, prensa especializada y ensayo), son sistemáticamente reconocidas por el extractor automático TermoStat, algunas incluso en ambos corpus.

---

1 Que es el límite de aceptabilidad establecido en Volaschi y Kübler (2011, p. 210) en su estudio de la lexicalización.

Tabla 4. Denominaciones no diccionarizadas de uso y distribución frecuente

DENOMINACIÓN	**DOCUMENTACIÓN CORPUS**					
	Prensa	**Ensayo**		**Prensa**	**P. esp.**	**Ensayo**
	Frecuencia absoluta		**TermoStat**	**Marca especificidad**		
Abaratamiento del despido	17		x	7,05	4,57	
Agravar	557	40	x	0,7	0,8	
Agravamiento de la crisis/ de la recesión	71	16	x	4,4	4,37	
Agujero fiscal	23		x	7,55	5,93	
Ajuste de carteras	29		x	12,44	5,34	
Ajuste de precios	20	3	x	4,52	14,72	6,08
Ajuste del déficit	24		x	7,62	7,48	
Ajuste del gasto	30		x	8,89	7,94	
Ajuste del mercado	10	13	x	5,68		14,12
Ajuste económico	36	22	x	5,78	9,26	4,78
Ajuste inmobiliario	14	5	x	5,74	5,28	8,51
Ajuste laboral	15	2	x	5,74	5,9	4,43
Alerta	180	85	x	7,58	28,93	7,7
Alertar	220	66	x	20,46	15,93	7,17
Aliviar	352	26	x	7,95	9,19	
Alivio	288	6	x	13,15	15,58	
Alivio fiscal	12		x	6,09	3,74	
Amenaza de recesión	17		x	3,91	4,15	
Amenaza inflacionista	15		x	3,48	4,57	
Amenazar	291	13	x	5,67		
Anémico/a	11	1	x	4,49	5,34	
Apetito	127	15	x	10,5	17,71	8,44

Hemos presentado las formas ordenadas alfabéticamente y ofrecemos datos sobre su presencia en corpus de prensa, que es el más amplio (85,16 %, si sumamos los porcentajes de prensa general y especializada de la tabla 1), y en el de ensayo. Incluimos, además, los datos del reconocimiento a través de TermoStat por parecernos que es un dato revelador, en muchas ocasiones, de un cambio semántico.

De este modo, hemos podido identificar en las primeras posiciones un grupo de formas simples provenientes de la lengua común (*agravar*, *aliviar*, *alivio*, *alertar*, *alerta*, *amenazar*), esto es, de frecuencia más elevada. Estas formas *comunes* han sido reconocidas por TermoStat en cuanto que unidades terminológicas y también a través de su índice de especificidad. Estas unidades sirven de base para la formación de sintagmas y se presentan bajo un patrón morfológico diversificado, pues, junto a las formas sustantivas, encontramos también verbos y adjetivos que han adquirido una segunda vida en el discurso de la crisis económica. Ello viene a confirmar lo afirmado en Volanschi y Klüber (2011, p. 219) sobre la importancia de los verbos especializados, por describir conceptos más complejos que los designados en la lengua general. Todos estos rasgos contribuyen a que identifiquemos estas unidades como formas en proceso de cambio semántico.

Otro de los aspectos singulares que observamos dentro de este grupo es que la mitad de sus componentes (11 denominaciones) presentan mayor cultivo en el corpus de ensayo que en el de prensa (a pesar de ser de menor tamaño) o bien en la prensa especializada antes que en la general. De hecho, en términos de frecuencia absoluta, son representativos los ejemplos de *ajuste de mercado* y *ajuste de precios* y, si atendemos a los índices de especificidad de TermoStat, vemos que *ajuste económico*, *ajuste inmobiliario*, *ajuste laboral*, *alerta*, *aliviar*, *alivio*, *amenaza de recesión* y *apetito* presentan un índice de especificidad mayor en la prensa especializada que en la general. Ello nos llevaría a pensar que el término ha tenido en el discurso especializado su marco de implantación. Que se trate de términos connotados en cuanto que eufemismos (los formados con *ajuste* y con *alivio*) o disfemismos (*alerta*, *amenaza*) y que busquen crear impacto nos parece significativo, a pesar de documentarse en discurso especializado y en contra de lo afirmado en Volanschi y Klüber (2011), que minimizan la posibilidad de que el término metafórico desempeñe una función interpersonal.

A partir de los criterios aplicados, somos capaces de singularizar un cuarto grupo de denominaciones no diccionarizadas pero de uso extendido y con índice de especificidad no sistemático.

Tabla 5. Denominaciones no diccionarizadas de uso y distribución media

DENOMINACIÓN	**DOCUMENTACIÓN CORPUS**					
	Prensa	**Ensayo**		**Prensa**	**P. esp.**	**Ensayo**
	Frecuencia absoluta		**TermoStat**	**Marca especificidad**		
Activo dañado	3	10				
Activo problemático	15	11				
Activo refugio	25	5				
Agonía	26	2				
Agónica	13		x	6,09		
Agujero de capital	3		x		3,74	
Agujero patrimonial	9		x		5,9	
Ahogo económico	1		x	4,52		
Ajuste de gasto	11		x	6,03		
Ajuste de personal	5		x		4,68	
Ajuste del sector inmobiliario	9	6	x		7,48	
Ajuste macroeconómico	6	4	x	4,52		7,39
Ajuste social	8		x	3,91		
Alivio económico	1					
Amenaza de recorte	4		x		5,34	
Anemia	11	1				
Ansiedad	15	1				
Apetito de los inversores/ de los mercados	28					
Apetito inversor	7		x	4,05		

Con este criterio agrupamos 19 formas en alguna de las cuales se reitera la base en torno a la que se construyen con respecto a los otros grupos (véanse *activo* o *ajuste*), que figura en varios de ellos. Su rasgo más significativo es el de la frecuencia absoluta, que salvo en contadas formas (*agujero de capital*, *ahogo económico*, *ajuste de personal*, *ajuste social*, *alivio económico* o *amenaza de recorte*) es superior a 10. No descartamos que en el corpus se aluda a ellas a través de denominaciones abreviadas (*agujero*, *ahogo*, *ajuste*, *alivio*, *amenaza*) dado el contexto discursivo en el que se producen y la especialización del corpus, lo que explicaría en algunos casos la baja frecuencia. De todos los ejemplos, solo en un caso (*activo dañado*) la documentación es superior en el ámbito especializado que en la prensa general.

El último y quinto grupo que podemos determinar es el de los sintagmas libres, es decir, se trata de formas no diccionarizadas y de uso reducido (frecuencia inferior a 10), sin índice de especificidad en TermoStat. Ese grupo está constituido por 22 formas: *activo inmobiliario tóxico*, *adelgazamiento del sector público*, *agotamiento económico*, *accidente crediticio*, *activo subestándar*, *agonía bursátil*, *agonía económica*, *agonía financiera*, *agujero negro fiscal*, *agujero presupuestario*, *apetito financiero*, *activo del ladrillo*, *activo envenenado*, *agobio económico*, *agonía de la crisis*, *agujero bancario*, *amenaza bancaria*, *anemia crediticia*, *anestesia*, *anestesiar*, *anestesista* y *apetito de liquidez*.

Las únicas especificidades de este quinto grupo son, por un lado, la presencia de términos sintagmáticos complejos (con tres bases léxicas) y, por otro, su común origen en otra área científica, en concreto, la medicina. Esta concentración de términos médicos en el discurso económico no es nueva (Galanes Santos y Fernández Rodríguez, 2019), como tampoco lo es su dificultad para la diccionarización por la pervivencia del sentimiento metafórico (Monneret, Desmedt y Michel, 2015, p. 34).

La selección de denominaciones objeto de estudio se ha realizado a partir de nuestro corpus de prensa y, como ya hemos indicado, algunas de estas denominaciones tienen en los géneros especializados su marco de implantación. Abundando en esta idea hemos comprobado si la totalidad de las formas podemos localizarlas en el ámbito de divulgación, para lo que analizamos su presencia en las 4 fuentes (*Blog Salmón*, *Economipedia*, *Enciclopedia de economía* y *Wikipedia*) de este tipo. El resultado es que se documentan el 78 % de ellas y tan solo 22 de las 100 formas no figuran en estas fuentes. La proporción es la siguiente:

Tabla 6. Denominaciones metafóricas no documentadas en divulgación

		Número de formas sin divulgación
FORMAS DICCIONARIZADAS	Denominaciones diccionarizadas difusión alta	0
	Denominaciones diccionarizadas difusión nula	3
FORMAS NO DICCIONARIZADAS	Denominaciones no diccionarizadas difusión alta	3
	Denominaciones no diccionarizadas difusión media	3
	Sintagmas libres	12

Como se puede comprobar, a mayor diccionarización, mayor es la probabilidad de que la forma se documente en el ámbito de divulgación. Llama, con todo, poderosamente nuestra atención el hecho de que se hayan incluido algunas de estas formas en fuentes terminográficas sin que tengan registro en divulgación y muy escasamente en corpus de vaciado. Nos referimos a las formas *alerta de riesgo*, *activo defectuoso* o *activo malo*, que, como ya hemos indicado, se documentan en IATE las dos primeras y en OBNEO la última.

En lo referido a la cronología, existe una relación directa entre la frecuencia absoluta y la pervivencia de estas formas en la década estudiada, como podemos ver a través de los datos de nuestra muestra.

Tabla 7. Denominaciones metafóricas según cronología

		Número	Cronología regular
FORMAS DICCIONARIZADAS	Denominaciones diccionarizadas difusión alta	25	20 (80 %)
	Denominaciones diccionarizadas difusión nula	12	0 (0 %)
FORMAS NO DICCIONARIZADAS	Denominaciones no diccionarizadas difusión alta	22	17 (77,27 %)
	Denominaciones no diccionarizadas difusión media	19	11 (57,89 %)
	Sintagmas libres	23	1 (4,34 %)

Indicamos el número de denominaciones que se mantienen durante toda la década para cada uno de los grupos de términos identificados según el grado de lexicalización. Comprobamos que el número de formas estables en el tiempo es proporcional no al estatus de la forma (lexicalizada o no lexicalizada) sino a su uso. Así, son menos frecuentes entre el grupo de formas diccionarizadas de uso escaso y en el caso de los sintagmas libres. Observamos también una gradación descendente en las formas no lexicalizadas difundidas: a mayor difusión, mayor número de formas regulares.

6. Conclusiones

Desde el punto de vista metodológico, nuestro trabajo sobre las denominaciones metafóricas nos ha permitido desarrollar un modelo de estudio de la fijación terminológica en diacronía corta y avanzar algunos criterios determinantes de diccionarización. Ha servido también para confirmar el índice de especificidad de TermoStat como una herramienta útil para determinar la fijación según el tipo de discurso, que funciona por contraste entre tipos de corpus (especializado y general).

Además, haber trabajado sobre una muestra representativa de 100 formas (10,82 % del total del corpus seleccionado) nos ofrece la posibilidad de cuantificar el grado de diccionarización de las denominaciones metafóricas (37 %) e incluso establecer una gradación en la fijación y distinguir 5 tipos de unidades terminológicas metafóricas conforme a los criterios de aparición en diccionario, uso y cronología.

Así pues, se establece un *continuum* de fijación entre:

- Denominaciones diccionarizadas de difusión alta (25 %)
- Denominaciones diccionarizadas de difusión nula (12 %)
- Denominaciones no diccionarizadas de difusión alta (22 %)
- Denominaciones no diccionarizadas de difusión media (19 %)
- Sintagmas libres (23 %)

En definitiva, si excluimos los sintagmas libres, un total del 77 % de las unidades analizadas presentan algún tipo de fijación, pero no siempre se recogen en diccionario.

El alcance de los diccionarios en cuanto a denominaciones metafóricas se limita a poco más que un tercio de las posibles formas (37 %) que documentamos en discurso. Además, puede que algunas de ellas tengan escasa o nula documentación en corpus, bien sea de ensayo, prensa e incluso de divulgación. Ello nos lleva a cuestionar el criterio de aparición en diccionario como el único utilizado para validar una forma. En nuestra investigación se ha revelado como insuficiente si tenemos en cuenta que hemos sido capaces de identificar un conjunto de unidades (12 %) que figuran en el diccionario pero de escasísimo uso tanto en corpus como en blogs de divulgación. Ello nos lleva a preguntarnos cuál ha sido el criterio terminológico y lexicográfico para su inclusión en diccionario.

Tal como era esperable, la mayor parte de los términos diccionarizados figuran en repertorios terminológicos o bancos terminográficos, si bien los diccionarios y observatorios de neologismos se revelan como herramientas complementarias a estas para temas de actualidad.

Por otro lado, aunque la inclusión de denominaciones en diccionarios lexicográficos se debe a la vulgarización de los términos, se desconoce con qué criterios se han incluido algunos términos con la misma base léxica en un tipo u otro de fuentes, como en *ajuste presupuestario*, *ajuste financiero* y *ajuste de plantilla*.

Aunque la función didáctica de la metáfora induzca a pensar que su frecuencia es mayor en textos divulgativos, cabe tener presente que algunos términos metafóricos se documentan en la prensa especializada o en el ensayo antes que en la prensa general, si bien, en muy pocos casos, es el ensayo el marco natural de fijación de la denominación (9 %) y son muy escasas las unidades que no se documentan en nuestro corpus de prensa o en los blogs. En este último soporte hemos podido documentar el 77 % de las formas estudiadas.

Por todo ello, parece pertinente indicar que el diccionario no es una fuente prioritaria en la consulta de neologismos metafóricos, sino que se debe dar prevalencia al criterio de uso para documentarlos, sin que tenga que circunscribirse únicamente al ámbito especializado. La adecuación de la documentación a la tipología del texto meta parece la fórmula idónea para encontrar el mejor neologismo metafórico para este.

A priori no existe ningún indicio para saber cuál de las denominaciones metafóricas persistirá en el tiempo, pero sí podemos determinar a través de nuestro trabajo (tabla 7) que la estabilidad en el tiempo está vinculada a un mayor uso de las formas, estén estas o no incluidas en diccionario.

Esta investigación es un punto de partida para el estudio de la neología metafórica. En esta ocasión nos hemos centrado en su diccionarización y uso; quedan pendientes en ese campo algunas cuestiones relativas a la inclusión en diccionario de formas de escaso o nulo uso y la producción metafórica en el discurso especializado o semiespecializado.

En otros trabajos abordaremos los criterios poco uniformes para su inclusión en fuentes terminográficas, lexicográficas o ambas de determinadas formas (las constituidas a partir de *activo* o de *ajuste*, por ejemplo). Otro de los aspectos que merecen atención es su función en el discurso, pues la ya tradicional distinción entre neologismos denominativos y expresivos no parece muy acorde, dada la inmensa cantidad de eufemismos y disfemismos localizados en la lista de denominaciones metafóricas elaborada. Interesa conocer si los diccionarios que las incluyen incorporan tal énfasis (y visión específica) en la descripción del concepto que se designa, frente al principio de la pretendida objetividad de las terminologías recopiladas.

Esperamos que esta y futuras aproximaciones contribuyan a guiar la documentación y la selección de variantes denominativas del proceso de traducción e interpretación.

Referencias bibliográficas

Bernal, E.; Freixa, J. y Torner, S. (2020). Criterios para la diccionarización de neologismos: De la teoría a la práctica. *Signos*, 53 (104), pp. 592–618. DOI: 10.4067/S0718-09342020000300592.

Cabré, M.ª T. (2008). El principio de poliedricidad: la articulación de lo discursivo, lo cognitivo y lo lingüístico en Terminología (I). *Ibérica*, 16, pp. 9–36. DOI: 10.22456/2238-8915.28343.

Díaz Hormigo, M. T. (2021). Los procedimientos morfológicos de la denominada neología formal. En G. Guerrero Ramos y M. F. Pérez Lagos (eds.), *Terminología, Neología y Traducción* (pp. 81–95).

Drouin, P. (2003). Term Extraction Using Non-technical Corpora as a Point of Leverage. *Terminology*, 9 (1), pp. 99–115. DOI: 10.1075/term.9.1.06dro.

Estopà, R. (2022). Neología general y especializada. En E. Bernal, J. Freixa y S. Torner (eds.), *La neología del español. Del uso al diccionario* (pp. 151–173).

Fernández Rodríguez, Á. y Galanes Santos, I. (2015). La crise hypothécaire et ses dénominations. *Babel*, 61 (2), pp. 265–282. DOI: 10.1075/babel.61.2.06fer.

Freixa, J. (2013). Otra vez sobre las causas de la variación denominativa. *Debate Terminológico*, 9, pp. 38–46. Recuperado el 21/06/2021 de https://seer.ufrgs.br/riterm/article/viewFile/37170/24032.

Galanes-Santos, I. (2019). El redactor periodístico ante el neologismo. Estrategias comunicativas para reexpresar los conceptos de la crisis económica mundial. *MonTI Special Issue 5, Comunicación, Traducción e Interpretación / Communication, Translation and Interpreting*, 122–146. DOI: 10.6035/MonTI.2019.ne5.5.

Galanes Santos, I. y Alves, I. M. (2015). Metodología de trabajo para el estudio de las múltiples imágenes de la crisis económica en la prensa escrita. En D. Gallego-Hernández (ed.), *Current approaches to business and institutional translation* (pp. 77–88).

Galanes Santos, I. y Fernández Rodríguez, Á. (2019). La economía está enferma - l´économie est malade. Cronología de la crisis a través de la terminología metafórica. *Onomázein. Revista de lingüística, filología y traducción*, núm. especial V, pp. 114–133. DOI: 10.7764/onomazein.tradecneg.02.

Goatly, A. (1997). *The Language of Metaphors*. London: Routledge.

Guerrero Ramos, G. (2022). La neología en los diccionarios del español. En E. Bernal, J. Freixa y S. Torner (eds.), *La neología del español. Del uso al diccionario* (pp. 191–209).

Humbley, J. (2015). La néologie dans les langues de spécialité. En I. M. Alves y E. S. Pereira (eds.), *Neologia das linguas românicas* (pp. 39–74).

Humbley, J. (2018). *La néologie terminologique*. Limoges: Lambert-Lucas.

Kristiansen, M. y Andersen, G. (2012). Corpus approaches to neology and their relevance for dynamic domains. *Neologica*, 6, pp. 43–62.

Monneret, P.; Desmedt, L. y Michel, L. (2015). L'analogie médicale dans le discours économique. En C. Resche (dir.), *Terminologie et domaines spécialisés. Approches plurielles* (pp. 16–45). Paris: Classiques Garnier.

Nyckees, V. (2006). Rien n'est sans raison : les bases d'une théorie continuiste de l'évolution sémantique. En D. Candel y F. Gaudin (eds), *Aspects diachroniques du vocabulaire* (pp. 15–88).

Oliveira, I. (2009). *Nature et fonction de la métaphore en science*. Paris: L'Harmattan.

Pecman, M. (2018). *Langue et construction de connaissenses*. Paris: L'Harmattan.

Pelletier, J. (2012). *La variation terminologique : un modèle à trois composantes* (tesis doctoral). Québec: Université Laval.

Picton, A. (2014). The dynamics of terminology in short-term diachrony. A proposal for a corpus-based methodology to observe knowledge evolution. En R. Temmerman y M. van Campenhoudt (eds.), *Dynamics and Terminology. An interdisciplinary perspective on monolingual and multilingual culture-bound communication* (pp. 159–181).

Pruvost, J. y Sablayrolles, J.-F. (2003). *Les néologismes*. Paris: PUF, col. Que sais-je?

Rossi, M. (2015). *In rure alieno. Métaphores et termes nomades dans les langues de spécialité*. Bern: Peter Lang.

Sánchez Manzanares, M. C. (2021). La traducción de neologismos semánticos por metáfora: variables y soluciones. En G. Guerrero Ramos y M. F. Pérez Lagos (eds.), *Terminología, Neología y Traducción* (pp. 243–258).

Vega Moreno, É. y Llopart Saumell, E. (2017). Delimitación de los conceptos de novedad y neologicidad. *Rilce: Revista de Filología Hispánica*, 33 (3), pp. 1416–1451. DOI: 10.15581/008.33.3.1416-51.

Volanschi, A. y Kübler, N. (2011). The impact of metaphorical framing on term creation in biology. *Terminology*, 17 (2), pp. 198–223. DOI: 10.1075/term.17.2.02vol.

Parallel corpora as a resource in the translation process: an example within the biomedical field

Elena Sánchez Trigo & Tamara Varela Vila[*]

ABSTRACT
This paper presents the design, processing and potential exploitation of a parallel biomedical corpus in French, English and Spanish about orphan drugs, ORPHACOR. This open access corpus, which incorporates two text genres (summaries of product characteristics and package leaflets), is intended for translators, interpreters and related professionals. It fulfills a dual purpose: 1) to compile relevant texts on the treatment of rare diseases, a multidisciplinary subdomain of medicine in which there is social demand for information dissemination, and 2) to provide data on the characteristic terminological usages within the selected text genres. The corpus has been integrated into RERCOR, the portal of multilingual language resources on rare diseases, in development since 2018. The features of the portal offer the possibility of making a range of queries through the application with different parameters to obtain useful data adapted to the users' individual needs.

Keywords: Medical terminology, medical translation, rare diseases, specialized corpora, multilingual resources, ORPHACOR, RERCOR.

1. Introduction[1]

Documentation is one of the most important stages of the translation process, especially in the field of medicine due to the large number of specialties and their rapid evolution. Linguistic and terminological information resources are essential for translators, interpreters and editors. The availability of quality resources is a determining factor during the translation process in order to obtain results that meet professional standards.

This paper describes the characteristics and potential exploitation of ORPHACOR, a parallel corpus in English, French and Spanish which includes orphan drug summaries of product characteristics (SmPC) and package

* Universidade de Vigo, ORCID: 0000-0002-1834-1722 and ORCID: 0000-0002-8447-8102. Elena Sánchez Trigo is member (as guarantor researcher) of the Research Institute *iLingua* (Instituto de Investigación Lingua), University of Vigo.

1 This work is partially supported by Xunta de Galicia project ED431C2018/50 and TIN2017-85160-C2-2-R of the Spanish Ministry of Economy and Competitiveness.

leaflets (PL). The corpus is an open access resource focused on the broad medical subdomain of rare diseases (RDs), also known as orphan diseases or minority diseases. This subdomain is of special interest both for its social and medical currency as well as its multidisciplinary nature (since it finds itself at the crossroads of several specialties). The integration of this corpus in the RERCOR multilingual portal of rare disease linguistic resources allows users to explore multiple functionalities for extracting data with the aim of assisting them in the translation process. In this way, it is possible to carry out searches of various types by applying a list of filters, and thus obtain results according to their interests.

The advancements which have taken place in the field of medicine over the last few decades are nothing short of spectacular. However, not all areas have received the same level of attention. This is precisely the case for orphan drugs, the subdomain in which the ORPHACOR corpus is focused. EURORDIS (2015) defines orphan drugs as "medicinal products intended for diagnosis, prevention or treatment of life-threatening or debilitating rare diseases." These drugs are designed to provide solutions for the problems caused by this broad range of over 7,000 diseases. The shared characteristics of RDs are their low individual prevalence (fewer than 1 in 2000 people), their "life-threatening or chronically debilitating" nature (EUPATI, 2015b) and their "alto nivel de complejidad clínica que dificulta su diagnóstico y reconocimiento" (Posada *et al.*, 2008, p. 10).

The name orphan drugs derives from the low level of interest they arise among pharmaceutical companies, since their production is not considered worthwhile given the small number of patients they would be targeting. These are, therefore, "[d]rugs that are not developed by the pharmaceutical industry for economic reasons but which respond to public health need" (Orphanet, 2020). To uphold the rights of patients with RDs—since rare diseases are rare, but rare disease patients are numerous (approximately 30 million people in the EU)—certain policies are being enforced to promote research and incentivize orphan drug development. Regulation (EC) No 141/2000 (European Parliament, 2000) marked a starting point in Europe.[2]

---

2 Applicable legislation on the topic of orphan drugs may be found online at European Patients' Academy (EUPATI, 2015a).

At first, a European orphan drug designation was launched,[3] which allowed some drugs to benefit from a ten-year period of exclusive commercial rights, together with several research and development advantages, such as assistance in the establishment of laboratory protocols, tax exemptions and access to grants and subsidies. At present, RDs and orphan drugs, to a great extent owing to the advocacy of patient associations, are trying to raise awareness to become a strategic line of public action in global health care systems.

This paper presents a sample of results of our research in the field of biomedical texts. The ORPHACOR corpus and the RERCOR portal, in which it is integrated, have been created by us with the aim to provide new resources for an improved translation process, especially in connection with biomedical terminology. As we have indicated, these resources are aimed primarily at translators, interpreters and editors to help them in the documentation process inherent in the creation of any specialized discourse, but they are also useful for researchers and academics in these areas.

2. Corpus design and processing

ORPHACOR is a parallel, trilingual (en-fr-es) and synchronous (2016–2019) corpus about orphan drugs, featuring multi-genre text samples (summaries of product characteristics, SmPC, and package leaflets, PL) published by the EMA, the European Medicines Agency, an institution whose main purpose is the approval and surveillance of drugs in the EU (Table 8).

Table 8. General description of ORPHACOR

Subject area	orphan drugs
Corpus type	parallel
Mode	written
Genre	multi-genre: —summaries of product characteristics —package leaflets
Languages	English, French and Spanish
Time range	2016–2019

(Continued)

[3] The protocols which must be followed to obtain this credential are described online at the EMA (European Medicines Agency) (EMA, 1995–2020c).

Table 8. *(Continued)*

Size	tokens: 3,556,777 by language: —English: 1,065,814 —French: 1,250,372 —Spanish: 1,240,591
Text samples	number of documents: 660 by genre: —summaries of product characteristics: 330 —package leaflets: 330

From the methodological viewpoint, the creation of this corpus has entailed an initial phase of compilation and a secondary phase of processing, which was essential to ensure appropriate data extraction. The design of ORPHACOR, as happened with its larger family of corpus-based resources (Sánchez Trigo and Varela Vila, 2019; Varela Vila and Sánchez Trigo, 2020), followed the main criteria produced by the most renowned experts in the field, both regarding general issues (EAGLES, 1996; Laviosa, 2002; McEnery, 2003; Sinclair, 2004; Tognini-Bonelli, 2010), and more specific questions connected to quality and representativeness (Bowker and Pearson, 2002; Berber Sardinha, 2002; Walsh, 2013).

According to the proposal put forward by Berber Sardinha (2002) and Vargas Sierra (2006) with regard to corpus size, ORPHACOR may be considered medium-sized, since it belongs to the range of between one and ten million words. The text samples compiled are recent (2016–2019) and were published by the EMA, a leading agency which relies upon a centralized system for the assessment and authorization of drugs throughout the EU. All of these aspects (size, currency and reliability of the sources) seem relevant and increase both the quality and representativeness of the corpus.

The texts compiled for the corpus are part of the *product information* document, one of the several components of the EPAR (European Public Assessment Report). The EPAR (1995–2020a) includes a set of regulatory documents required for human drug marketing authorization to the EMA. The *product information* is a standardized document that provides information for healthcare professionals and patients about the drug. It includes three annexes: the summary of product characteristics (Annex I), information regarding the supply and use of the medicinal product (Annex II) and the package leaflet and labeling (Annex III) (Table 9). Its template is available on the EMA website (EMA, 1995–2020d).

Table 9. Product information document

	English	French	Spanish
Annex I	Summary of product characteristics	Résumé des caractéristiques du produit	Ficha técnica o resumen de las características del producto
Annex II	A. Manufacturer responsible for batch release B. Conditions or restrictions regarding supply and use C. Other conditions and requirements of the marketing authorization D. Conditions or restrictions with regard to the safe and effective use of the medicinal product	A. Fabricant responsable de la libération des lots B. Conditions ou restrictions de délivrance et d'utilisation C. Autres conditions et obligations de l'autorisation de mise sur le marché D. Conditions ou restrictions en vue d'une utilisation sûre et efficace du médicament	A. Fabricante responsable de la liberación de los lotes B. Condiciones o restricciones de suministro y uso C. Otras condiciones y requisitos de la autorización de comercialización D. Condiciones o restricciones respecto del uso seguro y efectivo del medicamento
Annex III	A. Labeling B. Package leaflet	A. Étiquetage B. Notice	A. Etiquetado B. Prospecto

ORPHACOR integrates summaries of product characteristics (SmPC, Annex I) and package leaflets (PL, Annex IIIB) for all orphan drugs authorized by the EMA (European Commission, 2019) up until the last update iteration (3rd quarter 2019).[4]

4 Other documents were not included because they were considered beyond the scope of this research, since they were fundamentally normative in nature or exclusively oriented to marketing the final product, which provided little to no information for health professionals and patients.

SmPC is "a document describing the properties and the officially approved conditions of use of a medicine. Summaries of product characteristics form the basis of information for healthcare professionals on how to use the medicine safely and effectively" (EMA, 1995–2020e). With regard to PL, the EMA describes it as follows: "[t]he leaflet in every pack of medicine that contains information on the medicine for end-users, such as patients and animal owners" (EMA, 1995–2020b).

Thus, the text genres represented in the corpus correspond to diverse levels of specialization. SmPC are specialized, since they are addressed to professionals, and PL, addressed to patients, are semi-specialized. The texts are organized in two sub-corpora depending on the genre to which they belong.

Concerning file processing, texts were compiled in electronic format (PDF) and were later converted to plain text (.txt) and coded in UTF-8. Although the conversion did not present major issues, semi-automatic processing was required to achieve adequate segmentation (suppressing line breaks which cut sentences in half, including line breaks after sentences or segments, etc.).

As noted earlier, ORPHACOR texts are parallel texts, and sentence-level alignment in XML format was carried out with the help of InterText (Vondřička, 2016). Tagging and lemmatization was performed automatically using Freeling (4.1) open-source suite, created and developed by the TALP Centre at the Universitat Politècnica de Catalunya (UPC). This processing allows to search the corpus using morphosyntactic tags and lemmas.

3. Results: corpus exploitation

Once ORPHACOR was compiled and processed (aligned, lemmatized and tagged), it was integrated into RERCOR (the portal of rare disease linguistic resources: https://www.rercor.org/search) for further exploitation. The portal allows users to access a set of tools through a multilingual open interface in English, French, Spanish and Galician. The structure contains two complementary applications to search corpora or glossaries (Sánchez Trigo and Varela Vila, 2019).

The following sections show how to use the corpora application and how to extract data from the ORPHACOR corpus. The Corpora tab of the portal interface offers two main functions: simple search and advanced search.

3.1. Simple search

This first option is useful for searches whose aim is to produce global results. It meets the requirements of those users who wish to check a specific term or a sequence of up to five words. Simple searches can be trilingual in French, English and Spanish, as well as bilingual or monolingual, and they cover ORPHACOR and the larger family of corpora available in the portal. Sensitivity to accents, upper case and Greek letters is also permitted.

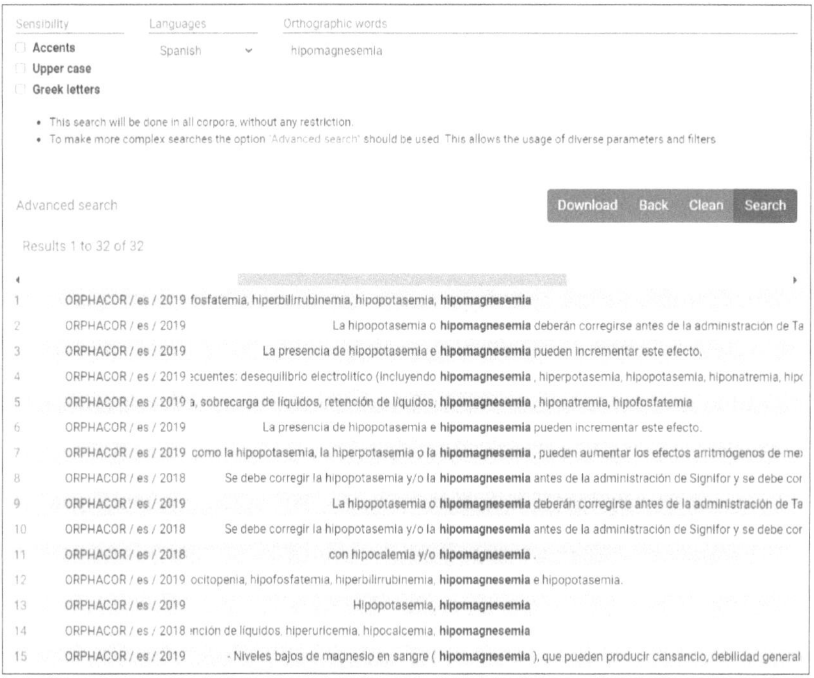

Figure 1. Simple search: *hipomagnesemia*

Figure 1 shows the results obtained from a simple search with the Spanish input *hipomagnesemia* 'hypomagnesemia'. These results are presented in the form of concordances, that is to say, instances of the input, which appears in bold face, surrounded by an excerpt of the context where it is featured.

3.2. Advanced search

If the user wishes to perform a more defined and, consequently, more complex search with the aim of retrieving specific information, the ideal function is advanced search. A much more detailed input form will pop up divided into five main sections: Search, Result, Sensitivity, Filters and Text box. Each section contains nested fields in a drop-down menu, affording diverse search possibilities.

As shown in Figure 2, the Search section offers, together with other functionalities which will be mentioned later, the possibility of checking ORPHACOR exclusively, or any number of corpora included in the larger RERCOR family. The Filters section was designed to produce specific sub-corpora after applying a series of parameters (genre, sub-genre, level of specialization, language and date). This operation allows users to carry out searches in the whole corpus or only in certain sections, which may cater for the users' needs more fully and adapt much better to their research aims.

In the case of ORPHACOR, users may decide whether they wish to select: just one of the genres featured in the corpus, summaries of product characteristics (SmPC) or package leaflets (PL), or both; all three languages for the text samples (French, English and Spanish) or any combination thereof; the complete time range (2016–2019) or a shorter period. It is possible then, to search *comprimé pelliculé* 'film-coated tablet' within the French PL, for instance, between the years 2018 and 2019.

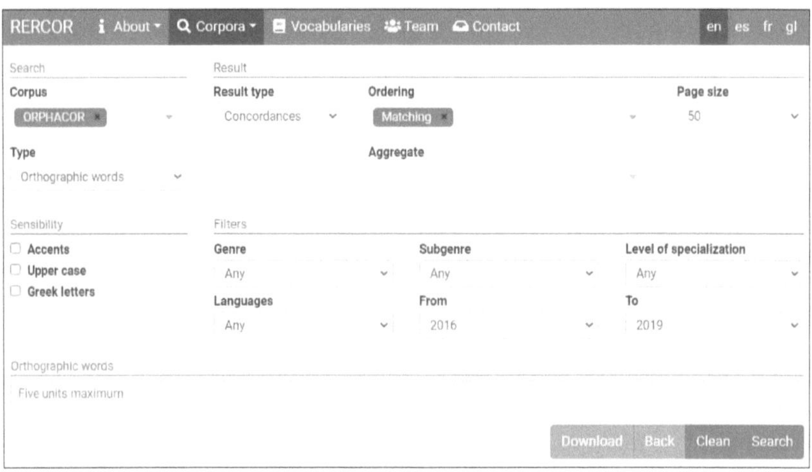

Figure 2. Advanced search form

In addition to these first options, the search form in RERCOR contains two fields which allow users to select:

- which type of search they wish to perform: choosing among the four options in the Type field of the Search section;
- which type of result they wish to obtain: data visualization and aggregation in the most convenient way to the user by checking the options available in the Result type field of the Result section.

The characteristics of each relevant option are detailed below.

3.2.1. Type of search

This includes the following features:

- Orthographic words: word search or sequence search of up to five words.
- Grammatical elements:[5] specific search for grammatical elements or a sequence of up to five elements.
- Close orthographic words: word search or sequence search of up to five words which are found at a given distance (between 1 and 10 words or sequences) from each other.
- Close grammatical elements: search for a grammatical element or a sequence of up to five grammatical elements which are found at a given distance (between 1 and 10 words or sequences) from each other.

The choice of one option out of the four available triggers changes in the lower parts of the search form, since each option requires or allows the introduction of different types of data to retrieve the desired information from the corpus.

---

5 Grammatical elements and orthographic words can be told apart because the latter may often be subdivided into several grammatical elements. In Spanish, for instance, the orthographic word *analizarse* 'to be analysed' can be subdivided into two grammatical elements, *analizar* and *se*, each of which is featured in the corpus with its corresponding morphosyntactic tag and lemma. The same happens in French with *s'accumuler* 'to build up', which consists of two grammatical elements: the personal pronoun *se* and the verb *accumuler.* This same phenomenon is observed in English with *don't*, which results from joining the verb *do* and the negative adverb *not.*

The following sections present the results that can be obtained from the ORPHACOR corpus by combining the different options available in the RERCOR search form.

a) Orthographic words

As an example, the French term *hémoptysie(s)* 'haemoptysis' is introduced to find out its equivalents in Spanish and English. At the top of Figure 3 the user can see that the search was performed and that the input appears between asterisks (**hémoptysie**), which work as placeholders.[6] The initial asterisk

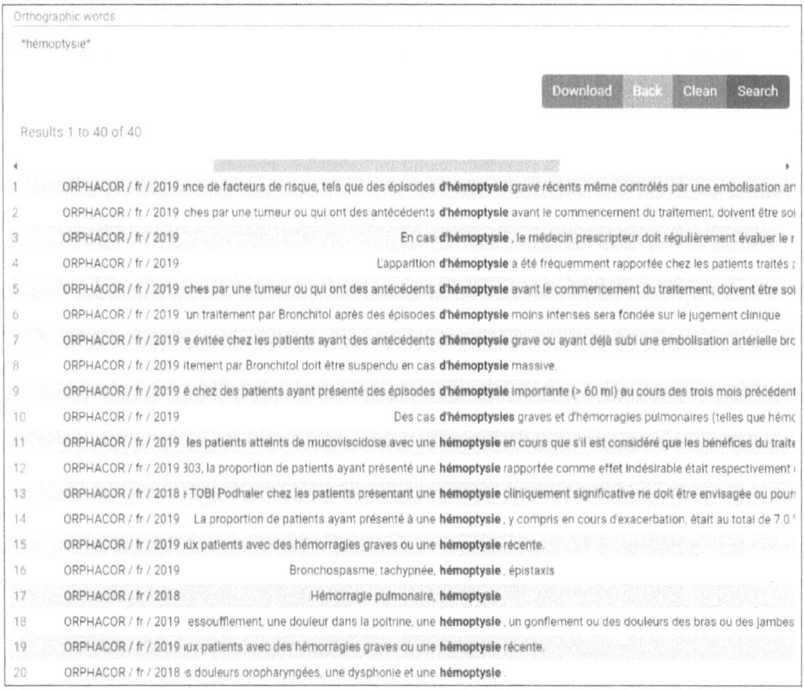

Figure 3. Orthographic word: *hémoptysie(s)* (concordances)

6 RERCOR allows the use of placeholders to make searches easier: question marks (?) substitute one character; asterisks (*) replace zero, one or several characters; exclamation marks (!) are equivalent to not (result restrictions); and pipes or vertical bars (|) are equivalent to or (optionality).

helps the application to find possible occurrences of this term preceded by articles, prepositions or apostrophes (*d'hémoptysie*, *l'hémoptysie*), while the final asterisk permits both singular and plural forms to be retrieved. A total of 40 results has been obtained, which are presented by default in the form of concordances (Figure 3 includes a sample of these results). However, other forms of visualization are available, which will be detailed below.

With the aim of facilitating comprehension and behavioral analysis of the form or sequence retrieved from the corpus, the application allows users to access extended contexts. For this to happen, it is necessary to click on the number to the left of each concordance to trigger the appearance of a new window (Figure 4).

Figure 4. Extended context of the results

The extended context includes the following elements:

- details about the document from which the segment was excerpted;
- consulted segment (highlighted) and parallels in Spanish and English;
- two segments before and after the input in French.

b) Grammatical elements

When this type of search is selected, the Text box section is automatically modified to offer three new fields, of which at least one must be filled out: grammatical element, tag (using the corpus tag selector for ease of use) or lemma. After completing this step, the field "orthographic word," inactive by default, is activated. It allows combinations of grammatical and orthographic searches.

Figure 5 shows the potential of this option, with a new search using the French sequence "noun + *actif*."

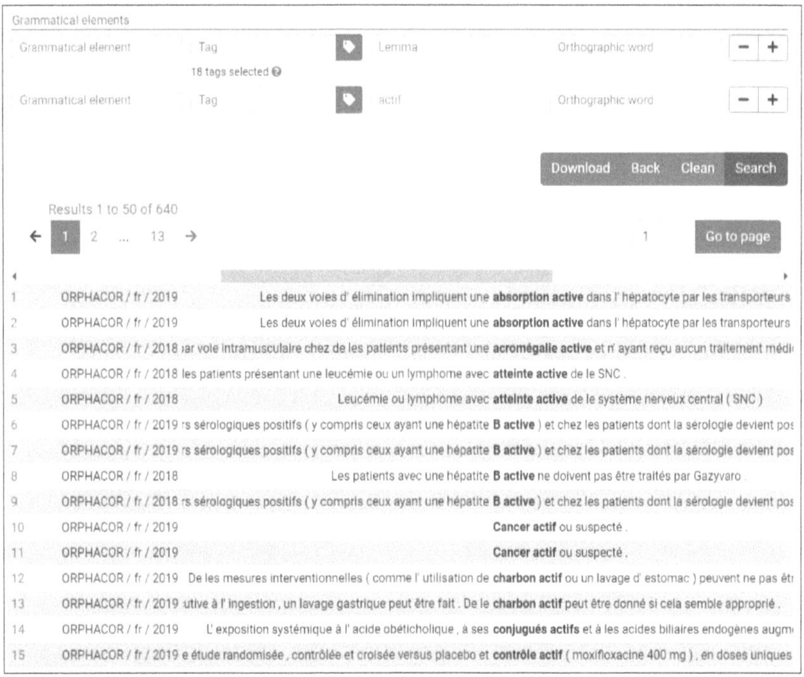

Figure 5. Grammatical element: "noun + *actif*" (concordances)

For the first grammatical element (upper part of Figure 5) the tag "noun" was included, while for the second element the form *actif* as a lemma was introduced. With such search criteria, the application can locate all the sequences consisting of a noun followed by any form of the adjective *actif*.

This search identifies all terms that follow this structure, such as *absorption active*, *atteinte active*, *cancer actif*, *fraction active*, *métabolite actif*, *métastases actives*, *principe actif* or *traitement actif*. Concordance visualization quickly provides access to their immediate context; however, it does not indicate the number of times each of these terms is featured in the corpus, a piece of information which might also be of interest to the user.

This information may be obtained by selecting the Matching expressions option in the section Result of the Result type field (Figure 6).

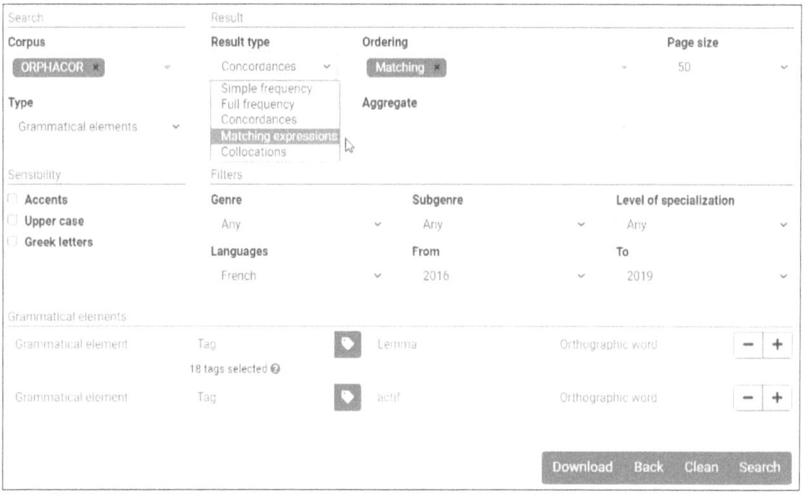

Figure 6. Selection of matching expressions on the interface

This is the way to obtain the global data of each match aggregated, by default, according to grammatical element. The number of occurrences of each element is provided, as well as the number of texts in which it features. The data that correspond to a given element appear disaggregated in various forms (gender, number, person…). For instance, in *infection active*, one of the results returned by the search, the user is informed that 13 occurrences were found in the corpus in 11 separate documents. In addition, 2 occurrences of *infection active* were found in 2 documents and 2 occurrences of *infections actives* in 2 documents.

Data may also be aggregated by tag, lemma or orthographic word using the Aggregate selector available in the Result section. Figure 7 shows the results obtained in the previous search ("noun + *actif*") with aggregation by lemma switched on.

		Total (1 560 459 / 220)
1	*substance actif*	377 / 195
2	*métabolite actif*	91 / 14
3	*principe actif*	57 / 34
4	*infection actif*	17 / 12
5	*traitement actif*	14 / 10
6	*fraction actif*	12 / 1
7	*forme actif*	6 / 3
8	*b actif*	4 / 3
9	*médicament actif*	4 / 3
10	*site actif*	4 / 3
11	*transport actif*	4 / 1
12	*hépatite actif*	3 / 3
13	*leucémie actif*	3 / 1
14	*saignement actif*	3 / 1
15	*sécrétion actif*	3 / 1
16	*absorption actif*	2 / 1
17	*atteinte actif*	2 / 1
18	*cancer actif*	2 / 1
19	*charbon actif*	2 / 2
20	*contrôle actif*	2 / 2

Figure 7. Grammatical element: "noun + *actif*" (matching expressions)

The numbers on the right-hand column, for example in the first result (377 / 195), show that *substance actif* (which includes singular and plural forms, as well as capitalized and non-capitalized variants) appears 377 times in 195 different documents. If any of these correspondences need to be analyzed more in-depth, the user should only click on them to explore different occurrences and even explore their particular context.

c) Close orthographic words

This function allows users to locate those contexts in which the retrieved forms are being used at a specified distance. Such distance may be previously defined using a scale from 1 to 10, but it is also possible to select ranges of any given number of words introducing a numerical input before the symbol ≤ (less than or equal to).

If we were to retrieve, for instance, the occurrences of *cases of* and *have been* in contexts located at a distance smaller or equal to 10 words, 91 results would be obtained. Figure 8 shows a sample of these results.

ORPHACOR / en / 2019	Caution should be exercised as **cases of** late occurrence of first neurological events **have been** observed.
ORPHACOR / en / 2018	Serious **cases of** diarrhoea leading to dehydration and electrolyte disturbances **have been**
ORPHACOR / en / 2019	Uncommon **cases of** sudden death **have been** reported in patients taking Tasigna.
ORPHACOR / en / 2019	sitivity reactions, including isolated **cases of** anaphylaxis, **have been** reported in the literature after the use of topical f
ORPHACOR / en / 2019	Fatal and serious **cases of** cerebral oedema **have been** reported in patients treated with YESCARTA.
ORPHACOR / en / 2019	:arrying a G6PD enzyme deficiency, **cases of** acute haemolytic anaemia **have been** reported with glibenclamide.
ORPHACOR / en / 2019	Uncommon **cases of** sudden death **have been** reported in patients taking Tasigna.
ORPHACOR / en / 2019	However, **cases of** syncope **have been** reported in clinical studies (see section 4.8).
ORPHACOR / en / 2019	Two **cases of** reactivated hepatitis B **have been** reported when SYLVANT was administ
ORPHACOR / en / 2018	Hepatic failure: Rare **cases of** hepatic failure (including cases with fatal outcomes) **have been** reported
ORPHACOR / en / 2019	No **cases of** acute overdose **have been** reported.
ORPHACOR / en / 2019	Uncommon **cases of** severe fluid retention **have been** reported in patients treated with Tasigna
ORPHACOR / en / 2019	Uncommon **cases of** severe fluid retention **have been** reported in patients treated with Tasigna
ORPHACOR / en / 2019	Atrial fibrillation, atrial flutter and **cases of** ventricular tachyarrhythmia **have been** reported in patients treated with IN
ORPHACOR / en / 2019	Cases of hypothyroidism and **cases of** hyperthyroidism **have been** reported.

Figure 8. Close orthographic words: "*cases of + have been*"

After analyzing all concordances, it may be observed that:

- the elements which appear immediately to the right of *cases of* are terms referring to lack of health (*hemorrhage*, *severe fluid retention*, *cerebral edema*, *leukemia* or *lymphoma*, *pneumonitis*, etc.);
- the verb which tends to accompany this construction is *report* (82 out of 91 occurrences) and, to a lesser extent, *observe* (8 of 91).

If the user studies the contexts offered for such constructions in Spanish and French, they may observe that they tend to be translated as "*se han notificado casos de X*" and "*des cas de X ont été rapportés*," respectively.

d) Close grammatical elements

As it happened with the option of close orthographic words, it is possible to select ranges using figures preceded by the symbol for fewer than or equal to (≤).

Figure 9 shows the search results for the lemma *recibir* 'receive' at a distance equal to or smaller than 6 elements from the lemma *quimioterapia* 'chemotherapy'. This allows the user to locate those contexts in which one single sentence mentions the action of receiving chemotherapy.

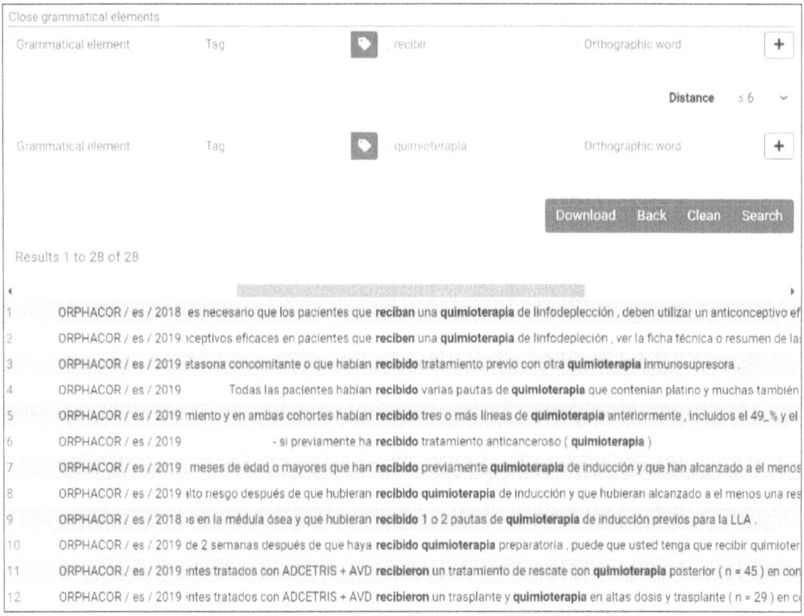

Figure 9. Close grammatical elements: "*recibir* + *quimioterapia*"

A total of 28 occurrences are found. The user may check that the verb *recibir* (in any form) is not always directly placed before the term *quimioterapia* (distance 1), but it seems to be quite common for other elements to appear between the two, as Table 10 tries to show.

Table 10. Close grammatical elements: examples of *recibir* + *quimioterapia* at different distances

Example	Distance
MYLOTARG se debe utilizar únicamente en pacientes aptos para **recibir quimioterapia** de inducción intensiva.	1
[...] en pacientes de 12 meses de edad o mayores que han **recibido** previamente **quimioterapia** de inducción [...].	2
Es posible que no consiga quedarse embarazada o tener hijos después de **recibir** medicamentos de **quimioterapia**.	3
Todas las pacientes **habían recibido** varias pautas de **quimioterapia** que contenían platino.	4
[...] o que habían **recibido** tratamiento previo con otra **quimioterapia** inmunosupresora.	5
[...] habían **recibido** tres o más líneas de quimioterapia **anteriormente** [...].	6

In contrast with the search for close orthographic words, this option makes it possible to widen the range of searched forms, since grammatical elements as well as tags and lemmas may be added.

3.2.2. Result type

RERCOR offers, as we have partially seen, the following options of result visualization:

- Simple frequency: number of occurrences in the performed search compared to the total number of words or grammatical elements in the selected corpus, normalized frequency (per million), and number of documents in which it is featured compared to the number of documents available in the selected corpus.
- Complete frequency: same data as simple frequency, but disaggregated in tables according to text genre, level of specialization and language.
- Concordances: this option, as mentioned above, is selected by default, since it is the most common in the field of corpus linguistics. Concordances may be classified following the criteria available in the Ordering field.
- Matching expressions and Collocations: these two options offer interesting functionalities which will be described in depth below.

a) Matching expressions

One of the advantages of this option is the ability to produce a list of the most frequent words or grammatical elements in a given corpus. If the user writes an asterisk (*) in the Text box section and checks the option Matching expressions in the Result section of the field Result type, RERCOR will show all of the orthographic words or grammatical elements in the corpus, depending on which option was marked, in order of frequency.

This process may be useful to compare the high frequency lexicon of one corpus and contrast it with the large family of corpora included in the portal or, for instance, within ORPHACOR, the lexicon of package leaflets (semi-specialized) with that of summaries of product characteristics (specialized).

Similarly, it is possible to obtain lists of bigrams, trigrams, etc., for which purpose, rather than a single asterisk, a search with two (* *) or three (* * *) will be carried out. The Figure 10 shows an example of trigram search results:

			Specialization		
		Total (1 253 079 / 220)	Informative (0 / 0)	Specialized (879 694 / 110)	Semi-specialized
1	chez les patients	2 591 / 167	0	2 436 / 110	155 / 57
2	à votre médecin	973 / 110	0	0	973 / 110
3	des effets indésirables	964 / 220	0	679 / 110	285 / 110
4	fois par jour	911 / 105	0	800 / 58	111 / 47
5	le traitement par	909 / 171	0	643 / 94	266 / 77
6	les effets indésirables	892 / 197	0	251 / 87	641 / 110
7	votre médecin ou	788 / 104	0	0	788 / 104
8	chez des patients	757 / 108	0	717 / 94	40 / 14
9	patients atteints de	756 / 103	0	693 / 78	63 / 25
10	de la dose	684 / 130	0	610 / 93	74 / 37
11	les patients atteints	676 / 121	0	620 / 94	56 / 27
12	IC à 95	655 / 58	0	655 / 58	0
13	patients présentant une	644 / 94	0	637 / 87	7 / 7
14	les patients présentant	628 / 103	0	609 / 90	19 / 13
15	patients traités par	616 / 98	0	591 / 86	25 / 12
16	et de la	611 / 205	0	403 / 96	208 / 109
17	du traitement par	592 / 144	0	491 / 94	101 / 50
18	ne doit pas	565 / 181	0	400 / 102	165 / 79
19	pendant le traitement	564 / 143	0	338 / 75	226 / 68
20	tout effet indésirable	554 / 218	0	212 / 109	342 / 109

Figure 10. Trigrams in French by level of specialization

This option may also be employed to find the words which have the highest likelihood of appearing next to another word, either to the left or to the right. With this purpose in mind, the word or words that wish to be searched should be introduced in the Text box adding as many asterisks as necessary. The sequence, however, cannot exceed five words.

For example, if we wish to know which two words tend to precede *function*, we will introduce the sequence "* * function." A total of 195 types and 531 tokens are obtained. Figure 11 shows the results in excerpted form:

		Total (1 068 359 / 220)
1	normal renal function	48 / 26
2	normal hepatic function	33 / 18
3	of liver function	24 / 14
4	impaired hepatic function	21 / 12
5	impaired renal function	18 / 10
6	of renal function	18 / 14
7	your kidney function	13 / 4
8	and liver function	12 / 8
9	Abnormal liver function	11 / 4
10	and renal function	9 / 8
11	abnormal liver function	8 / 6
12	your liver function	8 / 4
13	impaired liver function	7 / 6
14	in liver function	7 / 6
15	or hepatic function	7 / 5
16	reduced kidney function	6 / 4
17	and hepatic function	5 / 5
18	normal liver function	5 / 4
19	on liver function	5 / 3
20	reduced liver function	5 / 2

Figure 11. Matching expressions: "* + * + *function*"

From this search it may be concluded that the word *function* tends to appear next to the adjectives *renal* or *hepatic*, but also nouns like *liver* or *kidney*. A more careful study of the results leads to the retrieval of less frequent combinations such as *lung function*, *hepatocellular function*, *bowel function* or *platelet function*. In addition, this function could be qualified as *normal* or, by way of contrast, as *abnormal*, *impaired*, *reduced* or *decreased*. These types of searches may help users to understand better how words or terms are combined in the field of medicine, which constitutes a fundamental aspect of correct and idiomatic text production and editing.

The visualization of matching expressions in conjunction with the search by grammatical element proves even more versatile. This function makes it possible to combine, as we have reported earlier, grammatical elements, tags, lemmas and orthographic words. Figure 12 includes some of the results obtained from the input chain "noun + adjective + adjective" in the Spanish version of the ORPHACOR corpus. A total of 2,248 types and 5,750 tokens have been found.

		Total (1 446 000 / 220)
1	insuficiencia hepática leve	119 / 44
2	insuficiencia hepática grave	112 / 49
3	insuficiencia renal grave	110 / 50
4	insuficiencia renal leve	90 / 42
5	reacciones adversas graves	67 / 35
6	Efectos adversos frecuentes	60 / 43
7	función renal normal	48 / 25
8	cambio absoluto medio	47 / 2
9	análisis farmacocinético poblacional	44 / 16
10	espesor parcial profundo	42 / 2
11	efectos adversos graves	38 / 25
12	función hepática normal	38 / 21
13	vías respiratorias altas	38 / 22
14	tracto respiratorio superior	37 / 15
15	sistema nervioso central	36 / 25
16	reacción alérgica grave	35 / 19
17	métodos anticonceptivos eficaces	34 / 20
18	concentración plasmática máxima	30 / 22
19	hipersensibilidad sistémica aguda	30 / 1
20	leucemia linfoblástica aguda	30 / 11

Figure 12. Matching expressions: "noun + adjective + adjective"

Similarly, this option permits, for example, to study and compare lists of high frequency verbs in several languages, or both of the text genres featured in the corpus. Table 11 shows the 20 most frequent main verbs (i.e., excluding auxiliaries, semi-auxiliaries and particles) that appear in PL in three languages:

Table 11. Most frequent verbs in package leaflets

French	Spanish	English
être	poder	be
pouvoir	deber	use
utiliser	utilizar	have
prendre	tomar	take
devoir	tener	do
contenir	usar	contain
avoir	estar	give
administrer	contener	tell
présenter	consultar	need
conserver	administrar	include
voir	tratar	get
traiter	incluir	treat
demander	afectar	affect
faire	embarazar	see
parler	necesitar	report
recevoir	indicar	know
mentionner	empezar	ask
informer	ver	list
appeler	aparecer	follow
ressentir	conservar	help

It is clear that part of the list is common in all three languages, as in the case of *utiliser*, *utilizar* and *use*; *prendre*, *tomar* and *take*; *contenir*, *contener* and *contain*; or *traiter*, *tratar* and *treat*. In other cases, however, equivalences are far from obvious and contextual study is required to improve understanding. For instance, in English the verb *give* tends to be used in contexts where French prefers *administrer* and Spanish opts for *administrar* (the verb *administer* is less frequently used, but it may be found in place 41 on the list).

In this list it was not possible to find an English equivalent of the verbs *conserver* and *conservar*, even though, in the majority of contexts, the choice tends to be *store* (which is found in place 27 on the list) with this same meaning:

- Waylivra peut être *conservé* à température ambiante (entre 8 °C et 30 °C) [...].
- Waylivra se puede *conservar* a temperatura ambiente (entre 8 °C y 30 °C) [...].
- Waylivra can be *stored* at room temperature (8 °C–30 °C) [...].

Lastly, the list includes the English verb *need* and the Spanish equivalent *necesitar*, which are usually translated using the expression "*à* + infinitive" in French, as shown in the following excerpts:

- Quelles sont les *informations à connaître* avant d'utiliser Lartruvo
- Qué *necesita saber* antes de empezar a usar Lartruvo
- What you *need to know* before you are given Lartruvo

b) Collocations[7]

This type of result constitutes a simpler variant of the option Matching expressions to which we have just referred. It is oriented toward those users who wish to carry out simpler searches and therefore do not require all features included in a Matching expressions type of result. It allows to search for lexico-grammatical structures providing the orthographic word(s) or grammatical element(s) in which the user is interested and selecting the number of words/elements to the left or to the right that they wish to consider (up to a maximum of 5).

In this way, if we wish to know which preposition is likely to appear next to the construction *étude(s) menée(s)* 'study/ies conducted', we should use "*étude* menée**" as a starting point and check that we will allow a single

---

[7] This denomination, more synthetic, is used in the interface to refer to lexico-grammatical structures.

word to the right. Following this procedure, the user obtains 10 types and 60 tokens (Figure 13).

		Total (1 253 079 / 220)
1	études menées chez	27 / 18
2	étude menée chez	14 / 11
3	études menées avec	8 / 7
4	études menées sur	4 / 3
5	étude menée pour	2 / 1
6	étude menée auprès	1 / 1
7	étude menée avec	1 / 1
8	étude menée pendant	1 / 1
9	études menées dans	1 / 1
10	études menées en	1 / 1

Results 1 to 10 of 10 (60)

Figure 13. Collocations: "*étude(s) + menée(s) +* *"

Looking at the previous data, it is observed that the most frequent prepositions are *chez* 'in' and *avec* 'with'. A more in-depth study of ORPHACOR will show that *chez* indicates which type of subjects perform the study (*chez des patients atteints*, *chez l'animal*, *chez le rat*, *chez des sujets sains…*), while *avec* introduces the drug under study (*avec du manitol*, *avec la chlorméthine*, *avec le defibrotide…*).

This option may also be combined with searches by grammatical element. For example, we may select the tag "noun" for the first grammatical element and enter the lemma *indicate* for the second one. We then set the search to show 2 elements to the left and 1 element to the right. The result will be 94 types and 149 tokens (Figure 14).

These results, aggregated by lemma, show prototypical constructions of nominal phrases (*in vitro study/data*, *population pharmacokinetics analysis/data*, *your condition*, *maximum human exposure…*) which act as the subject of the verb *indicate*. In the majority of cases, the verb is followed by the conjunction *that*, which introduces a subordinate phrase.

		Total (1 243 847 / 220)
1	In vitro studies indicate that	8 / 6
2	In vitro data indicate that	7 / 4
3	In vitro studies indicated that	7 / 3
4	if your condition indicates that	6 / 1
5	maximum human exposure indicating little	5 / 3
6	Population pharmacokinetics data indicated that	4 / 1
7	in vivo data indicate that	3 / 2
8	Population pharmacokinetic analysis indicated that	3 / 2
9	an increasing score indicates worsening	2 / 1
10	and pharmacodynamic analyses indicated no	2 / 1
11	Cmax and AUClast indicate that	2 / 1
12	in lactating rats indicate that	2 / 1
13	in the space indicated .	2 / 1
14	in vitro study indicates that	2 / 1
15	in vivo extrapolations indicate that	2 / 1
16	in vivo studies indicate that	2 / 1
17	In vitro data indicate some	2 / 1
18	In vitro results indicate that	2 / 1
19	IWCLL) criteria indicated an	2 / 1
20	measured by AcroQol indicated statistically	2 / 1

Figure 14. Collocations: "* + * + noun + *indicate* + *"

4. Final remarks

ORPHACOR is a trilingual corpus about orphan drugs created to offer information to translators, interpreters and related professionals on biomedical discourse. It represents a valuable resource to assist them in the process of translation and elaboration of texts. It contains 3,556,777 tokens in English, French and Spanish, and features very recent texts of two different, although complementary, genres (SmPC and PL). These texts have been gathered from the EMA website, a leading institution which meets the requirements of authority (prestigious source) and content (sufficient, valid, reliable, objective and updated information) posited by Buendía Castro and

Ureña Gómez-Moreno (2010) to assess the quality of a corpus[8] in accordance with the characteristics of its sources and compiled texts.

ORPHACOR provides translators and professionals in related fields with a representative set of reliable texts and a powerful tool for extracting data from them. This facilitates access to the linguistic uses specific to the multidisciplinary biomedical field analyzed, as well as their comparative analysis in the three languages included in the corpus. In this way, it offers a resource that can be adapted to the individual needs of each translation project. In addition, the data obtained allow studies to be carried out that explore the characteristics of the translation process in greater depth.

The corpus has been integrated into the portal of multilingual language resources RERCOR, which required a careful process of alignment, tagging and lemmatization. We have shown how the versatility of the online portal makes it possible to perform various types of corpus searches and, consequently, obtain different types of results.

As we have seen, searches may be simple, complex, focused on orthographic words and grammatical elements (in immediate or close proximity), or become accent, upper or lower case and Greek letter sensitive. The ways of visualizing the results are also quite diverse. For example, concordances offer all occurrences of the input provided in context, while matching expressions allow users to obtain in a quick and straightforward manner lists of words or grammatical elements from the corpus organized by frequency of occurrence. While many corpora allow the download of static frequency lists, they are only applicable to the whole corpus. This may not be useful for analyzing frequencies of specific cases or specific sub-corpora in the translation process. In RERCOR, however, it is possible to make frequency lists of any corpus or part of it. This facilitates, for example, the study of differences in language use according to the level of specialization of the text (specialized and semi-specialized in this case) for the three languages in the corpus. The Matching expressions option can also produce lists of bigrams, trigrams, etc., as well as collocations of a word or grammatical element. Finally, the third

8 These authors, who have synthesized the work of the most relevant figures in the field, add a third requirement in connection with design (which takes into account navigation aids, accessibility, and the presentation and management of information). Such aspect is also fulfilled in our case, but it was considered collateral in the present paper.

type of result, namely, Collocations, constitutes a functionality addressed at users who are less familiar with information retrieval systems. It allows to analyze, in terms of frequency, the immediate context of the words or grammatical elements in focus and to determine which are the most common lexico-grammatical structures.

ORPHACOR is therefore a valuable and accessible resource to assist language professionals in the process of terminological and documental preparation. This process is inherent to any language project and shall be prioritized in order to obtain quality results. In the field of rare diseases, it is particularly relevant due to the current lack of knowledge on the topic and the scarceness and difficult accessibility of most reference sources.

References

Berber Sardinha, T. (2002). Tamanho de corpus. *The ESPecialist*, 23 (2), pp. 103–122. Retrieved from https://revistas.pucsp.br/esp/article/view/9381/6952.

Bowker, L. & Pearson, J. (2002). *Working with Specialized Language: A Practical Guide to Using Corpora*. London: Routledge.

Buendía Castro, M. & Ureña Gómez-Moreno, J. M. (2010). ¿Cómo diseñar un corpus de calidad? Parámetros de evaluación. *Sendebar*, 21, pp. 165–180.

EAGLES (1996). *Preliminary Recommendations on Corpus Typology*, EAG-TCWG-CTYP/P. Retrieved from https://www.ilc.cnr.it/EAGLES96/corpustyp/corpustyp.html.

EMA (European Medicines Agency) (1995–2020a). *European public assessment reports: background and context*. Retrieved from https://bit.ly/30GCzmt.

EMA (European Medicines Agency) (1995–2020b). Package leaflet. In *Glossary*. Retrieved from https://bit.ly/2Y3FqEh.

EMA (European Medicines Agency) (1995–2020c). *Orphans: Regulatory and procedural guidance and forms*. Retrieved from https://bit.ly/2N2cm9G.

EMA (European Medicines Agency) (1995–2020d). *Product-information (QRD) templates – Human*. Retrieved from https://bit.ly/2MZk9VR.

EMA (European Medicines Agency) (1995–2020e). Summary of product characteristics. In *Glossary*. Retrieved from https://bit.ly/2ACVSCr.

EUPATI (European Patients' Academy) (2015a). *EMA Committees: Committee for Orphan Medicinal Products (COMP)*. Retrieved from https://toolbox.eupati.eu/resources/ema-committees-committee-for-orphan-medicinal-products-comp/.

EUPATI (European Patients' Academy) (2015b). Rare disease. In *Glossary*. Retrieved from https://toolbox.eupati.eu/glossary/rare-disease.

European Commission (2019). *Community Register of orphan medicinal products*. Retrieved from https://bit.ly/2zyVg06.

European Parliament (2000). Regulation (EC) No 141/2000 of the European Parliament and of the Council of 16 December 1999 on orphan medicinal products. Retrieved from https://bit.ly/2BcD2BW.

EURORDIS (2015). *About Orphan Drugs*. Retrieved from https://bit.ly/3e6weEy.

Expert Advisory Group on Language Engineering Standards (1996). *Preliminary Recommendations on Corpus Typology*. EAG-TCWG-CTYP/P. Retrieved from https://bit.ly/3H1MVVp.

Laviosa, S. (2002). *Corpus-based Translation Studies: Theory, Findings, Applications*. Amsterdam/New York: Rodopi.

McEnery, A. (2003). Corpus linguistics. In R. Mitkov (ed.), *The Oxford Handbook of Computational Linguistics* (pp. 448–463).

Orphanet (2020). *About Orphan Drugs*. Retrieved from https://bit.ly/2UJQpQY.

Posada, M. *et al.* (2008). Enfermedades raras. Concepto, epidemiología y situación actual en España. *Anales del Sistema Sanitario de Navarra*, 31 (2), pp. 9–20. Retrieved from https://bit.ly/3ehEC4t.

Sánchez Trigo, E. & Varela Vila, T. (2019). RERCOR: portal de recursos lingüísticos multilingües sobre enfermedades raras. *Estudios de Traducción*, 9, pp. 131–150. Retrieved from https://bit.ly/37vvsyo.

Sinclair, J. (2004). Corpus and Text – Basic Principles. In M. Wynne (ed.), *Developing Linguistic Corpora: a Guide to Good Practice* (pp. 5–24). Retrieved from http://bit.ly/3GUrwO4.

TALP (Center for Language and Speech Technologies and Applications) (2020). *Freeling 4.1 User Manual*. Retrieved from https://bit.ly/2UHZbiw.

Tognini-Bonelli, E. (2010). Theoretical overview of the evolution of corpus linguistics. In A. O'Keeffe & M. McCarthy (eds.), *The Routledge Handbook of Corpus Linguistics* (pp. 14–27).

Varela Vila, T. & Sánchez Trigo, E. (2020). Diseño e implementación de una base de conocimiento terminológico sobre enfermedades raras. *Onomázein*, 49, pp. 1–20. DOI: 10.7764/onomazein.49.01.

Vargas Sierra, Ch. (2006). Diseño de un corpus especializado con fines terminográficos: el corpus de la piedra natural. *Debate Terminológico*, 2. Retrieved from https://bit.ly/2C1zMd5.

Vondřička, P. (2016). *InterText editor v1.5 comprehensive guide*. Prague: Institute of the Czech National Corpus Charles University, Faculty of Arts. Retrieved from https://bit.ly/2ULUoN4.

Walsh, S. (2013). Corpus Linguistics and Conversation Analysis at the Interface: Theoretical Perspectives, Practical Outcomes. In J. Romero-Trillo (ed.), *Yearbook of Corpus Linguistics and Pragmatics 2013. New Domains and Methodologies* (pp. 37–51).

Falar unha illa e desprazala ao continente: os procesos de tradución de *Panza de burro*

Tamara Andrés[*]

RESUMO

Panza de burro, novela da autoría da tinerfeña Andrea Abreu (1995) publicada pola Editorial Barrett no mes de marzo de 2020, axiña se converteu nun éxito literario. No momento de redacción do presente artigo, xusto un ano despois, a obra conta con 13 reedicións e 35 000 copias vendidas, e atópase en proceso de tradución a diversas linguas. Neste texto achegamos, en primeiro lugar, unhas notas arredor da narrativa canaria e sintetizamos as principais características do libro de Abreu, sobre todo aquelas que teñen que ver coa linguaxe. En segundo lugar, a partir de conversas con diversas persoas implicadas nos procesos de tradución (axente literaria, tradutoras e editoras), reflexionamos sobre o desprazamento cara a outros espazos dunha novela que se rebela contra as normas lingüísticas e adopta unha posición de marcada excentricidade.

Palabras clave: *Panza de burro*, Andrea Abreu, narrativa canaria, translación, tradución literaria, procesos de tradución.

1. Introdución

As reflexións que achegamos no presente texto teñen o seu xermolo no traballo final que elaboramos para o seminario Island Imaginations, que cursamos na Facultade de Letras da Universidade de Lisboa (FLUL) e que foi dirixido pola profesora Jennifer Goodlander.[1] Nese pequeno ensaio, escollemos como obxecto de investigación *Panza de burro*, novela que relata a amizade entre

---

* Universidade de Vigo. Este traballo forma parte das actividades de investigación de Bitraga, promovidas por BiFeGa (grupo de referencia competitiva GRC), financiadas pola Xunta de Galicia_Programa de Consolidación e Estruturación de Unidades de Investigación Competitivas (expediente ED431C 2024/20, GRC 2024-2027, DOG 146, 30/07/2024). A autora está integrada no proxecto 'Nuevas estrategias de promoción cultural. Las ferias internacionales del libro y la condición de invitado de honor', grupo CULTURFIL, financiado por FEDER/Ministerio de Ciencia, Innovación y Universidades–Agencia Estatal de Investigación con referencia: FFI2017-85760-P. ORCID: 0009-0006-1297-9828.

1 «Breaking up with the image of the Canary Islands as paradise: the representation of Tenerife in *Panza de burro*» (en prensa).

dúas cativas que viven nunha aldea do norte de Tenerife e que, como veremos máis abaixo, confronta a imaxe que se posúe sobre as illas Canarias desde unha óptica peninsular e propón unha representación do arquipélago máis achegada á realidade, menos estereotípica.

No traballo final referido reflexionabamos sobre a identidade canaria en *Panza de burro* a partir dunha serie de elementos da narración relacionados coa historia da illa, a xeografía, a linguaxe, o tempo meteorolóxico e o turismo. No texto que nos ocupa agora propoñémonos poñer o foco nos procesos de tradución[2] do libro en diálogo con algunhas das persoas que interveñen neles —fundamentalmente, axente literaria, tradutoras e editoras—.[3]

2. *Panza de burro* en contexto

Desde unha óptica externa, o arquipélago canario adoita concibirse como un espazo para o descanso e un lugar de viaxe, de transo. A identidade canaria, desde ese punto de vista, identifícase cos elementos que figuran nas imaxes que promoven o espazo insular como destino turístico e que, por tanto, reproducen unha visión superficial e estereotípica. Andrea Abreu (Icod de los Vinos, Tenerife, 1995), a autora de *Panza de burro*, ten manifestado en diversas ocasións que o libro parte da vontade de ofrecer unha representación distinta das illas Canarias daquela que se posúe desde unha ollada peninsular:

> El lugar donde sucede todo está basado en Los Piquetes, el barrio en el que crecí, situado en la parte alta de Tenerife. Desde que viví en Madrid, tengo la perspectiva peninsular muy presente y me doy cuenta de que para ustedes Canarias es otra cosa muy distinta al lugar que reflejo en *Panza de burro* y, por tanto, el barrio que aquí describo les resulta completamente ajeno y, sobre todo, distinto, a la idea de Canarias que tienen en mente. (Iglesia, 2020)

---

[2] Empregamos o plural porque entendemos que cada proceso de tradución, no que se refire ás súas características, ás súas fases mais tamén ás persoas que participan del, é único.

[3] Cómpre sinalar as limitacións que presenta este traballo: por unha banda, nel converxen sistemas literarios distintos, selos con liñas editoriais diversas e persoas que se enfrontan á práctica da tradución literaria desde enfoques heteroxéneos; pola outra, os exercicios de tradución que aquí converxen atópanse «en proceso», polo que as escollas e decisións ás que nos referiremos poden mudar nos textos finais.

No que atinxe á literatura que se produce nas illas Canarias, a investigadora e profesora Alicia Llarena indica que permaneceu durante moito tempo invisible non só fóra, senón tamén dentro do propio territorio: «desconocidos para sus propios y comunes paisanos durante años, los textos ejemplares de la narrativa insular han soportado, hasta el momento, un general silencio, un general desierto» (1994, p. 194). No seu discurso de ingreso na Academia Canaria de la Lengua, Llarena lembraba a importancia da representación:

> La valoración de nuestra identidad, y la consideración y el respeto hacia nuestro espacio, empiezan por la valoración de nuestra cultura y por el conocimiento de nuestra tradición literaria, porque no hay que olvidar que, en una civilización como la nuestra, el conocimiento se erige sobre las bases del lenguaje, de la representación y del discurso. (2006, p. 13)

Segundo os datos facilitados polo Ministerio de Cultura e Deporte (2020), o sistema editorial español caracterízase por concentrar esforzos no territorio peninsular, e máis concretamente nas súas metrópoles, nos centros de poder. No ano 2019, por exemplo, o 56,4 % dos libros editados en España publicouse en Madrid e Barcelona, mentres que esta porcentaxe se reduce de forma salientable nos arquipélagos canario e balear: 1,3 % e 0,9 % respectivamente. Este é o contexto no que se inscribe *Panza de burro*, obra literaria que lle concede, como exporemos deseguido, un lugar central a un espazo xeográfico periférico e que se serve da linguaxe como ferramenta de representación.

3. O idiolecto de Abreu: unha linguaxe excéntrica

Panza de burro, da autoría da tinerfeña Andrea Abreu, saíu do prelo en marzo de 2020 no marco do selo hispalense Editorial Barrett, concretamente na colección Editor/a por un Libro. Neste proxecto, a equipa editorial selecciona unha escritora ou escritor como responsable da edición dun único texto. No caso de *Panza de burro*, a persoa elixida foi Sabina Urraca, nada en San Sebastián e criada en Tenerife. Urraca contactou con Abreu despois de coincidir nun obradoiro ao que a primeira asistía en calidade de docente e a segunda como alumna, e pediulle que continuase unha das ideas que agromaron no taller.

Un ano despois da súa publicación, no momento no que redactamos o presente artigo (marzo de 2021), a novela de Abreu conta con 13 reimpresións, vendeu máis de 35 000 exemplares e publicarase nos meses vindeiros en diversos espazos de fala hispana e en tradución a dez linguas. A característica desta publicación que máis veces ten sido sinalada pola crítica e polo lectorado é o emprego, por parte da autora, dunha linguaxe que se inspira na variante dialectal canaria no seu rexistro oral. Abreu non só se arreda da normativa oficial do castelán, senón tamén da norma que establece para o dialecto canario a Academia Canaria de la Lengua, xa que emprega palabras que non adoitan ter a oportunidade de aparecer nun texto escrito, palabras «de las que toda mi vida me han enseñado a avergonzarme en el colegio» (TEA, 2020). Establecemos a continuación, a modo de exemplo, unha tipoloxía que sintetiza as principais características lingüísticas da linguaxe de Abreu en *Panza de burro*:

· Termos canarios (*gofio*, *millo*, *tabaibas*, *eschamizada*)
· Termos que reproducen un rexistro oral (*maldiojo*, *presinó*)
· Expresións propias (*amiga jarrapa*, *echarse un gufo*, *estar más flaca que un cangallo*)
· Palabras transcritas foneticamente (*güevo*, *sangüi*, *cespe*, *güerta*, *yerba*, *homosecsuales*, *sisá*)
· Onomatopeas creadas *ex professo* (*jucujucujucu*, cando alguén vomita)
· Anglicismos (*shit*, *bitch*)

Abreu, quen «nunca se ha sentido cómoda escribiendo según la normativa académica» (Gómez Santo Tomás, 2020), consideraba fundamental trasladar no texto orixinal non só o vocabulario canario, senón tamén o seu ritmo e a súa textura. A autora emprega o espazo literario para rescatar termos, expresións, cadencias e construcións sintácticas da lingua canaria «que se están perdiendo poco a poco, y que apenas sobreviven como parte de una tradición oral que no se encuentra representada en ninguna forma de producción cultural» (Gómez Santo Tomás, 2020).

Nunha conversa arredor de *Panza de burro*, a libreira Izaskun Legarza (TEA, 2020) indica que moitas autorías canarias adoitan ter problemas coas editoriais peninsulares, que se empeñan en corrixir o texto orixinal. *Corrixir*, neste caso, fai referencia a un exercicio mediante o que se suprimen todas aquelas manifestacións da lingua que non se axustan aos preceptos da norma central. O material lingüístico tamén pode ser usado, por tanto, como ferramenta ao servizo do poder: ao substituír elementos dunha variante lingüística periférica por outros da hexemónica central estase a silenciar unha identidade subalterna, a anular a súa diferenza e, por tanto, a situala no camiño da desaparición. Reproducimos a continuación un parágrafo no que Apfelbaum (1989, p. 20) reflexiona sobre esta cuestión:

> La destrucción del grupo descansa en procedimientos tales como la destrucción de una herencia cultural, combinada con la desaparición de las tradiciones de la comunidad y de sus propias formas y medios de expresarlas. Esta desaparición se puede ver cuando ciertos idiomas (con frecuencia denominados dialectos o *patois*) son sustituidos exclusivamente por un idioma dominante (como es el caso del francés que sustituye al bretón, al occitano, al vasco y a otros).

En *Panza de burro* atopamos, precisamente, un episodio onde unha personaxe peninsular *corrixe* a fala dunha das nenas canarias. Nun determinado momento do relato, a narradora atópase cunha rapaza da súa mesma idade «muy rubia, blanca, larga, casi transparente» (Abreu, 2020, p. 153), un físico que encaixa no estereotipo da estranxeira, por iso decide dirixirse a ela en inglés («jelou, yu lai tu plei?» [Abreu, 2020, p. 153]). A outra cativa respóndelle que non fala inglés e engade que vive en Madrid. Sobre o xeito de falar da rapaza madrileña, a narradora comenta: «hablaba como en la tele, como los dibujos animados, así fino así así bastante fino» (Abreu, 2020, p. 153). Cando a rapaza canaria lle indica á madrileña que se despraza ata o colexio en *guagua*, a madrileña ri e pregúntalle se esa palabra quere dicir «bus». «Eeeh, la guagua es la guagua», responde a canaria (Abreu, 2020, p. 153). Este fragmento da novela trasládanos a idea de que o español de Canarias resulta estraño e carece de validez desde a centralidade peninsular e que, dentro de España, uns xeitos de falar son máis válidos ca outros, que existen «expresiones legitimadas por su lugar de origen, pero que en cambio no todos los orígenes otorgan legitimidad a las expresiones» (Llarena, 2006, p. 7).

Abreu indica que a sensibilidade individual das persoas editoras é a única maneira de publicar libros que ofrezan outras maneiras de ser a través da lingua. No caso de *Panza de burro*, a editora, Sabina Urraca, «es medio canaria, y yo creo que esa es la única posibilidad» (TEA, 2020). Urraca, á súa vez, comenta que o éxito dunha obra literaria coas características de *Panza de burro* pode ser unha porta á publicación doutras moitas «que hablen con el léxico particular de cada lugar concreto, de cada barrio» (TEA, 2020). Grazas ao limiar do libro sabemos que editora e autora barallaron a posibilidade de incluír un glosario que explicase eses termos, mais que ambas rexeitaron a idea porque a literatura debe concibirse como:

> [...] un fluido que se cuele en el cerebro de forma compacta sin detenerse en un eventual tropezón lingüístico. Que se lea como se escucha una canción, una canción en un idioma extraño que el cerebro, a fuerza de escucharla, vaya desentrañando. Además, casi nadie quiere viajar a un lugar donde lo entienda todo perfectamente. (Abreu, 2020, p. 17)

No seguinte apartado exporemos, en primeiro lugar, as linguas e os espazos xeográficos nos que se publicará nos vindeiros meses a novela. En segundo lugar, centrarémonos nas traducións interlingüísticas —a maioría delas en proceso no momento de redacción do artigo— e reflexionaremos sobre a relación das persoas tradutoras co material lingüístico do texto orixinal. Por último, ofreceremos algunhas consideracións sobre a tradución dalgúns paratextos da novela (título, limiar e imaxe da cuberta).

4. *Panza de burro* en tradución: procesos e axentes

Os estudos que de xeito tradicional se ocuparon da tradución literaria, tal e como afirma Iacob (2012, p. 117), adoitan esquecer os procesos e os produtos que non teñen que ver co texto propiamente dito. Na nosa opinión, o discurso académico sobre a tradución precisa integrar todas aquelas persoas que participan dos procesos de tradución e establecer un contacto permanente con elas, de xeito que investigación e práctica poidan nutrirse de xeito recíproco. Este texto accionouse co fin de contribuír á reflexión sobre os procesos de tradución literaria e de coñecer como afrontan as tradutoras de *Panza de burro* o traslado cara á súa comunidade lingüística e cultural. Seguindo a redacción de Venuti (1995, p. 20), quen recolle as ideas de Schleiermacher, as persoas que traducen teñen dúas opcións: 1) escoller a vía domesticadora, é dicir, reducir a carga etnocéntrica do texto coa finalidade de adaptalo aos valores culturais da lingua meta (noutras palabras, desprazar a autoría cara á comunidade lectora), ou 2) avogar pola estranxeirización, isto é, manter no texto traducido valores que rexistren a diferenza lingüística e cultural do texto fonte (ou, o que é o mesmo, desprazar a comunidade lectora cara á autoría).

Na redacción que se expón a continuación sintetizamos, entre outros, o contido das conversas que, entre os meses de marzo e xuño do ano 2021, mantivemos con Marina Penalva, da axencia literaria Casanovas & Lynch, encargada de xestionar os dereitos de tradución de *Panza de burro*; con Alberto Calvo, da empresa Los tres editores, responsable da edición costarriqueña, e con Christiane Quandt, Ilide Carmignani, Margot Nguyen Béraud e Julia Sanches, tradutoras ao alemán, italiano, francés e inglés respectivamente. Mentres que coa axente editorial e o editor mencionado mantivemos unha correspondencia individualizada (por teléfono coa primeira; por correo electrónico co segundo), ás tradutoras enviámoslles o mesmo cuestionario.[4]

4.1. Espazos e linguas de tradución

Panza de burro xa se pode ler en Costa Rica en edición de Los tres editores. Nos vindeiros meses, a novela publicarase en varios países de Hispanoamérica —na Arxentina, pola Editorial Barrett; en Bolivia, por Dum Dum Editora; en Chile, por Kindberg; en Colombia, por Rey Naranjo, e, por último, en México, por Elefanta World—, así como en tradución ao portugués do Brasil (Companhia das Letras), inglés británico (Weidenfeld & Nicolson), alemán (KiWi Verlag), francés continental (L'Observatoire), italiano (Ponte alle Grazie), noruegués (Aschehoug), holandés (Van Oorschot), checo (Leda), turco (Siren) e danés (Gutkind Forlag). Penalva apunta que o interese das editoriais estranxeiras por publicar o libro en tradución ten que ver coa lectura universal que se pode facer da obra, na que se abordan temas como a puberdade, a amizade,

---

4 1. En que punto do proceso de tradución te atopas?; 2. Cal é o título (definitivo ou provisional) da tradución? Por que?; 3. Como describirías a imaxe que tiñas das illas Canarias antes de iniciar o proceso de tradución?; 4. Cal é, na túa opinión, a imaxe que se ten das illas Canarias no sistema cultural meta?; 5. Cal era o teu coñecemento da linguaxe canaria antes de iniciar o proceso de tradución?; 6. Que fontes documentais empregas, ou tes pensado empregar, para traducir a novela?; 7. Cales foron, ou pensas que serán, as principais dificultades á hora de trasladar *Panza de burro* á lingua meta?; 8. Que estratexia(s) adoptaches, ou pensas adoptar, para traducir termos e expresións propias da linguaxe canaria?; 9. A tradución presentará notas a rodapé, explicacións ou paratextos nos que interveñas como tradutora?; 10. Cres que a tradución deste libro modificou a imaxe que tiñas sobre as illas Canarias?; 11. Cres que a tradución deste libro pode modificar a imaxe que se ten das illas Canarias no sistema cultural meta?

os celos e o desexo. Nese sentido, sinala que o feito de estar escrita na variante canaria da lingua española non foi, en absoluto, un impedimento.

Por outra banda, a axente literaria de Casanovas & Lynch tamén comenta que nas edicións de Hispanoamérica, canda o texto orixinal, publicarase o limiar que acompaña a edición en castelán. Se ben é certo que nesas publicacións non haberá, empregando a terminoloxía de Jakobson (1959), tradución interlingüística —interpretación de signos lingüísticos mediante outra lingua diferente—, así como tampouco intralingüística —interpretación de signos lingüísticos mediante outros signos da mesma lingua—, si que terán lugar operacións de tradución intersemiótica (interpretación de signos lingüísticos mediante sistemas de signos non lingüísticos), xa que o libro mudará de materialidade —tipografía, papel, imaxes e textos da cuberta e da contraportada, entre outros—.

4.2. Tradución textual

Tal e como establece Fortea (2009, p. 105), «traducir literatura es desentrañar la forma de pensar que hay detrás de una lengua, y la personal forma de pensar de un autor que está detrás de un estilo propio».Neste sentido, os procesos de tradución de *Panza de burro* deben ir acompañados da consideración, por parte das persoas tradutoras, do posicionamento político de Abreu ao empregar unha variante lingüística oral e dialectal. Despois diso, deberán decidir, en palabras de Mayoral Asensio (2017, p. 183):

> [...] cuál es la percepción que el lector de la traducción debe tener del texto traducido. De acuerdo con su experiencia y su competencia, decide cuáles son los estereotipos, los marcos, las emociones que se deben activar en el lector de la traducción y cuáles son los instrumentos para ello, las pistas de contextualización a utilizar, los segmentos percibidos como marcados por el lector de la traducción que conviene utilizar. El lector previsto de la traducción es una abstracción que comprende un segmento más o menos amplio y variado de lectores previstos, hacia los cuales se dirige fundamentalmente el texto por razones económicas, ideológicas, estéticas, etc. La obra siempre tendría lectores no previstos y también dejará de ser leída por una parte de los lectores previstos.

O lectorado previsto para as tradución de *Panza de burro* son persoas que coñecen as illas Canarias como destino turístico, e as diferentes tradución, en palabras de Penalva, tamén se marcan como obxectivo desmontar prexuízos. As tradutoras afirman que o proceso de tradución de *Panza de burro* modificou, en distintos graos, a idea que elas mesmas posuían sobre as illas

Canarias, que antes da tradución, empregando as súas propias palabras, era «superficial», «estereotipada», «limitada». Ademais de modificar a imaxe que ten o potencial lectorado do arquipélago canario, cren que a lectura das traducións pode suscitar gana de coñecelo dun xeito menos turístico e parcial.

Antes de enfrontarse á tradución, as tradutoras apenas coñecían as características da linguaxe canaria, por iso empregaron diversas ferramentas co fin de se documentar: procuras na rede e mais en libros, conversas con persoas canarias, con outras tradutoras literarias ou coa propia autora. Destácase entre elas o dicionario da Academia de la Lengua Canaria[5] e os instrumentos lexicográficos que se recollen no portal web da institución. Máis alá da restitución da variación diatópica, as tradutoras sinalan como principais dificultades do proceso de tradución cuestións relacionadas coa semántica, coa oralidade, co ritmo e mais cos rexistros das personaxes, así como o feito de que algunhas palabras aparezan, no texto orixinal, transcritas foneticamente.

As respostas que as tradutoras ofreceron ás diferentes preguntas do noso cuestionario déixannos albiscar estratexias de tradución distintas. Sanches, a tradutora ao inglés, é quen parece avogar por unha tradución máis estranxeirizante. Manterá na súa forma orixinal os termos referidos ao culinario, á flora e fauna, así como certas palabras que non teñan moito peso nas frases, como *chacha* e *chacho*. No que atinxe ás expresións, traducirá de xeito literal aquelas que se poden entender en inglés, mais para outras procurará equivalentes idiomáticos. No caso do francés, Nguyen ofrecerá pequenas explicacións no corpo do texto que poidan servir de axuda e guiar a quen lea, así como tamén introducirá algunhas expresións idiomáticas de culturas rexionais francesas. Carmignani, pola súa banda, trasladará ao italiano os termos ou expresións da linguaxe canaria a través de préstamos lingüísticos ou traducións literais. Quandt, por último, semella decantarse por unha estratexia máis próxima á domesticación. Coméntanos que a súa prioridade é que as intervencións das personaxes resulten cribles en alemán e que a historia funcione no texto meta.

4.3. Tradución paratextual

Os procesos de tradución literaria involucran distintos axentes. Mentres que as tradutoras se ocupan, polo xeral, de transvasar a outros idiomas o material lingüístico do texto fonte, as editoras adoitan encargarse de todo aquilo que

5 https://www.academiacanarialengua.org/

rodea o texto traducido (isto é, os paratextos). Neles, estas deben amosar un comportamento ético non só coa tradutora, senón tamén coa autoría do texto fonte e coa comunidade receptora. Para que así aconteza, segundo Montero Küpper (2011, p. 248), nos produtos finais deben aparecer, entre outros, os seguintes elementos: nome da tradutora na cuberta, na portada e na páxina de créditos, título, lugar, editorial e ano de publicación da obra fonte, lingua de redacción do texto fonte e contextualización da autoría. Dado que moitas das traducións de *Panza de burro* aínda se atopan en curso, neste artigo non podemos analizar se as edicións da novela noutras linguas cumpren as condicións de eticidade listadas por Montero Küpper. De todos os xeitos, a continuación reflexionaremos brevemente sobre os desprazamentos dalgúns dos paratextos aos que tivemos acceso durante a redacción do presente artigo.

4.3.1. Limiar

Penalva indícanos que a maioría das edicións de Hispanoamérica incluirán tanto o texto como o limiar da publicación orixinal, que, como xa mencionamos máis arriba, foi redactado por Urraca. Parécenos importante sinalar a inclusión do texto preliminar nas edicións que entrarán en circulación en sistemas literarios diferentes ao de partida porque, alén de achegar información sobre o proceso de edición, nel Urraca sitúa a obra nunhas coordenadas xeográficas determinadas e reflexiona arredor da súa linguaxe:

> *Panza de burro* no es una historia que refleje el habla canaria, porque es solo el habla de un lugar concreto, de un barrio concreto, de dos niñas concretas, de cien viejas concretas. [...] *Panza de burro* no puede ser un canon del habla canaria —son tantas personas, tantos momentos distintos— sino más bien una invitación a un ritual en el que no se conoce a mucha gente. (en Abreu, 2020, p. 17)[6]

No tocante ás traducións interlingüísticas, Quandt, Carmignani, Nguyen e Sanches non se amosan partidarias de incluír notas a rodapé no texto meta, xa

---

6 Alberto Calvo, responsable de Los tres editores, a editorial que publicou *Panza de burro* en Costa Rica, coméntanos que, co permiso de Abreu, omitiron publicar o limiar da edición española, «pues lo consideramos innecesario en nuestro contexto. Para el lector costarricense, no es para nada extraño enfrentarse a registros de habla regionales, tanto dentro de Costa Rica como de todo el ámbito latinoamericano, por lo que resaltar esa particularidad se nos hace algo reiterativo» (comunicación persoal, 06/07/2021).

que consideran que estas poden entorpecer o ritmo da lectura, tan importante no libro de Abreu. No caso de intervir nos paratextos, prefiren os prólogos ou epílogos, aínda que descoñecen se os produtos finais presentarán este tipo de paratextos, decisión que tomarán as persoas editoras. Nós consideramos fundamental que as tradutoras interveñan nestes espazos para achegar información sobre o contexto de partida e sobre o uso que fai Abreu da linguaxe, mais tamén para teorizar sobre o seu labor co fin de visibilizarse como axentes activas e creativas que, entre outros, se documentan, elaboran estratexias, toman decisións fronte ás dificultades e teñen en conta o lectorado meta.

4.3.2. Título

O título orixinal, *Panza de burro*, é unha expresión canaria que fai referencia á acumulación de nubes de baixa altura que actúa como pantalla solar. Sabemos que en Suecia se traducirá como *Skydække*, palabra danesa que significa 'ceo nubrado'. En Alemaña, o título aínda está por decidir, e será a editorial quen o escolla. En italiano e inglés, nun principio, verterase de xeito literal, *Pancia d'asino* e *Donkey's Belly*. Se ben na edición de Costa Rica atopamos o texto e o título orixinais, o espazo da contraportada emprégase para explicar o seguinte:

> Sucede en un pueblo de las Islas Canarias, España, donde dos niñas de diez años, en lo alto de una montaña, sueñan con ir al mar, con envejecer juntas, con que se despeje la capa de nubes que cubre el cielo –a la que llaman «panza de burro»–, con parecerse a las protagonistas de la telenovela de la tarde y poder vivir en el supuesto paraíso en el que nacieron.[7]

Cómpre ter en conta que o título e mais a imaxe da cuberta son o primeiro punto de contacto do lectorado cun texto. No caso dun libro traducido, ese espazo pode ser empregado para indicar que se trata dun texto que foi trasladado desde outro lugar e tamén para concretar a direccionalidade da tradución a través de fórmulas como «tradución de [nome da tradutora] desde [lingua orixinal]».

---

7 Texto extraído da páxina web da editorial Los tres editores (https://www.lostreseditores.org/panza-de-burro).

4.3.3. Cuberta

A imaxe que figura na cuberta do orixinal de *Panza de burro* é da autoría da fotógrafa estadounidense Alessandra Sanguinetti. Nela aparecen dúas nenas xogando nunha contorna rural, e unha delas apúntase a si mesma cunha pistola. A editora do libro en castelán explica do seguinte xeito como acabou rodeando o texto de Abreu esa fotografía:

> Es una fotografía de la maravillosa serie de la fotógrafa Alessandra Sanguinetti. La serie se llama 'Las aventuras de Guille y Belinda y el enigmático significado de sus sueños'. Sanguinetti fotografió a Guille y Belinda, dos niñas del medio rural argentino, a lo largo de ocho años. Hace doce años quedé fascinada por esta serie de fotografías y guardé todas las que pude encontrar en una carpeta, que más tarde fue a parar a un disco duro externo que rescaté el año pasado, justo cuando terminaba de editar 'Panza de burro'. Inmediatamente se las envié a Andrea y a Barrett, segura de que en esas fotos estaba la portada que el libro necesitaba.[8]

No momento de redacción deste artigo, *Panza de burro* foi editado con outra materialidade física, como xa mencionamos, en Costa Rica. Para ilustrar a cuberta, a editorial decantouse por unha fotografía de Nathan Anderson en branco e negro. Case toda ela está ocupada por un mar calmo agás a marxe inferior, onde unha nena aparece sentada sobre un bloque de pedra. Calvo explícanos os motivos desa escolla:

> En principio, quisimos escoger una imagen de la misma serie a la que pertenece la foto que usó Barrett para ilustrar su cubierta, de la artista Alessandra Sanguinetti; sin embargo, tuvimos problemas para adquirir los derechos. En adelante, nos abocamos a buscar una foto que sintetizara los elementos centrales de la novela: el mar, las niñas y un poco la atmósfera de soledad en la que ellas crecen. Al final, dimos con esa fotografía de Nathan Anderson y nos convenció, pese a algunos reparos iniciales por el aparente desequilibrio del bloque de mar en la parte superior.[9]

Malia que aínda non se publicou a tradución ao danés, no portal web da editorial xa se poden consultar a imaxe do libro e mais todos os datos relativos á publicación, que sairá do prelo o seis de outubro de 2021.[10] Na cuberta

---

[8] Texto que compartiu Urraca na súa conta persoal de Instagram (25/09/2020).

[9] Comunicación persoal (30/06/2021).

[10] https://gutkind.dk/bog/skydaekke/

do texto, neste caso, non aparece ningunha nena, senón dúas cadelas que, sobre un fondo azul, pasean solitarias entre unhas formas brancas —un ceo nubrado ou, se cadra, unhas illas que emerxen no medio do mar—. Tanto na edición publicada en Costa Rica como na tradución que sairá do prelo en Dinamarca, as persoas encargadas da edición preocupáronse por procurar unhas imaxes que rexeitasen unha visión superficial e estereotipada das illas Canarias, que respectasen a posición política da autora e que *traducisen*, de distintos xeitos, o contido da novela de Abreu.

5. A modo de conclusión

Redactamos este texto en diálogo con algunhas das persoas que participan nas traducións de *Panza de burro* —axente literaria, tradutoras e editoras— no momento no que a novela está a ser trasladada a outros espazos de fala hispana e a outros idiomas. Un dos nosos obxectivos consistía en coñecer como afrontaban as tradutoras o feito de ter que transvasar a outro idioma a linguaxe que emprega Abreu na novela, inspirada no uso lingüístico oral dun barrio concreto de Tenerife. Comprobamos que os procesos de tradución inclúen, no caso que nos ocupa, o achegamento a unha variante lingüística, a unha cultura e mais a unha identidade descoñecidas, por marxinalizadas, non só na España peninsular, senón tamén nos países de acollida das traducións. Cada tradutora documentouse de xeito distinto e artellou unha armazón diferente para cada transvasamento; por iso, falamos de *procesos* e non de *proceso*. Mentres que as estratexias de tipo estranxeirizante (como a de Sanches) constitúen unha forma de achegar a lingua, a cultura e a identidade do texto orixinal ao lectorado das traducións, aquelas máis domesticadoras (como a de Quandt), se ben é certo que facilitan a lectura ao público meta, ocultan a oportunidade de (re)coñecer a diferenza.

Por outra banda, consideramos que os paratextos das traducións poden ser empregados para visibilizar a lingua e o espazo de procedencia da obra literaria. Esta estratexia podería aplicarse, por exemplo, mantendo o título orixinal da novela (e explicando o seu significado nos textos da contraportada ou das lapelas, tal e como se fixo na edición costarriqueña), mencionando as illas Canarias como espazo de procedencia, explicando o uso da linguaxe que fai Abreu no texto fonte e, no que atinxe ao eido visual, empregando para a cuberta unha imaxe que se arrede dunha concepción mercantilista do arquipélago canario. Ao noso modo de ver, é fundamental que os desprazamentos de *Panza de burro*, nos que converxen exercicios tanto de tradución interlingüística como de tradución intersemiótica, non invisibilicen o exercicio de representación da identidade canaria realizado por Abreu.

Por último, e tendo en conta as limitacións referidas ao comezo deste traballo, propoñemos a elaboración de estudos que analicen polo miúdo as estratexias lingüísticas adoptadas por cada unha das tradutoras e os paratextos de cada un dos produtos finais. Dese xeito prolongarase o estudo que aquí ofrecemos e poderemos establecer unha valoración de cada proceso na súa individualidade.

Agradecementos

Grazas a Andrea Abreu e a Sabina Urraca por ofrecernos un material capaz de xerar espazos de reflexión e de aprendizaxe.

Grazas pola xenerosidade, o interese e o entusiasmo a Alberto Calvo, Ilide Carmignani, Margot Nguyen Béraud, Marina Penalva, Christiane Quandt e Julia Sanches.

Referencias bibliográficas

Abreu, Andrea (2020). *Panza de burro*. Sevilla: Editorial Barrett.

Apfelbaum, Erika (1989). Relaciones de dominación y movimientos de liberación. Un análisis del poder entre los grupos. En José Francisco Morales Domínguez e Carmen Huici (eds.), *Lecturas de Psicología Social* (pp. 261–295).

Fortea, Carlos (2019). La voz que da forma a la voz. En Miguel Casado *et al.* (coords.), *Pedir la luna. Una reflexión colectiva sobre el arte de traducir* (pp. 101–106).

Gómez Santo Tomás, Berta (2020, 26 de xuño). «Escribir en la forma en la que hablas es una posición política»: una charla con Andrea Abreu y Sabina Urraca sobre escritura y edición. *Vice*. Recuperado o 16/06/21 de https://www.vice.com/es/article/wxqxjb/andrea-abreu-panza-de-burro-entrevista-sabina-urraca.

Iacob, Mihai (2012). El paratexto literario y la traducción: algunas cuestiones teóricas con aplicaciones prácticas. En Coman Lupu (ed.), *Traductologie: Teorie și Analiză* (pp. 117–140).

Iglesia, Anna María (2020, 14 de xullo). Andrea Abreu: «No se nos debe pedir a los canarios que adaptemos nuestra manera de hablar». *The Objective*. Recuperado o 16/06/21 de https://theobjective.com/further/cultura/2020-07-14/andrea-abreu-panza-de-burro/.

Jakobson, Roman (1959). On Linguistic Aspects of Translation. En Reuben Arthur Brower (ed.), *On Translation* (pp. 232–239).

Llarena, Alicia (1994). Narrativa canaria (contextos y excepciones de un espacio plural). *Philologica Canariensia*, 0, pp. 193–220.

Llarena, Alicia (2006). *Memoria, identidad y espacio*. Las Palmas de Gran Canaria: Academia Canaria de la Lengua.

Mayoral Asensio, Roberto (2007). *La traducción de la variación lingüística*. Madrid: Gredos.

Ministerio de Cultura y Deporte (2020). *Panorámica de la edición de libros 2019. Análisis sectorial del libro*. Recuperado o 16/06/21 de https://www.libreria.culturaydeporte.gob.es/libro/panoramica-de-la-edicion-espanola-de-libros-2019-analisis-sectorial-del-libro_3910/.

Montero Küpper, Silvia (2011). Loyalty of Publishers and Quality: Galician Literary Translation Peritexts (2000–2009). En Ana Luna Alonso, Silvia Montero Küpper e Liliana Valado (eds.), *Translation Quality Assessment Policies from Galicia* (pp. 235–252).

TEA [Tenerife Espacio de las Artes] (2020, 16 de xullo). *Diálogos de escritura. 'Panza de burro', de Andrea Abreu*. Recuperado o 16/06/21 de https://vimeo.com/444502851.

Venuti, Lawrence (1995). *The Translator's Invisibility. A History of Translation*. London/New York: Routledge.

Procesos en la toma de decisiones en traducción técnica: la fraseología como indicador de calidad

Patricia Buján Otero[*]

RESUMEN
Desde un enfoque práctico, podemos contemplar la traducción técnica como un servicio profesional integrado dentro del proceso de producción de documentación técnica multilingüe que, a su vez, se genera dentro de un contexto empresarial-industrial que hace que los procesos de documentación (y, por tanto, también de traducción) estén sujetos a las mismas reglas por las que se rigen las restantes actividades de dicho contexto. En todo este proceso, el control de calidad es clave y a él han dedicado numerosos esfuerzos la academia y los organismos normalizadores (que han cristalizado en la UNE-EN ISO 17100:2015 y la UNE-EN ISO 18587:2020). La fraseología figura en todos ellos como un factor relevante, pero las definiciones suelen ser vagas. Por ello, en este trabajo, después de hacer una breve revisión al concepto de calidad en la traducción de textos técnicos pragmáticos en el ámbito profesional, centramos la atención en la fraseología y sus funciones en dichos textos para ayudar a concretar cómo esta se puede integrar en el proceso de traducción.

Palabras clave: traducción técnica, fraseología, manual de instrucciones, calidad, conformidad fraseológica

1. Introducción

Si bien la traducción técnica ha experimentado en los últimos años un descenso en la formación de futuros profesionales (vid. ELIS, 2024, p. 51) —más por el ascenso de otras especialidades—, sigue siendo un sector relevante que demanda profesionales capacitados. Tradicionalmente, la formación en esta especialidad se centró en las dificultades de carácter terminológico, ante la consideración de que el lenguaje propio de los documentos científico-técnicos

* Universidade de Vigo, Departamento de Filología Inglesa, Francesa y Alemana.
Este trabajo forma parte de las actividades de investigación de Bitraga, promovidas por BiFeGa (grupo de referencia competitiva GRC), financiadas por la Xunta de Galicia_Programa de Consolidación y Estructuración de Unidades de Investigación Competitivas (expediente ED431C 2024/20, GRC 2024-2027, DOG 146, 30/07/2024).
ORCID: 0000-0001-5631-3071.

presenta una codificación más estricta que la del lenguaje para usos generales (terminología, bajo grado de ambigüedades léxicas y sintácticas, relaciones lógicas y argumentativas claramente marcadas, etcétera), unida a la tesis de la universalidad de la comunicación científico-técnica, lo que en ocasiones llevó a pensar que la traducción técnica es más fácil que otras especialidades (Brekke, 2007, p. 630). No obstante, la traducción técnica no es el mero trasvase de contenido especializado, sino que se inserta en un contexto mayor en el que, además de factores como los ya mencionados, intervienen otros, como los flujos de trabajo, la comunicación multimodal o los requisitos legales, por mencionar solo algunos (Byrne, 2009).

Este trabajo tiene como principal objetivo estudiar el valor de la fraseología como indicador de calidad en la traducción técnica; en particular, en el género «manual de instrucciones» (en lo sucesivo, MI). Parte para ello de la hipótesis de que la fraseología, en tanto que agrupación de elementos del discurso que se repiten:

- Confiere coherencia al texto.
- Confiere coherencia al conjunto de la documentación de un mismo emisor.
- Facilita la búsqueda de información, contribuyendo así a una de las funciones esenciales del género textual MI, a saber, la usabilidad.

Al tratar de traducción técnica, y, en particular, de textos pragmáticos, el paradigma utilizado será el de la traducción funcional y, siguiendo la tipología de Nord (2011), afirmaremos que la traducción de MI es una traducción instrumental con constante funcional, es decir, el texto traducido debe cumplir un determinado objetivo comunicativo sin que las y los receptores perciban ese texto como una traducción, sino como un texto de la cultura meta, y este debe mantener la misma función que el texto original (al menos, la misma macrofunción, que en este caso será instruir y advertir, independientemente de que los usos de cada lengua/cultura y de sus textos requiera una distribución divergente de las microfunciones).[1]

---

[1] Entendemos los niveles funcionales del texto conforme expone Frerich (2008, p. 83), quien distingue tres niveles: la macrofunción comunicativa del tipo de texto, la función comunicativa de cada enunciado y las microfunciones concretas.

Para ello, comenzamos haciendo una revisión del concepto de calidad aplicado a la traducción técnica en el ámbito profesional (no formativo) en la literatura que consideramos de mayor relevancia de los últimos años. Quedan fuera de esta revisión aquellas propuestas que, siendo relevantes (por ejemplo, House 2015 o Bowker 2020), son de carácter más general sobre la calidad en la traducción. A continuación, se define el concepto de fraseología aplicado y, finalmente, se presenta una propuesta de criterios de calidad que tienen en cuenta la fraseología, para concluir con aspectos metodológicos para el proceso de traducción, combinando así las perspectivas del producto y del proceso.

2. La evaluación de la calidad en la traducción técnica

Calidad, costes y fiabilidad son los tres aspectos más relevantes para una profesional independiente en su relación con el cliente (ELIS, 2024, p. 32), y en el aspecto tecnológico, la inversión en control de calidad supone uno de los principales objetivos de las empresas prestadoras de servicios lingüísticos (ELIS, 2024, p. 37).

Para analizar la calidad de la traducción de textos técnicos, y partiendo de la premisa ya expuesta de que la traducción técnica es una forma de comunicación técnica, hacemos a continuación una revisión de alguna bibliografía relevante sobre calidad en redacción técnica para, a continuación, concretar los específicos de la traducción técnica.

Ignorando las exigencias del iniciador del encargo, en condiciones ideales, la calidad de un texto técnico determinado por las funciones (como es el MI) puede definirse atendiendo al cumplimiento de tres criterios: accesibilidad, comprensibilidad y rentabilidad (Hogen, 2012, p. 153). La accesibilidad se refiere a que los usuarios puedan encontrar la información de modo rápido y selectivo con el mínimo esfuerzo de lectura. Para eso es importante que cada unidad funcional de información aparezca siempre en la misma posición en relación con las demás (por ejemplo, optando por el orden cronológico), así como que la información se formule siempre del mismo modo y se presente con la misma tipografía/maquetación. La comprensibilidad exige una división de la información en unidades funcionales menores: los usuarios se acostumbran a un esquema de comunicación parcialmente vinculante según la legislación y normas por las que se rige y que siempre se repite. Por último, la rentabilidad no solo afecta positivamente a quien elabora el documento y a todas las personas que intervienen en su traducción (estandarización y reutilización de contenidos), sino también al usuario, al permitirle encontrar rápidamente la información.

También Parianou y Kelandrias (2007) proponen tres criterios de calidad de los manuales de instrucciones atendiendo al destinatario. A la hora de producir el texto, es importante garantizar la aceptación por parte del destinatario, y para ello es fundamental producir textos legibles. Los principios de legibilidad son la claridad (tanto de los términos técnicos como del significado global del texto), la simplicidad (sin términos vagos ni ambiguos, pero incluyendo toda la información necesaria) y la concisión (es decir, restringir los elementos léxicos a los realmente imprescindibles y evitar características estilísticas superfluas).

Todos los criterios de calidad enunciados hasta aquí no dejan de ser, en definitiva, estrategias con las que se consigue, en última instancia, la usabilidad, un concepto que Byrne (2006) desarrolla de forma detallada para la traducción del género textual aquí estudiado y que toma de la teoría y práctica evaluativa de las interfaces de los programas informáticos. Coincide con el de ergonomía señalado por Gouadec (2002, p. 10) en la lista de cualidades que debe cumplir una traducción:

> Efficace ET ergonomique : la traduction doit remplir sa fonction de communication. Elle doit assurer toutes les fonctions prévues, rien que les fonctions prévues, et le produit-traduction doit être aisément utilisable aux fins auxquelles il est destiné ou que pourraient définir ses utilisateurs ou ses bénéficiaires.

Evaluamos la calidad en función del cumplimiento en mayor o menor grado de unos objetivos que debe cumplir el producto que analizamos. ¿Cuáles son, pues, los objetivos que debe cumplir una traducción técnica? Si bien estos autores miden la calidad atendiendo, fundamentalmente, al usuario, la perspectiva traductológica añade un elemento adicional a la lista de criterios que se elabora desde la redacción técnica: la de la figura del cliente (ya sea el iniciador del encargo, ya la empresa intermediaria de prestación de servicios, ya el cliente final). En este sentido, la traducción debe ser «compatible avec la défense des intérêts du client du traducteur ou de son commettant dont, sauf à faire jouer une clause de conscience, le traducteur est, selon les cas, le prestataire de service et/ou le mercenaire et/ou le conseiller et/ou le partenaire» (Gouadec, 2002, pp. 10–11).

Gouadec (2002, pp. 9–10) detalla aún más los objetivos que debe cumplir una traducción técnica, tanto en su contenido como en su forma, y es que esta debe responder:

—aux besoins de l'utilisateur et aux contraints de ses utilisations (un mode d'emploi traduit, par exemple, doit être ergonomique),
—aux objectifs de celui qui fait traduire (vendre, convaincre, amuser, mettre en garde, gagner de l'argent, permettre d'utiliser, etc.),
—mais aussi aux usages, normes et conventions applicables (notamment, mais pas uniquement, en ce qui concerne la terminologie et la phraséologie, surtout lorsque leur usage est circonscrit à une Enterprise ou même à un produit).

Otra autora relevante para el estudio de la traducción técnica es Horn-Helf (1999). En su propuesta de los parámetros de calidad que debe respetar una traducción técnica, parte de una concepción tridimensional del texto técnico meta: en tanto que texto, en tanto que texto especializado y en tanto que traducción. En la primera dimensión, se aplicarían las características genéricas de los principios de textualidad fijados por De Beaugrande y Dressler (1981) y que sentaron las bases de buena parte de los conceptos empleados posteriormente en los trabajos de lingüística textual aplicados a la traducción (como Hatim y Mason 1990 o notables representantes de la Escuela de Leipzig, como Neubert y Shreve 1992): cohesión, coherencia, intencionalidad, aceptabilidad, informatividad, situacionalidad e intertextualidad. En la segunda dimensión, la del texto técnico traducido en cuanto texto especializado, algunos de los principios de textualidad presentan cualidades específicas:

· Coherencia: se consigue mediante el uso uniforme de las abreviaciones y las designaciones, es decir, sin formas duplas.
· Intencionalidad: los hechos que el emisor comunica al receptor son correctos y comprensibles. El emisor es un especialista y actúa como tal, y así se debe reconocer en el mensaje, ya que eso crea confianza en el receptor.
· Aceptabilidad: el texto técnico traducido está adaptado a las necesidades específicas del receptor, sin omisiones ni redundancias.

- Situacionalidad: dada la relación de cooperación que se establece entre el emisor y el receptor de este tipo de textos, el texto técnico meta debe favorecer una comunicación adecuada a la situación y que favorezca la cooperación.
- Intertextualidad: se produce en varios aspectos: pertenencia del texto a un determinado tipo textual, pertenencia a un conjunto de documentación, y que las referencias a otros documentos que forman parte de este conjunto no presenten contradicciones.

La intertextualidad no tiene que ver únicamente con los textos como productos lingüísticos, sino con estos en tanto que productos que forman parte del sistema de una comunidad, con sus prácticas sociales (incluida su ideología), por lo que la consideración de determinaciones contextuales será fundamental para entenderla (García Izquierdo, 2000, p. 205). En el caso que nos ocupa nos parece particularmente relevante, pues en los MI distinguimos tres niveles de intertextualidad: intertextualidad con las normativas y legislaciones que regulan los productos y la seguridad (que determina contenidos obligatorios, así como terminología y fraseología especializada); intertextualidad con el propio género textual (que determina convenciones retóricas y estilísticas) e intertextualidad con el mundo textual corporativo que, a su vez, presenta dos subniveles: intertextualidad con otros textos del mismo género del fabricante (que determina disposición de la información, preferencias denominativas y expresivas) e intertextualidad con otros documentos de los que el MI, en tanto que género secundario, se deriva (por ejemplo, fichas técnicas, pliegos de condiciones, etcétera). Iremos retomando esta triple perspectiva de la intertextualidad en adelante.

En su vertiente como traducción, Horn-Helf (1999, pp. 277–279) propone evaluar la calidad del texto técnico traducido atendiendo a tres tipos de equivalencia: referencial, terminológica y texto-normativa. La equivalencia referencial responde a la presentación clara y correcta de los hechos extralingüísticos. La equivalencia terminológica se refiere al empleo de la terminología y —ampliamos— fraseología propias del discurso de especialidad de la lengua de llegada, respetando las preferencias del cliente (y, en caso de presentar errores, haciendo correcciones y propuestas de mejora), empleando los conectores propios de la lengua meta, evitando metáforas que no son usuales en la cultura meta, creando neologismos solo en caso de que no existan términos ya fijados y estableciendo en el texto traducido relaciones conceptuales jerárquicas en caso de que estas estén desatendidas en el original. La equivalencia texto-normativa consiste en la invariancia en el tipo de texto; según Horn-Helf (1999, pp. 127 y ss.), esta se consigue adaptando la traducción a las convenciones de la lengua meta que corresponda, donde engloba los parámetros siguientes: estética del texto, sucesión tema-rema[2] y convenciones del tipo de texto.

Enlazando con esta dimensión traductológica, Byrne (2006) sostiene que eliminar la variación y la creatividad puede contribuir a mejorar la calidad de las traducciones de los MI al hacer que sean más utilizables. Para entender la relación entre usabilidad y usuarios, Byrne se basa en el trabajo de Dumas y Redish (1999, en Byrne 2006, p. 98) para la evaluación del software y presenta cuatro premisas: la usabilidad significa centrarse en el usuario, las personas usan los productos para ser productivas, las personas están ocupadas (por lo que la rapidez es un factor importante de satisfacción) y las personas deciden cómo de utilizable es un producto (y no los equipos de desarrollo o márketing). Según Byrne, redactoras y traductoras debemos abordar la tarea encomendada teniendo estas premisas en mente. Para ello, propone dos estrategias específicas para la traducción: paralelismo e *iconic linkage* (véase más adelante).

A modo de conclusión, podemos resumir las distintas condiciones expuestas sobre lo que debe ser un texto técnico traducido:

- eficaz, es decir, debe cumplir su función (informar, advertir o dirigir una acción);
- ergonómico, es decir, debe ser utilizable, por lo que debe permitir encontrar fácilmente la información relevante en cada caso;
- reconocible, para lo que es imprescindible que respete las convenciones del género textual al que pertenece, pues así el usuario asociará a él una serie de expectativas funcionales y pragmáticas lo que, a su vez, redundará en la eficacia y la ergonomía.

2 Horn-Helf (1999, p. 27) lo explica así: «Wenn der Informationsfluß in einem Text reibungslos laufen soll, muß die Thema-Rhema-Gliederung bzw. die funktionale Satzperspektive klar sein, d.h. der Rezipient muß die Teile mit dem Merkmal [+vorerwähnt], das Thema, von solchen mit dem Merkmal [-vorerwähnt], dem Rhema, unterscheiden können».

3. Fraseología y calidad

Cuando evaluamos una traducción, nos movemos entre el enfoque macroanalítico y el foco microanalítico, es decir, entre las consideraciones del género, de la cultura de llegada, de la función, el registro, etcétera, y el valor comunicativo de los elementos lingüísticos concretos (House, 2001, p. 255). En este sentido, después de haber analizado y presentado distintas cuestiones relacionadas con el análisis en el nivel macro, llevamos la atención a la escala microanalítica y a las convenciones formales. Dado que nuestras hipótesis de partida formulan la relevancia de la fraseología en la traducción del género textual que aquí estudiamos, conviene detenernos a definir brevemente qué se entiende por fraseología en los textos pragmáticos.

3.1. La fraseología en los textos pragmáticos

Para el estudio de los textos pragmáticos nos parece relevante la aplicación de un concepto de fraseología amplio basado en los criterios de polilexicalidad, coocurrencia de palabras y recurrencia situacional en el discurso, descartando así las propiedades (lexicalización, estabilidad estructural e idiomaticidad) con las que la fraseología tradicional definía las unidades fraseológicas. Kjær (2007, p. 508) explica así este cambio de enfoque:

> Under the influence of British contextualism and methods of corpus linguistics (Sinclair 2004, Stubbs 2001), the focus is no longer primarily on lexicalization, idiomaticity, and structural stability of word combinations as the core features of phraseology. Instead, the relative stability of word combinations caused by re-occurrence and reproduction in particular extra-linguistic situations and textual contexts has attracted increasing interest.

Los elementos que componen la fraseología son combinaciones usuales de palabras que presentan mayor o menor grado de restricción y que se corresponderían con las *usuelle Wortverbindungen* ('combinaciones usuales de palabras') en el sentido amplio sobre el que trabaja Steyer (2013, p. 23):

> Usuelle Wortverbindungen (UWV) sind als polylexikalische, habitualisierte sprachliche Zeichen zu verstehen, die spezifischen Beschränkungen unterliegen. Diese Beschränkungen können alle Ebenen der Sprache betreffen. Sie ergeben sich aber primär nicht aus dem Sprachsystem, etwa bedingt durch transformationelle Defekte oder semantische Selektionsbeschränkungen, sondern aus dem rekurrenten Gebrauch dieser mehrgliedrigen Entitäten. Dieser führt zu einer mentalen

> Verfestigung eines sprachlichen Ausdrucks, die den problemlosen und effizienten Einsatz dieser Entität zur Lösung kommunikativer Aufgaben ermöglicht.

Volviendo al concepto de recurrencia situacional que nos interesa para este estudio, entendemos el concepto en el sentido de Feilke (2004, p. 48): «Wortverbindungen werden fest durch den Gebrauch und sind pragmatisch fixiert innerhalb konventionaler Gebrauchskonstellationen». Entendemos así por recurrencia situacional el vínculo convencionalizado con un contexto pragmáticamente significativo y que está dado por una fijación externa que puede ser de dos tipos: fijación temática para el nivel contextual o temático, en la medida en que una construcción pertenece a un área especializada específica, y fijación performativa para el nivel textual, en la medida en que la construcción es propia de un género textual específico. La recurrencia es un hecho fundamental para la génesis de la idiomaticidad (Steyer, 2013, pp. 28 y ss.), si bien recurrencia no implica necesariamente frecuencia de aparición de las unidades, sino uso representativo, y, por tanto, predicción (y reconocimiento) de esas unidades, como explica Feilke (1996, p. 184):

> Nicht die Häufigkeit ist also ausschlaggebend, sondern die strukturell-sprachliche und über Präferenzen organisierte Wahrscheinlichkeit eines Ausdrucks oder Ausdrucksmerkmals im Hinblick auf grammatisch, semantisch und pragmatisch zu spezifizierenden Kontexten der Verwendung.

La recurrencia situacional de la fraseología en el discurso especializado da lugar a una estabilidad de naturaleza pragmática, una cuestión de uso, frecuencia y reproducción. Son combinaciones de palabras convencionalizadas que solo pueden ser reconocidas como unidades por usuarios competentes en el campo en cuestión (Kjaer, 2007, p. 511).

Otro de los criterios aplicados es el de premodelado. Como señalaron Dausendschön-Gay *et al.* (2002), las estructuras premodeladas o preformadas son la materialización de procedimientos convencionalizados que resultan de la necesidad de resolver situaciones comunicativas que se repiten y que constituyen, por tanto, recursos lingüísticos que el hablante puede utilizar en la producción textual: «Vorgeformtheit ist die Eigenschaft eines Textsegments oder eines Textes, dessen Produktion an Vorbildern orientiert ist, die in der Diskursgemeinschaft als Vorbilder verfügbar sind». El uso de estructuras premodeladas no solo refleja la recurrencia de situaciones similares, sino que también es una forma de resolver situaciones recurrentes; así Sinclair (1991, p. 110):

> The principle of idiom is that a language user has available to him or her a large number of semi-preconstructed phrases that constitute single choices, even though they might appear to be analysable into segments. To some extent, this may reflect the recurrence of similar situations in human affairs; it may illustrate a natural tendency to economy of effort; or it may be motivated in part by the exigencies of real-time conversation.

Estas estructuras son un recurso de economía lingüística que no solo facilita la producción, sino que también garantiza la recepción, porque el productor del discurso depende de que el receptor conozca el modelo y lo utilice para decodificar el mensaje.

Para el ámbito concreto da fraseología en textos técnicos, Göpferich (1995, p. 217) adopta en esta misma línea la denominación *syntaktische Fertigstücke*:

> Sie dienen der Verbalisierung von Sinnkomplexen, die in Texten häufig wiederkehren und nicht von jedem Sender neu geprägt, sondern insgesamt übernommen und in die eigene Darstellung integriert werden. Dabei kann der Formulierungsspielraum, den die einzelnen Sinnkomplexe gewähren, sehr unterschiedlich ausfallen. Manche können in bestimmten Textsorten nur durch ein einziges syntaktisches Fertigstück verbalisiert werden, das völlig starr ist, d.h. auch keine Variation in der Anordnung seiner Elemente zulässt. [...] Zur Verbalisierung der meisten Sinnkomplexe kann jedoch aus einer Reihe konkurrierender Formulierungen ausgewählt werden.

En una línea semejante apunta Schmitt (1999, p. 183) al utilizar el término *Fertigstücke* o simplemente *Standardtexte*, aunque, a diferencia del carácter puramente verbal que otros autores confieren a términos similares como *syntaktisches Fertigstück*, *fraseologische Einheit* y *Standardformulierung*), los *Fertigstücke* según Schmitt pueden incluir elementos tanto verbales como no verbales. Sería el caso, por ejemplo, de la unidad fraseológica *riesgo de SUB[fuente]* (que se concretaría en sintagmas como *riesgo de incendio*, *riesgo de accidente*, *riesgo de descarga eléctrica...*), que según este autor formaría un complejo en combinación con el icono de advertencia que suele acompañarlo (un triángulo con un signo de exclamación).

Además de la fraseología en el discurso especializado, conforme acabamos de exponer, también tendríamos en cuenta la fraseología especializada, entendiendo por esta aquella que es portadora de un conocimiento especializado y que incluye, al menos, un término. Gouadec (1994, p. 173) sitúa el límite entre la terminología y la fraseología en el punto donde uno designa objetos y conceptos mientras el otro formula relaciones:

> "Faire de la terminologie", c'est définir ce que les termes désignent et comment ils se comportent. "Faire de la phraséologie", c'est expliquer ce que les expressions signifient, à quoi elles servent, et comment elles se comportent.

Sin embargo, esa separación no es repentina, sino fluida, «et les hybrides terminologiques-phraséologiques sont légions» (Gouadec, 1994, p. 172). Terminología y fraseología forman un continuo en el texto y pertenecen al mismo nivel textual en términos de equivalencia, ya que en la búsqueda de los equivalentes de los términos necesitaremos también conocer el equivalente de las formas que componen el entorno en el que término se inserta, y que abarca también cadenas gramaticales y marcos textuales formulaicos. En términos similares lo expresaba Krein-Kühle (2003, p. 263):

> Terminology and phraseology belong to the same textual level, because there is a direct link between them in an equivalence-related discussion (Picht 1988:193; Hohnhold 1990:57–58). A translator working in a particular field has to know not only the equivalents of certain terms, semi-technical terms, in-house jargon, etc. in a certain text-in-context, but also the set of collocates which are compatible with a certain equivalent. For example, in piston ring technology, a piston ring (Kolbenring) can "freely enter the groove" (in die Kolbennut eintauchen) or "stick in the groove" (festbrennen/stecken and not feststecken) [...]. However, phraseology as understood here refers not only to specialized collocations, but also includes different kinds of specialized prepositional word groups or other technical phrases ranging from expressions of a more general technical nature, e.g., *on a commercial scale -im großtechnischen Maßstab*; *at high severity -bei verschärften Betriebsbedingungen*, including standard expressions, e.g., *to be a function of*, to highly specialized domain/ sub-domain-related expressions, e.g., *x wt% on maf slurry feed -x Gew.-% bezogen auf den Einsatzslurry, waf.*

A modo de recapitulación de los criterios señalados en este apartado, podemos decir que la coocurrencia es el resultado de una coselección regular que está determinada por la pragmática; la fijación o estabilidad de las unidades se produce en tres niveles diferentes. Por un lado, a nivel léxico se refiere a las restricciones en el eje sintagmático o paradigmático, o en ambos, de las unidades. Un segundo nivel sería el contextual o temático, relacionado con la aparición u ocurrencia de las unidades repetidamente en contextos o áreas temáticas específicas (donde entraría la fraseología especializada). Un tercer nivel sería el textual, que se refiere a la aparición predominante de las unidades en determinados géneros textuales.

La traducción requiere herramientas que ayuden en la producción textual. En el caso de la traducción de textos pragmáticos, donde lo principal es garantizar la recepción por parte de los usuarios, limitarnos a nivel léxico a la terminología o las colocaciones es insuficiente para lograr textos reconocibles. Por tanto, consideramos necesario tener en cuenta el mayor número de unidades que presentan prototipicidad y recurrencia situacional (Gouadec, 1994; Tabares Plasencia/Batista Rodríguez, 2013, p. 85). Nos sirve de perfecta recapitulación la siguiente cita de Méndez-Cendón (2009, p. 187):

> From a translation perspective, knowing subject-specific phraseological combinations helps to produce a coherent and readable target text since technical translation involves not only understanding the source text and re-formulating it in the target text, but also correctly transposing the terminology and phraseology of the field so as to produce a logically organised target text.

3.2. Fraseología y traducción

La fraseología se incluye siempre dentro de la lista de convenciones formales imprescindibles para la consecución de un texto meta de calidad. Así, por ejemplo, se recoge en la norma UNE-EN ISO 17100:2015 como uno de los aspectos a los que el traductor debe atender al prestar el servicio («cohesión léxica y fraseología», p. 18) o la UNE-EN ISO 18587:2020 entre las especificaciones del proyecto. Según Leiva Rojo (2013, p. 281), se trata, de hecho, de un elemento relevante para la traducción, ya que su correcto trasvase requiere la intervención de tres subcomponentes de la competencia traductora: lingüístico, pragmático y estratégico.[3] También otros autores destacan la importancia de la competencia fraseológica en la traducción, por ejemplo, Mossop, que

---

[3] En nuestra opinión, la fraseología también se debe incluir dentro de la cuarta subcompetencia traductora que propone Angelelli (2009, pp. 32–33), la textual, teniendo en cuenta que, según la autora, esta competencia exige comprender las reglas y convenciones que rigen la retórica y la cohesión en los dos códigos lingüísticos para alcanzar el significado.

incluye la fraseología dentro de sus doce parámetros de revisión (2001, p. 99), en los puntos 7 y 8 pertenecientes al grupo C, es decir, la tipología de errores que la revisora debe verificar en la traducción, correspondiente a problemas de lengua y estilo:

> Is the style suited to the genre? Has correct terminology been used? Does the phraseology match that use in original target-language texts on the same subject? (Sub- language)
>
> Are all the word combinations idiomatic? Does the translation observe the rhetorical preferences of the target language? (Idiom)

Así mismo, Gouadec (2002, p. 12) incluye la fraseología entre la serie de adaptaciones de formas y contenidos que debe practicar la traductora para que su traducción sea aceptable, aceptada y eficaz:[4]

—au système culturel[5] à l'intérieur duquel ces formes et contenus seront reçus et interprétés, [Sinon, ils risquent de ne pas être reçus ou d'être mal interprétés.]
—au système de valeurs des destinataires, [Sinon, ils risquent d'être rejetés.]
—aux systèmes d'argumentation, présentation, organisation des contenus selon les finalités recherchées, [Sinon, ils ne rempliront pas leurs fonctions.]
—aux conventions rhétoriques et stylistiques en vigueur dans la culture destinataire, [Sinon, ils seront perçus comme « étrangers ». L'étrangeté peut être globale ou particulière et concerner, dans ce dernier cas, le non-respect d'une guide de style spécifique à l'entreprise destinataire.]
—aux stéréotypies d'expression applicables (terminologie et phraséologie conformes). [Sinon, ils seront considérés comme provenant de personnes « qui ne s'y connaissent pas » (puisque la conformité terminologique et phraséologique est la marque de la compétence technique et de l'appartenance au groupe de « spécialistes » concerné).]

---

4 Insertamos entre corchetes las consecuencias que el autor recoge en cada caso en una nota a pie de página.
5 Conviene explicar que, con el término *cultura*, Gouadec se refiere tanto al concepto de cultura amplio, por ejemplo, aplicado a un país, como a un concepto más estricto, por ejemplo, de cultura empresarial.

En ambas citas, encontramos la fraseología en las dos dimensiones ya antes señaladas: la fraseología en tanto conjunto de expresiones fijadas que desempeñan funciones retóricas o estilísticas destacadas y que son las que le confieren idiomaticidad al texto (particularmente, las fórmulas rutinarias o comunicativas y los microtextos), y la fraseología vinculada a la terminología (que corresponde a la fraseología especializada, es decir, la fraseología que conforma o contiene unidades de conocimiento especializado, como las colocaciones especializadas). En este segundo caso, la terminología y la fraseología se sitúan al mismo nivel textual y conforman un continuo discursivo al funcionar la fraseología como el entorno en el que se textualizan los términos.

Sin embargo, más allá de la fraseología y la terminología propias del campo del saber al que pertenece el texto que se traduce, también es necesario tener en cuenta aquella terminología específica determinada por el cliente, conforme explica Horn-Helf (1999, p. 104):

> In weiten Teilen bilden Firmen eigene Fachwörter, manchmal ausschließlich zu dem Zweck, ihr Produkt von dem der Konkurrenz abzuheben. In diesem Zusammenhang spricht (GÖPFERICH 1998: 189) von hersteller- und produktspezifischer Terminologie:
>
> Wenn Hersteller etwa aus Prestige-, Werbegründen oder solchen der Corporate Identity vom allgemein üblichen Sprachgebrauch abweichen, um sich mit ihrer neu geprägten Terminologie von der Konkurrenz abzusetzen.

O como también señala la propia norma UNE-EN ISO 18587 antes referida y que ahora citamos (Aenor, 2020, p. 19):

> Las especificaciones del proyecto pueden incluir los elementos siguientes: […]
>
> (f) especificaciones lingüísticas para el producto, que incluyen especificaciones estándar y opcionales. Algunos ejemplos de especificaciones lingüísticas estándar son el seguimiento de la terminología del cliente o dominio, la cohesión léxica y fraseología, etc.

Horn-Helf (1999, pp. 105–106) señala dos aspectos por los que el uso de la terminología (y de la fraseología) en la lengua de llegada del iniciador del encargo es obligatorio:

> —die neue Übersetzung muß mit anderen ZS-Texten des Auftragsgebers kohärent sein, damit sie in die übrige ZS-Dokumentation integriert werden kann.
> —der neue ZT muß in die Textwelt der Kunden passen. Er darf nicht mit neuen Benennungen für bekannte Sachen Verwirrung stiften.

Todas estas reflexiones giran de nuevo en torno al parámetro de la intertextualidad como criterio fundamental para verificar la calidad de un texto traducido, y la recurrencia del discurso repetido y de las unidades recurrentes (y, por tanto, de la fraseología) es uno de los medios fundamentales para establecer estas vinculaciones intertextuales.

Llegadas a este punto, nos parece práctico y oportuno recurrir al concepto de la unidad de traducción como unidad funcional según Nord (1998), entendiendo por unidades funcionales aquellos conjuntos de elementos lingüísticos del TO que marcan una determinada función comunicativa (que podemos denominar «microfunción») y que contribuyen a la función total del texto (a la macrofunción). A su vez, una unidad funcional está compuesta por diferentes indicadores funcionales, cuyo funcionamiento explica Nord (1998, p. 130):

> Um den Rezipienten zu signalisieren, für welche kommunikative Funktion ein Text bestimmt ist, verwenden Textproduzenten – bewusst oder nach konventionell eingespielten Mustern – "Funktionsindikatoren", also beispielsweise bestimmte syntaktische Strukturen (im Deutschen Infinitive) zur Kennzeichnung eines instruktiven Textes (z.B. eines Kochrezepts) oder Terminologie zur Kennzeichnung von fachsprachlicher Kommunikation.

Leiva Rojo (2012, p. 102) apuntaba la existencia de una correlación entre la calidad en la traducción de unidades fraseológicas y la calidad en los restantes elementos susceptibles de evaluación. Aunque, a diferencia de este autor, no tratamos textos literarios, sino técnicos; nuestro ámbito de evaluación es el profesional y no el formativo, y el enfoque traductivo aplicado a los MI es funcional y no documental, coincidimos con él en afimar la importancia de la fraseología como indicador de calidad, como demuestra la relevancia multifuncional de la fraseología en el género textual MI en diferentes planos (semántico, pragmático y estilístico). Por tanto, el descuido en el plano fraseológico sí puede ser indicador de incompetencia en otros planos de la traducción.[6]

Aunque no formuladas desde el paradigma de la fraseología, sí nos parece pertinente hacer aquí un inciso para referirnos a las dos estrategias antes referidas de Byrne (2006) para conseguir la usabilidad en el MI, a saber, el paralelismo y el *iconic linkage*, por basarse ambas en la repetición del discurso.

Sobre el paralelismo, Byrne (2006, p. 88) dice así:

> Essentially, parallelism means that parts of a sentence which are similar, or parallel, in meaning should be parallel in structure. Parallel constructions can also be described as instances where two or more groups of words share the same pattern [...]. Thus, we can see that parallelism can occur on both a sentence level and on a sub-sentence level.

El paralelismo consiste, por tanto, en estructuras gramaticales paralelas donde únicamente van variando los elementos léxicos, por ejemplo (tomado del corpus propio elaborado por Buján, 2015):

> Antes de llevar a cabo la configuración se deben realizar y finalizar los siguientes trabajos en el acoplador de bus:
>
> Ha montado el acoplador de bus y el portaválvulas (véase «Montaje» en la página 403).
>
> Ha conectado el acoplador de bus (véase «Conectar el acoplador de bus eléctricamente» en la página 405).
>
> Ha realizado los ajustes previos (véase «Ajustes previos» en la página 416).

El paralelismo nos permite obviar («no leer») las partes ya conocidas, porque a simple vista se reconocen, y centrarnos únicamente en las nuevas, como huecos que se van cubriendo. De hecho, la falta de paralelismo distrae al usuario, impidiendo que lea el mensaje de forma rápida y clara (Mancuso, 1990, p. 232).

---

6 Del mismo modo, consideramos fundamental la corrección ortográfica y gramatical: errores en estos planos, que consideramos esenciales de la competencia traductora, son con frecuencia síntoma de descuido en otros planos de la traducción.

Byrne retoma el concepto de *iconic linkage* formulado por House (2001) y lo traslada a la traducción del manual de instrucciones para definirlo del modo siguiente:

> Iconic Linkage (IL) refers to the use of isomorphic constructions to express what is, essentially, the same information. So, where the same information is expressed more than once in a text, the exact same textual formulation or construction is used. This is in contrast to the use of slightly different formulations which is employed in order to prevent what is commonly seen as repetition. (Byrne 2006: 164)

Aplicado a la traducción, el *iconic linkage* consiste, básicamente, en repetir o reutilizar traducciones de la lengua meta para oraciones de la lengua origen que tengan el mismo significado pero apariencia diferente, es decir, «sentences which are semantically identical but which are non-isomorphic are translated using the same target language sentence or construction» (Byrne, 2006, p. 164). Sirva para ilustrarlo el siguiente ejemplo tomado de Byrne (2003):

> Instancia original: Wechsel in den Programmier-Modus (PROG-Modus).
> Segunda instancia: Wechseln Sie in den PROG-Modus.
> Traducción: Swith the machine into program mode (PROG Mode).
>
> Instancia original: Maschine ist im Arbeits-Modus.
> Segunda instancia: Die Maschine befindet sich im Arbeits-Modus.
> Traducción: The machine is now in Work Mode.

Ambas estrategias permiten a los usuarios de los MI trabajar de forma más rápida y efectiva con los documentos, además de favorecer la retención de la información, reforzando ideas y aprendizaje. Son estrategias que, en palabras de Byrne (2010, p. 23), están:

> designed to cater to the needs of target audiences but which would appear to fall outside the traditionally accepted understanding of translation as it involves making the kind of structural and content-orientated changes to documents which are commonly carried out during the initial design stage of the text in the source language.

3.3. Funciones de la fraseología en el género textual MI

De todo lo expuesto, podemos señalar, por tanto, que la fraseología en el género textual MI cumple las funciones siguientes:

- Señalización del género textual: la fraseología (particularmente las fórmulas y los microtextos) funciona haciendo que el usuario reconozca, ya visualmente, sin tener que recurrir a la lectura completa, el género textual. Este reconocimiento del género textual activa en el usuario una serie de asociaciones sobre el modo de funcionamiento y el complejo semántico-funcional del documento ante el que se encuentra, facilitando así su recepción.
- Agilización de la comprensión: el usuario ignora en la estructura repetida (recurrencia y paralelismo estructural y expresivo) el contenido ya conocido (tema) para aislar y centrar la atención en el contenido nuevo (rema). De este modo, ante una serie formada a partir de la construcción fraseológica *riesgo de SUB*$_{[fuente]}$, consideramos que el usuario «obvia» la palabra *riesgo* (ya que el significado ya se desprende, entre otros aspectos, de la propia tipografía) y que se centra, luego, en la expresión del tipo de riesgo.
- Precisión denominativa, que alcanza, especialmente, mediante las colocaciones nominativas especializadas, ya que los elementos calificadores que acompañan el término (ya sean adjetivos, ya sintagmas preposicionales) determinan la especialización semántica de la unidad. Un buen ejemplo de precisión son los distintos grados de peligro que se expresan, de mayor a menor, por ejemplo, en los MI especializados en alemán: *unmittelbar drohende Gefahr*, *möglicherweise drohende Gefahr*, *möglicherweise gefährliche Situation* y *möglicherweise schädliche Situation* (Buján, 2015, p. 359).
- Textualización de términos: las unidades fraseológicas, con su complejidad semántica y estructural, conforman el entorno inmediato en el que se insertan los términos. Ejemplo de esto son tanto las colocaciones especializadas como los microtextos.
- Afianzadoras de intertextualidad en varios niveles:
  - con respecto a los textos normativos o legislativos por los que se rige el producto o el comportamiento relacionado con el producto (por ejemplo, seguridad, prevención de riesgos laborales, garantía y responsabilidad del fabricante, etcétera),
  - con respeto a los usos del género textual,
  - con respeto al mundo discursivo y documental corporativo (con características propias en cuanto a expresión y estilo, disposición de la

información, etcétera, y con características funcionales comunes con las de la identidad corporativa),
- con respecto a otra documentación del cliente, fundamentalmente de carácter primario (por ejemplo, fichas técnicas, reglamentos de seguridad, etcétera), de la que se deriva y con la que crea redes textuales.

La mayoría de estas funciones contribuyen a la macrofunción general del texto, así como a afianzar la recepción (recordemos que la recepción, la captación rápida de la información por parte de los usuarios, es un aspecto fundamental en este tipo de texto), por lo que se confirma la hipótesis de las unidades fraseológicas como unidades funcionales.

4. Conclusión: propuesta de criterios de calidad

De todo lo expuesto derivamos una propuesta propia para la evaluación de la calidad en traducción técnica en el ámbito profesional compuesta por cinco parámetros específicos de la traducción del género textual MI y que formulamos en términos de «conformidad»:

- Conformidad intertextual corporativa o conformidad con la cultura corporativa
- Conformidad intertextual normativa o conformidad con las normas aplicables, la legislación vigente, etcétera
- Conformidad intertextual de género
- Conformidad con el escopo o funcional prospectiva
- Conformidad término-fraseológica (esta, a su vez, ligada a las intertextuales)

Cada uno de estos factores, lejos de servir únicamente para evaluar el texto técnico meta en tanto que producto, nos permite establecer las siguientes formulaciones metodológicas que guiarían el proceso de preparación, ejecución y revisión del proyecto de traducción (*predrafting*, *drafting* y *post-drafting*, conforme a Mossop, 2001, p. 135):

- ¿Tiene la empresa fabricante preferencias denominativas, expresivas, estilísticas? (por ejemplo, guía de estilo o de identidad corporativa,

material de referencia en forma de otros documentos del mismo género textual o de géneros primarios, incluso reseñas de producto en forma de comunicados de prensa emitidos por la propia empresa y publicados en revistas sectoriales o ferias profesionales, etcétera) [conformidad intertextual corporativa]
- ¿Por qué normas, directrices y leyes se rigen el producto y todos los procesos ligados a él (transporte, instalación, puesta en servicio, desmantelamiento, etcétera)? ¿Existen versiones en la lengua de llegada de esos textos normativos (por ejemplo, directivas europeas, normas UNE…) o legislación y reglamentos equiparables en el país de destino del producto que puedan servir para determinar terminología y fraseología apropiadas para el texto técnico meta? [conformidad intertextual normativa]
- ¿Qué convenciones formales tiene el género textual en la cultura a la que pertenece el texto técnico meta? ¿En qué medida permiten las características de ejecución del proyecto hacer ajustes? [conformidad intertextual de género]
- Atendiendo a la macrofunción propia del género textual (en el caso del MI, la usabilidad), ¿qué elementos podemos utilizar en el nivel microtextual para alcanzar esa función? (por ejemplo, fórmulas que el usuario reconozca y que le permitan centrarse en el significado nuevo) [conformidad con el escopo]
- ¿A qué ámbito técnico corresponden el producto y las actividades ligadas a él, y cuáles son los recursos documentales disponibles? ¿Existen normas y reglamentos aplicables al ámbito de especialidad del texto que se deban tener en cuenta? [conformidad término-fraseológica]

La calidad no compete únicamente a la persona que traduce, sino al conjunto de agentes que intervienen en el proceso, desde la propia clienta hasta el equipo de gestión de la documentación multilingüe (que constituyen la interfaz entre la clienta final y la traductora/revisora). En este sentido, nos parece oportuno cerrar este trabajo con una cita de Göpferich (2002, pp. 358–359) que apela a la responsabilidad de dicho equipo gestor en la consecución de la conformidad término-fraseológica:

> Vor der Formulierung der Ausgangsversion einer Dokumentation sollten Standardformulierungen für immer wiederkehrende Inhalte festgelegt und

als Autotext bzw. Textbausteine abgelegt werden. Diese sollten genau wie die Terminologie [...] vorab in alle benötigten Sprachen übersetzt werden (am besten mit einem Translation-Memory-Programm). Die so standardisierten und vorübersetzten Texte sollten dann allen beteiligten Autoren und Übersetzern (beim Einsatz von Translation-Memory-Programmen in Form von Referenzmaterial) zum verbindlichen Gebrauch zur Verfügung gestellt werden. [...] Um auch außerhalb von Autotexten und Textbausteinen einen hohen Grad an Formulierungskonsistenz zu erzielen, sollte außerdem eine kontrollierte Sprache [...] verwendet oder zumindest ein Redaktionshandbuch (auch Style Guide genannt) erstellt und als verbindlicher Standard genutzt werden

Referencias bibliográficas

AENOR (2015). *UNE-EN ISO 17100:2015. Servicios de traducción.*

AENOR (2020). *UNE-EN ISO 18587:2020. Servicios de posedición.*

Angelelli, C. V. (2009). Using a rubric to assess translation ability. Defining the construct. En C. V. Angelelli y H. E. Jacobson (eds.), *Testing and assessment in Translation and Interpreting Studies: A call for dialogue between research and practice* (pp. 13–47).

Beaugrande, R. A. De y Dressler, W. U. (1981). *Introduction to Text Linguistics.* London: Longman.

Bowker, L. (2020). Translation technology and ethics. En K. Koskinen y N. K. Pokorn (eds.), *The Routledge Handbook of Translation* (pp. 262–278).

Brekke, M. (2007). Linguistic aspects of the translation of scientific and technical texts. En H. Kittel *et al.* (eds.), *Übersetzung/Translation/Traduction* (pp. 619–635).

Buján Otero, P. (2015). *A tradución da fraseoloxía no xénero textual manual de instrucións na combinación lingüística alemán-español* (tesis doctoral). Departamento de Traducción y Lingüística, Universidad de Vigo.

Byrne, J. (2006). *Technical Translation. Usability Strategies for Translating Technical Documentation.* Dordrecht: Springer.

Byrne, J. (2009). The Coming of Age of Technical Translation: an Introduction. *JosTrans, The Journal of Specialised Translation*, 11.

Byrne, J. (2010). Are Technical Translators Writing Themselves Out of Existence? En I. Kemble (ed.), *The Translator as Writer* (pp. 14–27).

Dausendschön-Gay, U.; Gülich, E. y Krafft, U. (2002). «Vorgeformtheit als Formulierungsnorm und Formulierungsressource. Handout entregado en Jahrestagung der Europäischen Gesellschaft für Phraseologie, Loccum, 03/06/2002.

ELIS (2024). *European Language Industry Survey 2024. Trends, expectations and concerns of the European language industry.* Recuperado de https://elis-survey.org.

Feilke, H. (1996). *Sprache als soziale Gestalt: Ausdruck, Prägung und die Ordnung der sprachlichen Typik.* Frankfurt a. M.: Suhrkamp.

Feilke, H. (2004). Kontext – Zeichen – Kompetenz. Wortverbindungen unter sprachtheoretischem Aspekt. En K. Steyer (ed.), *Wortverbindungen – mehr oder weniger fest* (pp. 41–64).

Frerich de Valdez, A. (2008). Mikrofunktionen in deutschen und peruanischen Bedienungsanleitungen. En E. Tabares, V. Ivanova y E. Krüger (eds.), *Análisis lingüístico contrastivo de textos especializados en español y alemán* (pp. 67–85).

García Izquierdo, I. (2000). *Análisis textual aplicado a la traducción*. Valencia: Tirant lo Blanch.

Göpferich, S. (1995). *Textsorten in Naturwissenschaften und Technik: Pragmatische Typologie – Kontrastierung – Translation.* Tübingen: Narr.

Göpferich, S. (2002). *Textproduktion im Zeitalter der Globalisierung. Entwicklung einer Didaktik des Wissenstransfers.* Tübingen: Stauffenburg.

Gouadec, D. (1994). Nature et traitement des entités phraséologiques. Terminologie et phraséologie. En D. Gouadec (ed.), *Terminologie et Phraséologie. Actes du deuxième Université d'Automne en Terminologie* (pp. 164–193).

Gouadec, D. (2002). *Profession Traducteur. Alias Ingenieur de Communication Multilingue (et) Multimedia.* Paris: La maison du dictionnaire.

Hatim, B. y Mason, I. (1990). *Discourse and the Translator.* London: Longman.

Hogen, H. (2012). *DUDEN Ratgeber. Technische Dokumentation. Beschreibende und anleitende Texte erstellen.* Mannheim: Bibliographisches Institut.

Horn-Helf, B. (1999). *Technisches Übersetzen in Theorie und Praxis.* Tübingen/Basel: Francke.

House, J. (2001). Translation Quality Assessment: Linguistic Description versus Social Evaluation. *META*, 46, 243–257.

House, J. (2015). *Translation Quality Assessment. Past and Present.* London/ New York: Routledge.

Kjær, A. L. (2007). Phrasemes in legal texts. En H. Burger *et al.* (eds.), *Phraseologie: ein internationales Handbuch zeitgenössischer Forschung* (pp. 506–516).

Leiva Rojo, J. (2012). Fraseología, traducción y control de calidad: acerca de la (im)posibilidad de armonización de parámetros para la evaluación. *Histoire Épistémologie Langage*, 34 (2), 89–105.

Leiva Rojo, J. (2013). Propuesta de formulario electrónico para la revisión de unidades fraseológicas traducidas. *Educatio Siglo XXI.*, 31 (2), 277–296.

Luna Alonso, A. (2005). La qualité en traduction: contexte professionnel et contexte pédagogique. En J. Peeters (ed.), *On the Relationships between Translation Theory and Translation Practice* (pp. 225–236).

Mancuso, J. C. (1990). *Mastering Technical Writing.* Menlo Park, California: Addison-Wesley.

Méndez-Cendón, B. (2009). Combinatorial patterns in medical case reports: an English-Spanish contrastive analysis. *The Journal of Specialised Translation*, 11, 169–190.

Montalt i Resurrecció, V. (2005). *Manual de traducció cientificotècnica.* Vic: Eumo.

Mossop, B. (2001). *Revising and Editing for Translators.* Manchester: St. Jerome Publishing.

Neubert, A. y Shreve, G. M. (1992). *Translation as Text.* Kent/Ohio/London: Kent State University Press.

Nord, Ch. (1998). Textlinguistik. En M. Snell-Hornby *et al.* (eds.), *Handbuch Translation* (pp. 59–60).

Nord, Ch. (2011). *Funktionsgerechtigkeit und Loyalität: Theorie, Methode und Didaktik des funktionalen Übersetzens.* Berlin: Frank & Timme.

Parianou, A. y Kelandrias, P. (2007). Instructions for use and their translation in a global age. En K. Ahmad y M. Rogers (eds.), *Evidence-based LSP: translation, text and terminology* (pp. 525–540).

Schmitt, P. A. (1999). *Translation und Technik.* Tübingen: Stauffenburg Verlag.

Sinclair, J. (1991). *Corpus, Concordance, Collocation.* Oxford: Oxford University Press.

Steyer, K. (2013). *Usuelle Wortverbindungen. Zentrale Muster des Sprachgebrauchs aus korpusanalytischer Sicht.* Tübingen: Gunter Narr.

Tabares Plasencia, E. y Batista Rodríguez, J. J. (2013). Delimitación y análisis de las unidades fraseológicas jurídicas en español y alemán. En C. Mellado Blanco (coord.), *La fraseología del alemán y el español: lexicografía y traducción* (pp. 75–88).

El ecosistema de la edición independiente en lengua gallega. Discursos paratraductivos

Ana Luna Alonso[*]

RESUMEN
La traducción editorial constituye un área de estudio sobre la existencia o ausencia de políticas editoriales y políticas de traducción, la proyección de catálogos y colecciones de literatura traducida, las estrategias editoriales y su impacto en la recepción en diferentes espacios y épocas. Es un ámbito de reflexión ligado a la identificación de una serie de cuestiones y problemas relacionados con el diseño, la producción y la circulación de los libros traducidos en el espacio de los diferentes mercados nacionales y del mercado internacional del libro, marcado por una jerarquía de las lenguas, la injerencia de los Estados y otras organizaciones en la selección de las obras que se traducen a través de ayudas u otras formas de regulación (Sorá, 2003). Para llevar adelante este estudio, hemos seleccionado cuatro empresas gallegas independientes de reciente creación, cuyos catálogos cuentan con un volumen de traducciones, que son modelo de políticas editoriales alternativas a la producción del circuito comercial. Tras la observación de los fondos y la consulta de peritextos como las entrevistas con las personas responsables de las editoras publicadas en medios de comunicación y algunas conversaciones con diversas personas implicadas en los procesos de selección de las obras, el estudio busca establecer las características de cada uno de los sellos para determinar si las estrategias internas de funcionamiento, promoción y comunicación de las editoriales objeto de la muestra cumplen con la escala de valores que contribuyen a la bibliodiversidad.

Palabras clave: traducción editorial, paratraducción, microempresa, bibliodiversidad.

1. El necesario contexto. Algunos datos

Para hacerse una idea de cuál ha sido la evolución de la producción editorial dentro del Estado español en los últimos años, hemos recurrido a los datos de la *Panorámica de la edición española de libros 2019* (Ministerio de

[*] Universidad de Vigo, Departamento de Traducción y Lingüística. Este trabajo forma parte de las actividades de investigación de Bitraga, promovidas por BiFeGa (grupo de referencia competitiva GRC), financiadas por la Xunta de Galicia_Programa de Consolidación y Estructuración de Unidades de Investigación Competitivas (expediente ED431C 2024/20, GRC 2024–2027, DOG 146, 30/07/2024). Integrante del Instituto de investigación Lingua de la Universidad de Vigo. ORCID: 0000-0001-8999-3077.

Cultura y Deporte, 2021). En el informe se indica que durante el año 2019 se editaron 83 782 libros en las lenguas oficiales españolas (93,0 %), una cifra que aumenta un 10,3 % con respecto a 2018. Como se puede observar en las gráficas que siguen, la producción en lengua gallega disminuye, mientras que el aumento es progresivo prácticamente en todas las lenguas del Estado español.

Edición en lenguas españolas

	Año 2018		Año 2019		% Variación interanual 19/18
	Libros	%	Libros	%	
Castellano	65.990	86,9	72.921	87,0	+10,5
Catalán	6.676	8,8	6.978	8,3	+4,5
Valenciano	818	1,1	1.299	1,6	+58,8
Gallego	1.260	1,7	1.254	1,5	-0,5
Euskera	1.116	1,5	1.254	1,5	+12,4
Asturiano	70	0,1	59	0,1	-15,7
Aragonés	19	0,0	11	0,0	-42,1
Aranés	5	0,0	6	0,0	+20,0
Total	**75.954**	**100,0**	**83.782**	**100,0**	**+10,3**

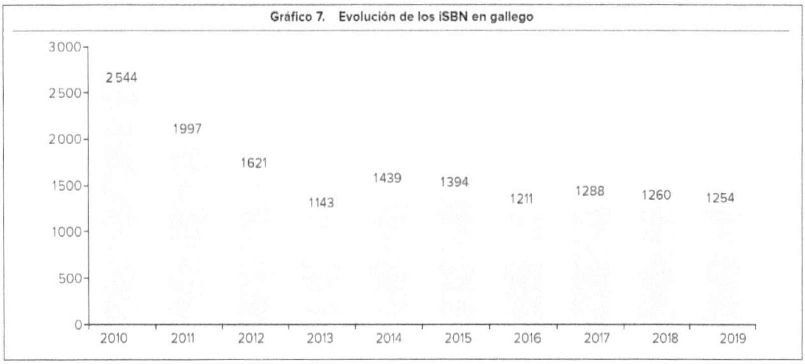

Figuras 15 y 16. Producción editorial española 2010–2019. Fuente: Panorámica de la edición española de libros 2019

La edición de libros en gallego durante el año 2019 experimentó un descenso del 0,5 % respecto al año anterior, al situarse el número de ISBN concedidos para los libros en lengua gallega en 1254 frente a los 1260 de 2018.

El editor y profesor Manuel Bragado (2021) alerta sobre lo que denomina «un retrato congelado» del volumen de producción en casi veinte años (1997–2020), tanto en número de libros como en número de ejemplares. Bragado alude a los años de mayor esplendor (2006–2010) como resultado de la aprobación de la Lei do libro e da lectura de Galicia (Xunta de Galicia, 2006), una ley que no se aplica en toda su extensión desde 2009 (Amoedo Souto, 2018).

A pesar de las dificultades, el catálogo vivo de la edición en gallego supera los 15 000 títulos y la producción de literatura infantil y juvenil es estratégica para el sector. El 20 % de la producción se sitúa fuera de Galicia y la tendencia general es la concentración de la oferta. De los 142 editores que publicaron en gallego, 10 han lanzado al mercado el 47,9 % de los libros. Este fenómeno no es exclusivo del panorama editorial gallego, porque según datos de la Federación de Gremios de Editores de España (FGEE), solo el 29,3 % de las editoriales españolas pertenece a algún grupo empresarial, lo que hace que el sector editorial español esté configurado mayoritariamente por pequeñas y medianas empresas, no siempre independientes (Ministerio de Educación, Cultura y Deporte, 2018, p. 54).

Tres empresas gallegas facturan algo más de un millón de euros: Kalandraka Editora, Edicións Xerais de Galicia y Galaxia Editorial. A mucha distancia están Hércules, Galinova, Nova Galicia, Xerme o Rinoceronte (Observatorio da Cultura Galega, 2018, p. 370). En el sitio web de la Asociación Galega de Editoras (AGE) encontramos 34 empresas asociadas que producen el 95 % de los libros que se hacen en Galicia. De las 39 editoriales privadas, un 80 % están agremiadas, pero es necesario señalar que las más pequeñas no suelen formar parte del colectivo alegando que es un gasto difícil de afrontar.[1]

---

1 Editoriales pequeñas son aquellas con una producción prevista total igual o inferior a 100 libros (un hito en varias de las empresas gallegas); las medianas, las que editan entre 100 e 1000 libros, y las grandes, las que van desde 1000 hasta los 100 000 libros editados.

Tabla 12. Principales editoriales en lengua gallega 2019

	Editorial	N.º de ISBN inscritos
1	Galaxia	186
2	Xerais (Anaya)	114
3	Kalandraka	58
4	Obradoiro (Santillana)	47
5	Xerme (SM)	38
6	Tambre (Edelvives)	35
7	Bolanda	32
8	Embora	31
9	Laiovento	31
10	Fervenza	29

Fuente: Panorámica de la edición española de libros 2019

En esta misma época y centrándose en la traducción, es necesario indicar que los libros traducidos suponen el 14,7 % del total de la producción editorial española. En el año 2019 se registra un descenso del 4,6 % en el número de títulos traducidos respecto a 2018. Las traducciones del inglés representaron un 48,3 % del conjunto de la obra traducida. Las cifras de traducción entre las diversas lenguas españolas reflejan el predominio del castellano, seguido por el catalán.

En el caso de la lengua gallega, de los 1254 textos editados en 2019, 1037 (82,69 %) son creación propia y 217 (17,31 %) son traducciones. Esto supone una importante contracción de la traducción con respecto a los años anteriores, pues se ha pasado de un 20 % en 1997 a un 17,31 % en 2019. Estas traducciones proceden principalmente del castellano (37,3 %), seguidas del inglés (28,1 %) y del francés (9,7 %). El subsector con más traducciones fue el de libros infantiles y juveniles (52,1 %), al que le siguen los libros de creación literaria (28,1 %).[2]

[2] Para una panorámica reciente de la traducción literaria en Galicia, *cfr.* Galanes (2016).

2. Bibliodiversidad

Como se ha visto en el apartado anterior, en el caso de la edición en lengua gallega, una parte de la producción está en manos de grandes grupos foráneos que tienen sede en Galicia y poseen los recursos económicos, los medios de comunicación y los mecanismos de difusión como para ocupar un espacio en el que los bienes culturales se ven condicionados por intereses financieros. Por otra parte, están las pequeñas empresas o microempresas —emancipadas o subalternas en la terminología recuperada por Gallego Cuíñas (2019) en función de la gestión industrial o artesanal— que se podrían acoger al fenómeno de la bibliodiversidad objeto de nuestro interés en este capítulo, entendida como la diversidad cultural aplicada al mundo del libro, relacionada con la edición independiente como garantía de pluralidad y tolerancia.

Según Gallego Cuíñas, «las editoriales independientes se han convertido en el siglo XXI en uno de los fenómenos culturales de mayor trascendencia a escala mundial, así como en objeto de estudio privilegiado para las ciencias humanas y sociales» (2020, p. 71) y estos modelos alternativos pueden «poner freno a las prácticas oligopólicas y obsolescentes de los grandes grupos editoriales» (p. 72), pues ofrecen otros modos de producción a largo plazo, artesanales, que protegen géneros literarios poco rentables, en peligro de extinción (p. ej., el teatro, la poesía y el ensayo), arriesgan con nuevas autorías y experimentan con nuevos formatos. Estas prácticas editoriales ecológicas, que Gallego Cuíñas analiza para el ecosistema literario en lengua castellana, significan el estado bibliodiverso de las culturas; por eso, su análisis sociológico parece indispensable para preservar el equilibrio.

En el caso de la edición en lengua gallega, hay que precisar que el mercado del libro, dentro del espacio ibérico, al igual que el castellano, está controlado por dos conglomerados transnacionales: el grupo Bertelsmann, con capital alemán, y el grupo Planeta, con capital español, que ocupan el espacio del español de España (Locane, 2019, p. 172). Salvando las distancias con lo que ocurre en América Latina con respecto al libro en castellano y su control colonial desde la Península, se podría decir que el trabajo de las pequeñas editoras en el territorio gallego que publican en lengua gallega representa la defensa de la pluralidad del ecosistema del libro, en la procura del valor contracultural y decolonial de la literatura mundial del siglo XXI.

2.1. Pequeñas editoriales gallegas con proyectos independientes

En ese marco de la edición gallega dentro del espacio autonómico asistimos desde principios del siglo XXI a un desarrollo de pequeñas y medianas editoriales que se reivindican independientes de los grandes grupos y que proponen, en determinados casos, una vía emancipada de producción cultural.

El panorama editorial en el que nos centramos, el de los sellos que publican en gallego y que cuentan con traducción hacia la lengua gallega en sus catálogos, ofrece proyectos profesionales dedicados solo a la traducción como Rinoceronte,[3] Urco, Hugin & Munin e Irmás Cartoné,[4] algunos con un claro compromiso por la paridad en sus catálogos y por introducir voces distanciadas de lo comercial, tanto en el restringido espacio de la poesía (Tulipa, Chan da Pólvora o Medulia) como en el de la no ficción (Catro Ventos).

> Sacar unha editorial independente adiante foi un labor titánico sempre; unha editorial en galego, e dedicada a publicar traducións, máis aínda, se temos en conta o difícil que é, xa non producir os libros, senón que estes obteñan un mínimo de visibilidade nas librarías: se as que lle dedican algo de espazo ao libro en galego son escasas, imaxina cantas hai dispostas a facerlle sitio á produción dunha editora galega independente. Pero aí seguimos, na loita. Precisamente por iso, pola dificultade de sacar adiante unha editorial como a nosa, ambas as Irmás Cartoné seguimos dedicando parte do noso tempo a colaborar con editoriais máis grandes de ámbito estatal ou con outro tipo de empresas facendo traducións e servizos editoriais. (Recarey en Lecturafilia, 2019)

De hecho, la fragilidad de algunos de los proyectos que surgieron en esta década del 2000 los ha expuesto a la temprana desaparición, como Novo Vinilo y 2.0 Editora, que dejaron de tener actividad en un tiempo de vida muy breve.

En ese marco es necesario mencionar también a las editoriales especializadas en álbum infantil o libro destinado a este sector etario como Patasdepeixe, Triqueta Verde, Bululú y Sushi Books; así como otras propuestas como Cuarto de Inverno, creada en 2019, que carece de traducciones en su catálogo, o Aira, nacida en 2017, que ofrece cinco en el momento de redacción de este trabajo.[5]

---

3 Rinoceronte ha incorporado en los últimos años distintos sellos como Barbantesa y Sushi Books, que también incluyen traducciones.

4 De la producción de los tres primeros se da cuenta en Luna Alonso (2019).

5 *Vidas imaxinarias* de Marcel Schwob, *Frankenstein ou O Prometeo moderno* de Mary Wollstonecraft Shelley, *Unha noite no tren da Vía Láctea* de Kenji Miyazawa, *Heidi* de Johanna Spyri y *O nome da rosa* de Umberto Eco.

Tabla 13. Editoriales creadas en el primer cuarto del s. XXI. Elaboración propia

Traducción	Creación / Traducción	Año
	Tulipa	2018
	Aira	2017
	Catro Ventos	2016
	Chan da Pólvora	2015
	Medulia	2014
Novo Vinilo		2013
Irmás Cartoné		2014
	Elvira	2013
	Bululú	2012
Hugin & Munin		2011
	Triqueta verde	2010
2.0 Editora		2010
	Patasdepeixe	2008
Urco		2007
Rinoceronte (Barbantesa, Sushi Books)		2005

2.2. Corpus de análisis

El corpus de análisis se centra en cuatro editoriales jóvenes que cuentan con volumen representativo de textos traducidos en su inventario y publican en lengua gallega. Observaremos su tipología: cómo son, cómo trabajan y cómo se definen, es decir, cuáles son sus preocupaciones culturales y sociales. Analizaremos por orden cronológico de creación los catálogos con el fin de determinar su interés por determinadas autorías, culturas o temáticas (apuestas por otras estéticas y contravalores dominantes), y atenderemos a la presencia de mujeres en las directivas y no solo a la equidad entre autores y autoras publicados.

2.2.1. Medulia

Medulia nace en 2014 como proyecto de los escritores Diana Varela y Xulio Valcárcel. Se trata de una editorial que se define como privada e independiente. En 2017 se instala en un local céntrico de A Coruña donde realiza presentaciones y venta directa.[6] A partir de 2019 mantiene vivo el certamen de poesía Eduardo Pondal, cuyo ganador publica. En la web se indica que:

> [...] ofrece unha asistencia integral, tanto literaria como xurídica, a calquera autor/a que lle confíe o seu manuscrito desde o momento da entrega ata a publicación. E despois de publicado, continúa apoiando o seu desenvolvemento e promoción, sempre no propósito de dotar a cada obra da maior visibilidade e transcendencia.

Los pedidos que se tramiten a través de la web de Medulia son enviados sin gastos. La empresa distribuye en las principales librerías gallegas y se ocupa de la promoción de las obras en los medios de comunicación. También se compromete a apoyar todos los actos públicos de cada título, buscando la mayor difusión posible.

El catálogo de Medulia está condicionado por el género en cuatro colecciones: Medulia Poesía, Medulia Ensaio, Medulia Narrativa y Medulia Teatro. De los más de setenta títulos de los que dispone en su corta trayectoria, cuenta con ocho traducciones, dos de autoría femenina: la ópera prima de Alba Mato con el relato *Adeus chupete* (2020), escrito originalmente en castellano y publicado en versión bilingüe (cast/gal), y la selección de poemas de la propia responsable de la editorial (*Ouvre la lucarne*, 2016) en versión bilingüe gal/fr, cuyo origen procede de un viaje por Francia en el que la autora participó en distintos recitales.[7] Además, dos de los textos son antologías: una de autorías clásicas (*Auga de varios ríos*, 2018)[8] y otra de autorías irlandesas y gallegas (*Fisterras atlánticas / Finisterres atlánticos / Atlantic Finisterres*, 2020).[9]

---

6 Palabras de Gatsby. Entrevista a Diana Varela. *Na Encrucillada* (19/05/2020). 51 min. Recuperado el 15/05/2021 de https://www.adiantegalicia.es/cultura/2020/05/21/diana-varela-medulia-editorial-e-unha-via-mais-de-vivir-a-nosa-vocacion-e-o-que-sentimos-pola-literatura.html.

7 Fue invitada al Festival international de la poésie de Trois-Rivières (Quebec) en octubre de 2021. Recuperado el 15/05/2021 de https://www.fiptr.com/fr/po%C3%A8tes-internationaux.html. También recogido en https://www.instagram.com/fip3r/p/B3j8guRpL2w/.

8 Pardo, Alicia (2018). Luciano Rodríguez autor de "Auga de varios ríos", presenta a súa obra en Medulia (14/09/2018). Recuperado el 20/05/2021 de https://www.laopinioncoruna.es/coruna/2018/09/14/poesia-unha-forma-situarnos-fronte-23980806.html.

9 Araguas, Vicente (2020). Recuperado el 12/05/2025 de https://udc.es/gl/amergin/_galeria_imgs/Araguas.jpeg

Esta última incide en la buscada identificación iniciada a principios del siglo pasado entre Irlanda y Galicia.[10] Como se puede comprobar, la selección de traducciones no arriesga a publicar obra de poetas noveles y la presencia de autoras es menor.

En materia de traducción, el catálogo recupera obra del responsable del Instituto Cervantes desde 2018, Luis García Montero (*Leccións de poesía para nenas e nenos inquietos*, 2020), y de Pablo Neruda (*Vinte poemas de amor e unha canción desesperada*, 2021),[11] dos escritores de ámbito hispano que carecían de presencia en lengua gallega. Es necesario destacar que se establece contacto con comunidades con lenguas sin Estado como la catalana al publicar obra de dos poetas consagrados como Joan Margarit (premio Cervantes 2019) o Valentí Gómez-Oliver, que se anuncia como una futura colaboración con la Fundación Ramón Llull.[12]

2.2.2. Chan da Pólvora

Chan da Pólvora nace en 2015 de la mano del escritor, periodista y comunicador Antón Rodríguez López (Antón Lopo),[13] activista cultural que también traduce y dirige el festival de poesía de Compostela Alguén que Respira.[14] Se trata de una de las pequeñas empresas que alcanza a editar hasta 10 títulos

---

10 Que pasa na Costa (2020). Medulia Edicións publica "Fisterras Atlánticas" (17/07/2021). Recuperado el 15/05/2021 de https://www.quepasanacosta.gal/video/ponteceso/medulia-edicions/20201020142604122694.html.

11 Traducción de Amancio Liñares y María Rey, con apoyo de la Secretaría Xeral de Política Lingüística.

12 Estas propuestas han tenido impacto en el escaso espacio local dedicado a la crítica de traducciones: blog de Armando Requeixo, recuperado de https://armandorequeixo.wordpress.com/2019/05/28/rios-de-poesia/, y blog de Ramón Nicolás, recuperado el 15/05/2021 de https://cadernodacritica.wordpress.com/2018/11/06/novidade-40-auga-de-varios-rios-de-luciano-rodriguez/, o reseña de Miguel A. Fernán Vello, recuperada el 20/05/2021 de https://www.elprogreso.es/opinion/miguel-anxo-fernan-vello/joan-margarit-galego/202106261907511511046.html.

13 Entre sus trabajos figura la versión en gallego del poeta persa Hafez Shirazi (realizada a partir del francés) o la traducción de Rimbaud y de Vikram Seth, publicados en el suplemento *Revista das Letras*. Recuperado el 20/05/2021 de https://www.aelg.gal/publicacions/revista-das-letras. La editorial Laiovento publicó *A balada do cárcere de Reading*, de Óscar Wilde (2003), realizada en colaboración con Amalia Salvado.

14 Recuperado el 20/05/2021 de https://alguenquerespira.gal/.

al año con tiradas de 350 ejemplares de media. La editorial, especializada en poesía, se presenta así en la web:

> [...] un proxecto comunal para devolvermos o potencial de acción da poesía. A editora puxo no centro dos discursos a periferia e apostou por un catálogo inclusivo e interxeracional, con cabida para as voces da poesía nacente e as voces xa afirmadas, as que nos sacoden e as que nos acollen.

El sello mantiene una colaboración estable con otros como Papeles Mínimos[15] o Amastra-n-gallar para construir canales de intercambio e ideas, así como estrategias de resistencia y supervivencia ante una economía que busca el rendimiento inmediato. El compromiso del proyecto con la lengua gallega es manifiesto; de hecho, la empresa ha creado el sello Batiscafo para «[p]otenciar a tradución dos poetas que escriben en galego, e crear unha liña de incidencia nos ámbitos de lectura en castelán».

Al igual que Medulia, en sus inicios disponían de un local/librería en Santiago de Compostela como un lugar de exposición y donde realizar presentaciones, un espacio desaparecido en 2020 por problemas económicos.[16] La casa distribuye en librerías de referencia en Galicia a través de Arnoia y mantiene un sistema de subscripción con dos modalidades que distingue a las personas desempleadas de las restantes, de modo que puedan recibir en el domicilio un mínimo de diez títulos al año por un precio medio de diez euros y un descuento del 5 % en las compras que se realicen mediante la tienda en línea. En cualquier caso, la compra en línea se realiza sin gastos de envío.

Chan da Pólvora apuesta por voces consagradas, pero también por las más jóvenes, aunque esto no se produce de modo equilibrado en el catálogo de traducciones, siempre encargadas a poetas. Los criterios seleccionados para editar traducciones son que los textos sean de calidad y no se encuentren en las lenguas próximas, aunque este parámetro no se cumple de modo sistemático, como veremos más adelante al describir los proyectos. Dicha selección se distribuye en dos colecciones: Rabo de Egua y O Río, respectivamente.

---

15 Recuperado el 20/05/2021 de https://www.papelesminimos.com/.

16 La librería se traspasa y temporalmente la regenta el poeta Quico Valeiras, pero finalmente cierra sus puertas en 2020. Recuperado el 20/05/2021 de https://www.nosdiario.gal/articulo/cultura/libraria-chan-da-polvora-despidese-fecha-portas/20200503144901096675.html.

Esta última está dedicada solo a la traducción y en algún caso financiada por la Secretaría Xeral de Política Lingüística.[17]

Con respecto al catálogo, de más de cincuenta volúmenes publicados, han editado doce textos en versión bilingüe. Como resultado de un diálogo directo entre comunidades intraestatales, una traducción desde el catalán (*Coas costas dobradas / Esquenes vinclades* de Pau Vadell, 2019) y otra hacia el catalán (*Química de les quimeras / Química das quimeras* de Xela Arias, 2021); además, un breve poemario desde el castellano (*Tan puro* de Sor Juana Inés de la Cruz, 2020), los *Seis poemas galegos* de Federico García Lorca en versión bilingüe o el volumen titulado *O mundo dos vivos / El mundo de los vivos* del gallego Samuel Solleiro (2020); y un texto del eusquera (*En las ciudades / Nas cidades / Hirietan* de Beatriz Chivite, 2020) en edición trilingüe en colaboración con Papeles Mínimos. Desde el esloveno y con mediación de Yolanda Castaño, incorpora a Brane Mochetik, uno de los referentes de la poesía *queer* en Europa (*Que teñas unha lectura solitaria*, 2017). Cinco propuestas procedentes del inglés cerrarían hasta el momento los proyectos de traducción del editor: *Físico*, del joven y laureado poeta británico Andrew McMillan (2019); *Ferrovías*, un diálogo entre el británico John Berger y la canadiense Anne Michaels (2020), y la trilogía de la nobel estadounidense de 2021, Louise Glück (*Noite fiel e virtuosa*, *Receitas de inverno desde a comunidade* y *Averno*). La versión de *Nas cidades* de Beatriz Chivite, en traducción de Isaac Xubín, y *Ferrovías*, de Berger y Michaels, en traducción de Martín Veiga, han tenido recepción por parte de la crítica, que ha aludido a la vinculación de Berger con Galicia como capital simbólico.[18]

En general, el catálogo de las traducciones es menos arriesgado con las autorías noveles que con las obras de creación, dado que las primeras todavía tienen que ser publicadas para que sean seleccionadas como obras traducidas e incluso obtener algún premio que las refrende. Además, no se pueden olvidar los derechos de autorías contemporáneas, que pueden representar una

---

17 Nós Diario (20/03/2019). Recuperado el 20/05/2021 de https://www.nosdiario.gal/articulo/cultura/poesia-desexo-masculino-mcmillan-galego/20190320140041077230.html.

18 Caderno da Crítica (06/12/2020), recuperado el 20/05/2021 de https://cadernodacritica.wordpress.com/2020/12/06/en-las-ciudades-nas-cidades-hirietan-de-beatriz-chivite/, y Manuel Xestoso en *Nós Diario* (03/02/2021), recuperado de https://www.nosdiario.gal/articulo/cultura/john-berger-volve-galiza/20210203172327115080.html.

negociación complicada o inaccesible para una microempresa. Sí constatamos que la presencia de la obra de mujeres escritoras encuentra cierto equilibrio en el fondo editorial.

2.2.3. Catro Ventos

Fundada en Vigo en 2016, Catro Ventos es una cooperativa de trabajo asociado sin ánimo de lucro, constituida por cinco personas socias (Miguel Braña, Patricia Buxán, Isidro Dozo, Alicia R. Malga y María Mediero), que tiene como punto de partida los principios de la Rede de Economía Alternativa e Solidaria (REAS)[19] y cuyo trabajo ha sido reconocido con el Premio a la Cooperación 2021 en la categoría de valores cooperativos.[20] Se trata de una apuesta distinta de las anteriores en el modelo de gestión, que con el tiempo constataría que sí existía un hueco en el mundo editorial en temáticas como consumo responsable, educación alternativa, derechos humanos, ecología o economía social, en las que la lengua gallega estaba prácticamente ausente, de modo que ni la literatura ni el género resultan ser el criterio que define el catálogo.

A medida que el proyecto ha ido creciendo, han creado el sello Refachos Edicións para poder acoger planes que no entraban en Catro Ventos.[21] Además de la editorial, la cooperativa ofrece servicios como informes de lectura, revisión de bibliografías, corrección ortotipográfica, de estilo y de concepto, coordinación editorial, diseño, traducción y revisión de traducciones.

El catálogo de Catro Ventos surge a partir de la publicación de traducciones, pero, a medida que ha ido progresando, ha añadido ensayo de creación. Cuenta con cerca de treinta obras, de las cuales veinte son traducciones. Para la publicación de dos de sus obras (*Caderno de campo das illas Cíes*, José Arcas, 2018, y *Árbores que non arden*, VV. AA, 2019) ha recurrido al mecenazgo como fórmula de independencia. Otro de los modos de conseguir apoyo económico para poner en marcha los proyectos es el de la suscripción en un programa anual con dos tipos de descuentos para cualquier obra del catálogo.[22] Catro

---

19 Recuperado el 20/05/2021 de https://www.economiasolidaria.org.

20 Recuperado el 20/05/2021 de https://www.youtube.com/watch?v=QV3thv5jwGY.

21 Un ejemplo es la publicación de los *Premios 2020 de ensaio e banda deseñada da Universidade de Vigo* (Universidade de Vigo, Área de Normalización Lingüística, 2020).

22 *Cfr.* https://catroventos.gal/viraventos/.

Ventos gestiona puntos de venta directos, como tiendas de comercio justo, y distribuye para toda Galicia a través de Consorcio Editorial.

Según sus responsables, algunos de los textos —como *Transición ecolóxica* de Frémeaux, Kalinowski y Lalucq (2016), traducido desde el francés por Miguel Braña; *Limpeza creativa* de Elisa Nicoli (2017), traducido por María Mediero desde el italiano; o bien *O libro dos océanos* de Esther Gonstalla (2020), traducido desde el alemán por Patricia Buxán— mantienen un flujo de ventas constante desde su aparición[23] y tienen demanda más allá de la frontera gallega.[24] El amplio catálogo de traducción ofrece obras procedentes de diferentes espacios y lenguas próximas de ámbito occidental, seleccionadas o encargadas en función de la temática por las y los miembros de la cooperativa, que en casi todos los casos son autoría de las traducciones y visibles en las portadas.

El hecho de traer obras procedentes del castellano puede ser objeto de críticas por parte del sistema, dado el esfuerzo económico que supone traducir un texto al que el público lector gallego puede tener acceso sin dificultad. Este podría ser el caso de los dos trabajos del equipo Plantel titulados *Así é a ditadura* y *As mulleres e os homes* o del ensayo de José Antonio Jáuregui *Xuízo aos humanos*,[25] que va acompañado de un prólogo redactado en exclusiva para la edición gallega. Resulta evidente que en la línea editorial de la cooperativa prima la existencia de textos de interés para la normalización cultural en gallego, por eso las propuestas evitan el ámbito hispano como punto de partida,[26] y esto mismo justificaría que se dialogue con comunidades como la catalana al introducir en el catálogo un trabajo como *A bolsa ou a vida* de Salvador Lladó, en traducción de Patricia Buxán, con introducción de

[23] Entrevista á cooperativa e editora Catro Ventos. Recuperado el 20/05/2021 de https://www.eusumo.gal/entrevista-a-cooperativa-e-editora-catro-ventos.

[24] Entrevista a Isidro Dozo en conversas #Naturtip. Recuperado el 20/05/2021 de https://instagram.com/tv/CPtZDpAD1AZ.

[25] En conversación con una de las responsables de la cooperativa (20/02/2022), Patricia Buxán, nos indica que los libros de Plantel funcionaron muy bien, eran una prueba al inicio del proyecto, pero no se han reeditado porque consideran que el público infantil no es su destinatario. En cuanto al texto de Jáuregui, se decidió traducirlo porque existía la certeza de que RBA no tenía intención de reeditarlo en castellano.

[26] De hecho, aunque pudiese parecerlo, la obra *O dereito á felicidade* de José Mujica, Carlo Petrini y Luis Sepúlveda procede de una mesa redonda desarrollada en Italia, traducida desde el italiano por María Mediero, de la que se tiene la certeza de que no existe publicación en español.

Manuel Casal Lodeiro para la edición gallega. Son paratextos que no se pueden desestimar a la hora de entender la política de traducción del proyecto.

Asimismo, es interesante el epitexto en que una de las socias reflexiona con respecto a la ausencia de mujeres en el catálogo y a la clara necesidad de compensar un desequilibrio que se ha ido corrigiendo en las últimas entregas:

> Por otro lado, como editora en Catro Ventos, editorial fundada a mediados de 2016 con la forma de cooperativa y de la que soy socia, en la que el plan de publicaciones es acordado por unanimidad entre las cinco personas que la conformamos, llegó un momento a mediados de 2017 en que fuimos conscientes de que en nuestro plan de publicaciones y catálogo había una predominancia clara de autorías masculinas, sobre todo en obras de ensayo [...] observé cómo en los catálogos de editoriales había una clara predominancia de autores en la categoría de ensayo (siempre que la temática no fuese explícitamente de feminismo o estudios de género). (Buján Otero, 2020, p. 32)

2.2.4. Tulipa

Con sede en Teo, y de la mano de Isabel Patiño Amboage, nace un proyecto editorial que, tal y como reza la web, «pretende ser substrato para pequenos agasallos da expresión escrita, facendo que a poesía, o ensaio e a narrativa tomen corpo en papel, baixo a luz cálida dunha tulipa».

Desde esta plataforma se pueden tramitar los pedidos sin costes de envío, aunque también trabajan con la distribuidora Arnoia. Es la única de las cuatro editoriales analizadas que forma parte de la Asociación Galega de Editoras (AGE) y dicha participación le facilita la presencia en ferias.

Tulipa publica en castellano y en gallego. Su responsable es quien escoge los textos, maqueta y contacta con las personas traductoras. En lo que toca al catálogo, la presencia de autorías nóveles es relevante y el equilibrio entre autoras y autores es significativo. De los diecisiete volúmenes publicados (poesía, novela, relatos y aforismos), doce son traducciones: dos se incluyen en la colección de Traducción, presentada como un espacio de acogida de «nomes da escrita nacional e internacional, traducidos ao galego» y las diez restantes forman parte de la colección Edicións Especiais "10×15", que se compone de pequeños poemarios en edición bilingüe. En el primer grupo destacamos la antología de Luis García Montero, que repite en gallego con este sello (*O dono do derradeiro minuto*) en traducción de Isaac Xubín; así como la versión española de *Semejanza* de María Xosé Queizán, de la mano de

Mónica Bar Cendón, dos propuestas que aportan capital cultural y simbólico al catálogo, aunque es preciso incidir en la anomalía que supone que no exista más relación entre la literatura de expresión castellana y la gallega, décadas después de que *A semellanza* se publicase por primera vez en Sotelo Blanco (1988). La segunda colección de *plaquettes* en tamaño de bolsillo "10×15" es un proyecto coordinado por el poeta Juan Bello inaugurado con una obra del autor (*Casa*, 2018), en versión bilingüe, en traducción de la escritora Berta Dávila.[27] A este volumen le siguen dos poemarios también procedentes del castellano: *Alén dos mapas*, de Paola G. Sepúlveda, en traducción de Juan Bello, y *Beizos de mar*, autotraducción de Amanda Plaza. La serie continúa con *Este é o agasallo que lle dou ao meu corpo*, de Robin Myers, en traducción y selección desde el inglés de Claudia González Caparrós; *En espera*, de Man Li, en traducción desde el chino de Alicia López, y *O prezo do inverno*, en autotraducción desde el islandés de Elías Knörr. La editora apuesta por la exportación desde el gallego para otras lenguas: hacia el francés con *Os afluentes*, de Vicente Vázquez Vidal, en traducción de Véronique Voyer, y hacia el alemán con *Sobrevivir na era da incerteza*, de Rosendo Cid, en traducción de Vicente Vázquez Vidal y Marlene Danner, obras que han de esperar a conocer su recorrido entre el público destinatario.[28]

3. Resultados

Tras esta breve descripción de las características de cada una de las microempresas seleccionadas, constatamos mediante los discursos paratraductivos de las webs y las entrevistas que las cuatro editoriales persiguen ocupar y completar un espacio en el ecosistema con diferentes objetivos. En lo que respecta a la traducción, Medulia y Tulipa buscan traer para el gallego poemarios de autorías consagradas, mientras que Chan da Pólvora, en general, importa obra poética que represente una alternativa a los circuitos comerciales. Catro Ventos, por su parte, está centrada en cubrir un universo temático inédito en lengua gallega.

---

[27] Brais Fernández en *El Correo Gallego* (08/11/2020). Recuperado el 20/05/2021 de https://www.elcorreogallego.es/santiago/tulipa-editora-publica-reliquias-un-poemario-del-santiagues-juan-bello-XB5232275.

[28] Caderno da Crítica (20/11/2018). Recuperado el 20/05/2021 de https://cadernodacritica.wordpress.com/2018/11/20/a-coleccion-10x15-de-tulipa-editora/.

Estas dos últimas han obtenido premios por su labor y ese reconocimiento interno les debería servir para afianzar un capital social y cultural a largo plazo. Las cuatro, de un modo u otro, aluden en sus presentaciones a una necesidad de normalizar un sistema anómalo por minorizado, pero no todas siguen una línea editorial definida que permita deducir cuál es el criterio para publicar determinadas traducciones. Las cuatro son agentes activistas culturales que prescriben lecturas alternativas al *bestseller* y demuestran interés por ofrecer textos alternativos en sus catálogos; sin embargo, es preciso que dicha selección sea muy coherente para fidelizar a un lectorado que puede encontrar obra y contenidos semejantes en lenguas próximas. Es fundamental que cada una de ellas legitime con su catálogo su presencia en el campo editorial gallego.

Si tenemos en cuenta la metodología de análisis utilizada por Gallego Cuíñas (2020, pp. 76–77) para el estudio del sector editorial independiente en el ámbito hispano, que considera los diez valores de la bibliodiversidad:

A. Proyecto autónomo de capitales simbólicos «de fondo»: el libro no solo es una mercancía sino un «bien común».
B. Publicación de géneros literarios «menores» y poco rentables, signo de una práctica económica sostenible.
C. Publicación de obras de escritoras (>40 %), gesto político que materializa una visión comprometida, igualitaria e inclusiva de la literatura y del trabajo editorial.
D. Publicación de autorías noveles (>30 %) para hacer visibles las estéticas del futuro, al margen de las autorías que tienen capital simbólico acumulado y de las modas literarias del momento.
E. Publicación de traducciones (>30 %), lo que supone no solo la apuesta por el diálogo cultural entre las lenguas del mundo, sino la preservación de la riqueza lingüística, ya que las traducciones locales proponen modelos alternativos —regionales— a la traducción al castellano de España que imponen los grandes grupos.
F. Capital privado pequeño o mediano (<50 %) que sea sostenible en términos económicos. Es decir, la publicación o no de una obra no habría de estar supeditada a los condicionantes de las subvenciones públicas o al enorme capital de los grandes conglomerados editoriales.
G. Distribución (autogestionada/alternativa) como mecanismo que permite tener más control sobre los ejemplares, evitar los *stocks* y

las pérdidas de venta, propias del modelo de las grandes empresas distribuidoras.

H. Distribución en el extranjero y edición de *e-book*, que facilita la circulación transnacional de los catálogos, dada la complejidad logística y económica que esta supone para las pequeñas y medianas editoriales.

I. Participación en ferias del libro y/o asociaciones de editores, donde se intercambian experiencias, se ensayan estrategias de resistencia y se generan alianzas que ayudan a la supervivencia.

J. Visibilidad en redes sociales, lo que garantiza la publicidad gratuita y estrategias de comunicación diferentes a las de los grandes conglomerados.

Y los aplicamos a nuestro corpus, teniendo en cuenta que se trata de un territorio mucho más pequeño con un lectorado mucho más reducido y unas condiciones socioculturales y políticas diferentes; podemos contribuir a obtener un mapa de importación que sirva para entender una parte del ecosistema de la edición independiente en Galicia en el período 2005–2020.

Así, a partir de los diez valores que la investigadora establece para determinar si la empresa cumple con los requisitos de bibliodiversidad, igualdad, sostenibilidad, solidaridad e inclusión, comprobamos si los cuatro sellos analizados, que se declaran independientes, cumplen con todos o solo varios de ellos, siempre partiendo de la premisa de que nos hemos centrado en la publicación de traducciones hacia la lengua gallega. El esquema sería el que sigue:

Valores/ Editoras	A	B	C	D	E	F	G	H	I	J
Medulia	X	X			10 %	X	X			X
Chan da Pólvora	X	X		X	10 %	X	X		X	X
Catro Ventos	X	X	X	X	65 %	X	X		X	X
Tulipa	X	X		X	66 %	X			X	X

Observamos que hay elementos que quedan por completar, como son el de la publicación de más obra de escritoras (C) o el de la procura de autorías noveles y óperas primas distanciadas del entorno más próximo para obviar duplicaciones innecesarias (D). Es necesario evitar la dependencia de ayudas públicas y mantener un equilibrio entre las formas de financiación, para poder sobrevivir y al tiempo ser independiente. Aunque se evidencia la búsqueda de canales alternativos, se constata un problema de autonomía en la distribución, lo que representa una de las fases más costosas de la cadena de producción (G). Es necesario ampliar el mercado exterior o la difusión digital e internacional (H), así como participar en ferias, festivales o asociaciones de editoras con el fin de explorar nuevas estrategias de promoción y difusión en comunidad (I). Como se observa en el gráfico y respecto al criterio (E), la publicación de traducciones es superior al 30 % en dos de las empresas analizadas, lo que supone la apuesta por el diálogo cultural entre la producción en gallego y otros territorios, como circuito alternativo a la ley impuesta por los grandes grupos editoriales. Salvando las distancias entre la línea editorial de Catro Ventos y Tulipa, es necesario destacar que las dos coinciden en publicar más de un 50 % de traducciones, aunque en el caso de Tulipa su política editorial no siempre responde a un encuentro entre autorías desconocidas o más distantes en el marco del campo editorial ibérico.

4. Conclusiones

En la categoría de traducción editorial incluimos todas las traducciones solicitadas por agentes, editoras o editores, destinadas a ser publicadas, con independencia del tipo de texto e incluso de la modalidad de traducción de que se trate (Luna Alonso, 2013, p. 131). Dicha actividad consiste en una práctica textual o un conjunto de prácticas que intervienen en el proceso de selección, publicación y comercialización de las obras traducidas, siempre vinculada a un conjunto concreto de competencias y conocimientos relacionados con el sector del libro.

Mientras los grandes grupos editores funcionan con criterios comerciales (campañas, compra de espacios en prensa, edición de *bestsellers*, etc.), las pequeñas empresas independientes procuran el negocio mediante la lógica de proteger la identidad y la transmisión de valores autóctonos. Las editoriales independientes aspiran a una simbiosis entre capital estético y capital económico (Gallego Cuíñas, 2019) buscando beneficio a largo plazo gracias a la coherencia ideológica que se desprende de sus catálogos. La traducción permite acumular capital para las culturas periféricas y resulta ser una vía de consagración para autorías en culturas centrales (Casanova, 2002). Una pequeña editora se puede consagrar gracias a su capital cultural y simbólico, a medida que adquiere capital social no exento del necesario capital económico para sobrevivir.

El estudio realizado ha consistido en la observación de los catálogos de cuatro microeditoriales independientes de reciente creación en el campo editorial gallego de la traducción. La aplicación de los valores de la bibliodiversidad permite concluir que es necesario revisar algunos de los criterios que guían a dos de las casas editoras. El estudio de las prácticas aplicadas aconseja modificar ciertas dinámicas para que se mantengan como proyectos sustentables y este proceso de actualización debe ser dinámico y renovable; es decir, para sobrevivir, es conveniente apostar por eludir el sistema dominante que juega en otra liga. En este sentido, y en el caso de la realidad gallega, quizás comparable con comunidades semejantes dentro del Estado español, también es imprescindible que los gobiernos amplíen políticas públicas que hagan fructificar el ecosistema del libro, con el fin de fomentar la participación en festivales (Sapiro, 2021), asegurar la publicación de otros géneros distintos de la narrativa o la traducción de autorías y obras procedentes de otros espacios más distantes y lenguas no hegemónicas, con el objetivo último de construir un canon autónomo, rico y diverso que puede resistir y sobrevivir a pesar de su manifiesta fragilidad.

Referencias bibliográficas

Amoedo Souto, Carlos Alberto (2018). La Ley 17/2006, del libro y de la lectura de Galicia: balance de una década. *Revista Galega de Administración Pública*, 56, pp. 387–400. Recuperado el 12/06/2021 de https://egap.xunta.gal/revistas/REGAP/article/view/1255.

Bragado, Manuel (2021). *Retrato do libro galego* (conferencia). Xornada V de Gálix «Desfacendo a Raia», Santiago de Compostela. Recuperado el 12/06/2021 de https://www.youtube.com/watch?v=ZPpjcFrs2_Y&t=27s.

Buján Otero, Patricia (2020). He aquí la vida de una mujer literata. Traducción y género en las políticas editoriales en Galicia (2011–2018). *Transfer*, XV (1–2), pp. 31–51. DOI: 10.1344/transfer.2020.15.31-51.

Casanova, Pascale (2002). Consécration et accumulation de capital littéraire. La traduction comme échange inégal. *Actes de la Recherche en Sciences Sociales*, 144, pp. 7–20. Recuperado el 12/06/2021 de https://www.persee.fr/doc/arss_0335-5322_2002_num_144_1_2804.

Galanes Santos, Iolanda (2016). La traducción literaria gallega contemporánea. Intratraducción y extratraducción. En Iolanda Galanes Santos *et al.* (eds.), *La traducción literaria. Nuevas investigaciones* (pp. 153–176).

Gallego Cuíñas, Ana (2019). Las editoriales independientes en el punto de mira literario: balance y perspectivas teóricas. *Caravelle. Cahiers du monde hispanique et luso-brésilien* 113, Dossier 2 – Les marchés de la littérature du XXIe siècle, pp. 61–76. Recuperado el 10/05/2021 de https://digibug.ugr.es/bitstream/handle/10481/69158/Las_editoriales_independientes_en_el_pun.pdf?sequence=1&isAllowed=y.

Gallego Cuíñas, Ana (2020). Bibliodiversidad y contracultura material. Un análisis cualitativo y cuantitativo de la edición independiente en lengua castellana. En Gustavo Guerrero, Benjamin Loy y Gesine Müller (eds.), *World Editors: Dynamics of Global Publishing and the Latin American Case between the Archive and the Digital Age* (pp. 71–94). DOI: 10.1515/9783110713015-006.

Lecturafilia (2019). Entrevista Celia Recarey, cofundadora de Irmás Cartoné e tradutora: «A Tradución literaria é o tipo de tradución peor pagado e, en moitas ocasións, menos valorado». *Lecturafilia*. Recuperado el 04/05/2019 de https://lecturafilia.com/2019/05/04/entrevista-celia-recarey-cofundadora-de-irmas-cartone-e-tradutora-a-traducion-literaria-e-o-tipo-de-traducion-peor-pagado-e-en-moitas-ocasions-menos-valorado/.

Locane, Jorge J. (2019). *De la literatura latinoamericana a la literatura (latinoamericana) mundial*. Leck: De Gruyter. Recuperado el 20/01/2022 de https://library.oapen.org/bitstream/handle/20.500.12657/23560/1006586.pdf?sequence=1.

Luna Alonso, Ana (2013). Perspectivas de investigación en traducción editorial. *Romanica Olomucensia*, 25 (2), pp. 127–143. DOI: 10.5507/ro.2013.016.

Luna Alonso, Ana (2019). Editoras de nova xeración e políticas de tradución en Galicia no século XXI. *Galicia 21*, 9, pp. 30–51. Recuperado el 10/05/2021 de https://www.galicia21journal.org/I/pdf/Galicia21_I_02_Luna.pdf?v=2.

Ministerio de Cultura y Deporte (2021). *Panorámica de la edición española de libros 2019. Análisis sectorial del libro*. Recuperado el 10/06/2021 de https://libreria.cultura.gob.es/libro/panoramica-de-la-edicion-espanola-de-libros-2019-analisis-sectorial-del-libro_3910/.

Ministerio de Educación, Cultura y Deporte (2018). *El sector del libro en España*. Recuperado el 20/01/2022 de https://www.cegal.es/wp-content/uploads/2023/06/El-Sector-del-Libro-en-Espana.-Abril-2018.pdf.

Observatorio da Cultura Galega (2018). *Datos da edición en Galicia 2006–2016*. Santiago de Compostela: Consello da Cultura Galega. Recuperado el 10/05/2021 de https://consellodacultura.gal/publicacion.php?id=4317.

Sapiro, Gisèle (2021). Los festivales literarios internacionales y la construcción de una autoría mundial. En M.ª del Carmen Villarino Pardo, Iolanda Galanes Santos y Ana Luna Alonso (eds.), *Promoción cultural y Traducción. Ferias internacionales del libro e invitados de honor* (pp. 27–43).

Sorá, Gustavo (2003). *Traducir el Brasil. Una antropología de la circulación internacional de las ideas*. Buenos Aires: Libros del Zorzal.

Xunta de Galicia (2006). Lei 17/2006, do 27 de decembro, do libro e da lectura de Galicia. *Diario Oficial de Galicia*, 7, do 10 de xaneiro de 2007. Recuperado el 20/05/2021 de https://www.xunta.gal/dog/Publicados/2007/20070110/Anuncio108A_gl.pdf.

CAPITULO 7

Interpretación para los medios especializados en videojuegos: ejemplos de caso

Ramón Méndez González[*]

RESUMEN

La industria del videojuego está viviendo un crecimiento cada vez mayor y empiezan a surgir nuevas necesidades profesionales más allá de las tradicionales labores de localización, tales como el caso de la interpretación en el ámbito de los videojuegos (IAVJ), un nuevo campo de especialización que ofrece abundantes oportunidades profesionales en el mercado. Dentro de los numerosos contextos en los que se puede necesitar interpretación (ferias, eventos, presentaciones de juegos…), en el presente estudio nos vamos a centrar en un tipo de situación concreta, que es la interpretación para medios especializados. La prensa del videojuego es un agente clave de esta industria y, como tal, no es poco habitual que haya entrevistas en streaming con interpretación consecutiva o simultánea. Esta investigación analizará las necesidades de la IAVJ en los medios especializados y las competencias específicas que necesitan tener los profesionales de la interpretación para hacer frente a dichos encargos.

Palabras clave: videojuegos, interpretación, interpretación simultánea, interpretación consecutiva, interpretación en el ámbito de los videojuegos (IAVJ), prensa especializada.

1. Introducción

La historia de la industria del videojuego es relativamente reciente en comparación con otros ámbitos culturales de la humanidad, puesto que tiene poco más de medio siglo de vida. Dentro de la abundancia de estudios que hay sobre el tema (Kent, 2001; Hunter, 2000; Malliet y de Meyer, 2005; Baer, 1996), parece haber cierta discrepancia sobre el momento exacto de la creación del primer videojuego, ya que hay autores, como Winter (1996), que les otorgan este honor a Thomas T. Goldsmith Jr. y Estle Ray Mann, quienes crearon un simulador de misiles muy básico en el año 1948, en el que el jugador guiaba el proyectil hacia determinados objetivos. Sin embargo, parece haber cierto consenso mayoritario en que el primer videojuego como tal sería *Spacewars!*, un título diseñado en 1961 por Stephen Russel.

[*] Grupo de Investigación Traducción & Paratraducción de la Universidade de Vigo. ORCID: 0000-0002-5397-7064.

A pesar de tratarse de modelos primigenios y básicos, eminentemente experimentales, la evolución tecnológica permitió rápidos avances a nivel de *hardware* y de *software* (González Sánchez, 2010) que permitieron un gran impulso a la industria, que no tardaría en ver llegar sus mayores éxitos, ya fuesen *Pong* (1972), *Space Invaders* (1978) o el gran hito de *Pac-Man* (1980), que consiguió colocar más de cien mil máquinas recreativas en su primer año (De Meyer, Malliet y Verbruggen, 2001). Tal fue el éxito de este videojuego japonés que, en su momento, consiguió atraer tanto al público masculino como al femenino a los salones recreativos y ahora, cuarenta años después, sigue siendo un icono de la cultura popular con infinidad de juegos lanzados para todo tipo de plataformas.

El crecimiento de la industria fue exponencial desde entonces, hasta llegar a un punto en la actualidad en el que los videojuegos son el sector de ocio que más ingresos genera anualmente en todo el mundo (del Castillo, 2022). Esto se debe, sobre todo, a la aparición de nuevas plataformas, a una mayor accesibilidad para todo tipo de usuarios potenciales y a la existencia de productos mucho más variados que apelan a los gustos e intereses de todo tipo de jugadores (Méndez González y Calvo-Ferrer, 2017). Sin ir más lejos, ya solo en España, la industria del videojuego obtuvo en el año 2019 la nada desdeñable cifra de 1479 millones de euros de facturación, así como también se calcula que el 47 % de la población española de entre 6 y 64 años (casi 16 millones de personas) es consumidora de videojuegos, según datos de la Asociación Española de Videojuegos (AEVI, 2020).

La demanda existente por parte del público en la actualidad, donde ya no importa el género o la edad para poder disfrutar de alguna de las numerosas propuestas del mercado, lleva consigo un inevitable aumento de la oferta, de tal modo que el número de productos de ocio electrónico que se lanzan al mercado aumenta año tras año. Del mismo modo, empieza a haber un interés o una preocupación cada vez mayor por satisfacer las ansias del público, de tal modo que también se multiplican los eventos de presentación, las grandes ferias y los actos en los que las desarrolladoras desvelan sus creaciones al gran público o mantienen a sus fieles informados de las últimas novedades de sus productos. Y, si bien antaño estas conferencias se planteaban en inglés y se esperaba que sus receptores tuviesen un amplio conocimiento de dicho idioma, a día de hoy empieza a haber una preocupación mayor por hacer llegar el mensaje de la mejor manera posible al público potencial (Méndez

González, 2019a). Esto ha llevado a que emergiese un nuevo ámbito de interpretación especializada en el ámbito de los videojuegos.

2. La traducción y la interpretación en el ámbito de los videojuegos

El proceso de localización es muy extenso y abarca mucho más de lo que puede parecer en un primer momento, sobre todo desde el punto de vista de que se suele considerar que localizar un videojuego es solo traducir los textos del juego en sí mismo, cuando localizar es traducir y paratraducir todo producto audiovisual y multimedia, lo cual implica no solo «traducir» la parte puramente textual del texto audiovisual y multimedia, sino también, y sobre todo, «paratraducir» todos y cada uno de los tipos de producción paratextual que lo acompañan, lo rodean, lo envuelven, lo prolongan, lo introducen y lo presentan tanto en pantalla como fuera de ella (Méndez González, 2013, pp. 62–63). El proceso de localización, por tanto, implica varias fases e involucra a decenas de personas (incluso cientos, según lo grande que sea el proyecto). En la siguiente gráfica se representa una visión aproximada del proceso completo:

En primera instancia entraría la parte directamente relacionada con el producto de *software* en sí mismo, que implica la traducción de los textos, el doblaje, la adaptación cultural de todos los chistes y referentes culturales o la modificación de gráficos y elementos sonoros para conseguir que el producto se amolde mejor a las necesidades y expectativas del mercado de destino, por poner algunos ejemplos de los puntos más importantes. Sin embargo, también se destaca como punto importante del proceso las labores paratextuales de traducción de *marketing* o de traducción para la prensa especializada.

Si bien la localización de videojuegos es una disciplina relativamente reciente que surge de las necesidades de una industria también joven, tal y como comentábamos en la introducción, lo cierto es que cuenta con bastantes estudios que analizan diversos aspectos del proceso: Bernal Merino (2006, 2008, 2011, 2015, 2018), Calvo-Ferrer (2012), Chandler (2005), Dunne (2006), Fernández Costales (2011, 2012, 2014), Gros Salvat (2008), Lepre (2015), Méndez González (2012, 2013, 2014a, 2014b, 2014c, 2015b, 2019b, 2022b, 2022c, 2024), Méndez González y Calvo-Ferrer (2017), O'Hagan y Chandler (2016), Seljan y Katalinić (2017) o Yuste Frías (2012, 2014), entre muchos otros.

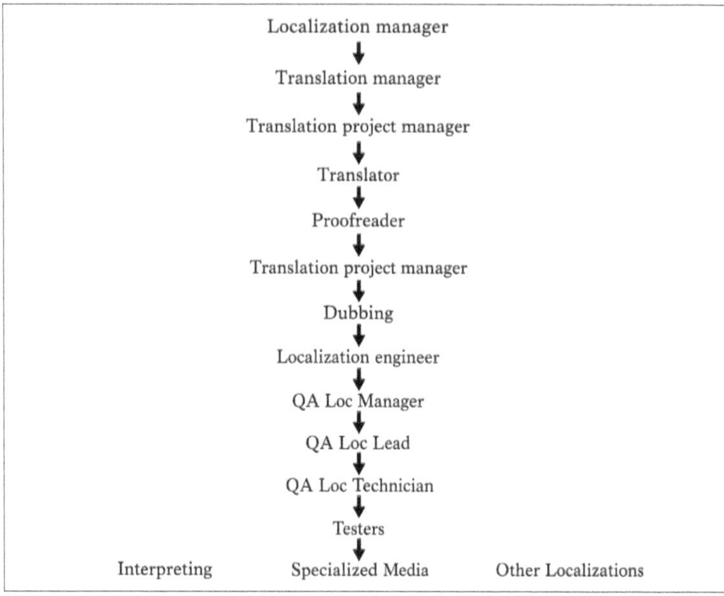

Figura 17. Fases y figuras presentes en el proceso de desarrollo de un videojuego

No en vano, se trata de una industria muy amplia y de crecimiento veloz que propone infinidad de enfoques posibles según el producto específico del que se esté hablando; por ejemplo, se puede trabajar sobre el proceso en sí mismo, de la industria como lenguaje especializado, se puede centrar el estudio en el ámbito del deporte electrónico o analizar las posibilidades educativas de los videojuegos, entre otras opciones. Sin embargo, la investigación sobre interpretación en el ámbito de los videojuegos es todavía exigua, con apenas unos cuantos trabajos al respecto (Méndez González, 2015a, 2019a, 2020, 2022a; Casanova Gómez, 2014).

3. La interpretación en el ámbito de los videojuegos

No son pocas las subcategorías de interpretación que, en cierto modo, han llegado a ser reconocidas como modalidades independientes debido a sus características específicas y a sus exigencias particulares, más allá de los elementos básicos comunes a todo trabajo de interpretación. Tal y como se comentó en un estudio anterior (Méndez González, 2019a), la interpretación en el ámbito de los videojuegos está viviendo una creciente demanda que la está convirtiendo en un nicho profesional importante y con mucha visibilidad, lo cual, a su vez, pone de manifiesto sus particularidades específicas para poder considerarla una modalidad propia de interpretación similar a la de otros ámbitos de especialización, ya que, tal y como destacan Collados Aís y Fernández Sánchez (2001, p. 52), las modalidades establecidas de interpretación «son marcos que se han ido conformando a lo largo del tiempo como respuesta a las distintas necesidades comunicativas, lo que permite pensar en nuevas modalidades en el futuro».

En ese aspecto, la interpretación en el ámbito de los videojuegos (IAVJ) presenta, en primer lugar, un lenguaje especializado específico de la industria en cuestión, un tema ya tratado en anteriores estudios y en el que, por motivos de espacio, no vamos a ahondar en el presente trabajo (cf. Méndez González, 2014b, 2019b, 2020). Del mismo modo, la IAVJ también cuenta con unas tipologías de interpretación específicas propias de este ámbito, las cuales se pueden observar también en otras industrias culturales similares, tales como el cine, la música, la literatura, etcétera:

- Presentaciones de juegos: pensadas eminentemente para la prensa especializada, se llevan a cabo habitualmente en los estudios de desarrollo.
- Presentaciones públicas de juegos: pensadas para prensa y público, se suelen hacer en grandes superficies comerciales o salas de actos.
- Presentaciones virtuales: se hacen en formato vídeo, generalmente con subtitulado (si es un vídeo grabado), pero también con interpretación (de ser en directo).
- Entrevistas personales: generalmente, en ferias y eventos a los que acude la prensa, pueden tener un pequeño cara a cara con gente involucrada en el proceso de desarrollo.
- Charlas y eventos universitarios: muy abundantes por todo el mundo. Se trata de sesiones pensadas para el alumnado y en las que participan personas importantes de la industria del videojuego que, si son de otros países diferentes al que acoge el evento, suelen contar con interpretación.

- Encuentros digitales de medios especializados: charlas abiertas de la prensa especializada del videojuego en las que se invita a desarrolladores a un encuentro en directo en el que los lectores del medio pueden interactuar en tiempo real a través del chat, del foro, de las redes sociales o del sistema de comentarios.
- Interpretación acompañante: tal y como ocurriría en cualquier otro ámbito, el profesional de la interpretación acompaña en el viaje a los desarrolladores y les ayudan no solo en sus charlas y entrevistas, sino también a desenvolverse en un país extranjero.
- Conferencias en grandes eventos internacionales: antaño, estas conferencias eran solo en inglés o japonés y se limitaban a la prensa especializada que acudía al evento; sin embargo, desde 2013, se han abierto a prensa y público por igual y se retransmiten a través de Internet, algo que facilita el que cuenten con interpretación simultánea a varios idiomas.
- Conferencias en eventos menores: no tienen retransmisión por *streaming* para todo el mundo, pero sí que suelen ofrecer interpretación consecutiva o simultánea al idioma del país que acoge el evento, tanto para la prensa (si es a puerta cerrada) como para el público general.

A partir de estas tipologías se puede observar que la IAVJ tiene varias formas y entornos de trabajo diferentes, pero destaca la presencia de la prensa especializada como público receptor de la interpretación. No en vano, es la principal herramienta de *marketing* que tienen los estudios de desarrollo a la hora de dar a conocer sus productos, ya que los medios requieren una inversión bastante baja para la repercusión que pueden tener. En las próximas páginas, ahondaremos en las necesidades de traducción e interpretación de la prensa especializada y analizaremos algunos casos de estudio de la IAVJ para medios.

4. La prensa especializada en videojuegos como ámbito de traducción e interpretación

A medida que los videojuegos fueron ganando importancia y aumentando su calado en todo el mundo, se fueron multiplicando también los medios especializados en la industria del videojuego (tanto en formato físico como digital) de tal modo que, desde hace más de 30 años, se han visto infinidad de revistas en papel, revistas *online*, cuentas de plataformas digitales (tales como YouTube o Twitch), libros o estudios académicos que giran eminentemente en torno a diversos aspectos de la industria del videojuego en general o de títulos o franquicias en particular. En todos ellos, se ha observado, con el paso de los años, una cierta necesidad de labores de traducción o de interpretación especializada, de tal modo que, tras un análisis del mercado durante las últimas tres décadas, podríamos categorizarlo de la siguiente manera:

- Traducción de prensa especializada en papel: aparte de los medios especializados en videojuegos propios de nuestro país, en numerosas ocasiones las editoriales adquieren una licencia extranjera para publicar dicha revista y sus artículos en nuestro país. En España hubo varios ejemplos: la revista británica *Edge*, una de las más importantes del mundo del sector, que se lanzó en dos épocas diferentes con editoriales distintas; o *NGamer*, *GamesTM* y *RetroGamer*. Este tipo de traducción, similar a la traducción para la prensa, destaca por presentar una gran cantidad de terminología especializada de la industria en general o de los propios juegos, lo cual requiere un amplio conocimiento del tema o unos profundos procesos de documentación.
- Traducción para la prensa especializada *online*: esta tipología incluye la posible traducción de artículos, como en el caso de la prensa en papel, pero también cabe la posibilidad de que, en ocasiones, los periodistas hagan entrevistas y acudan a la ayuda de profesionales para su traducción, ya sea para publicar la entrevista tal cual, para obtener una serie de citas o para crear subtítulos para un vídeo con la entrevista.
- Traducción editorial especializada: aunque no es propiamente prensa, es importante destacar que existe mucha producción de libros sobre videojuegos en España, pero no solo de autoría española, sino que las editoriales también apuestan por la traducción de obras de origen extranjero. En este aspecto, podemos encontrarnos tanto editoriales tradicionales que apuestan por la industria (como Norma Editorial, que publica abundantes libros de arte y guías visuales de videojuegos)

como editoriales que nacen específicamente para dedicarse exclusivamente a la publicación de obras sobre videojuegos (tales como Héroes de Papel o GamePress). Al tratarse, fundamentalmente, de tratados y estudios sobre el ámbito de los videojuegos escritos, en muchos casos, por periodistas, las metodologías de trabajo y los requisitos y necesidades no distan mucho de los de la prensa tradicional.
- Interpretación especializada en tiempo real: sobre todo en la prensa *online*, es cada vez más habitual que se organicen encuentros digitales en los que se entrevista a alguien del mundo del videojuego en directo y los lectores del medio pueden hacer preguntas en tiempo real. Para estos casos, se necesita interpretación especializada, con intérpretes que tengan un conocimiento profundo del ámbito que se trata, sobre todo a nivel terminológico.

En esta investigación, vamos a centrarnos en la interpretación para los medios especializados con el fin de analizar las diferentes dinámicas específicas que se están viendo en este ámbito y determinar si se están cubriendo adecuadamente las necesidades del público receptor.

5. Ejemplos de caso: encuentros digitales de la revista en línea *MeriStation*

El formato de los encuentros digitales es bastante habitual en la prensa especializada en la actualidad, ya que las tecnologías facilitan la retransmisión en directo (ya sea a través de plataformas propias o a través de otras externas como YouTube o Twitch) y permiten que el público pueda interactuar directamente con los periodistas y los entrevistados. Es una práctica bastante habitual en todo el mundo y, en lo que respecta a España, nos deja con necesidades de interpretación. Como caso de estudio hemos elegido la revista en línea *MeriStation*, que lleva en activo desde el año 1997 y es una de las más longevas y exitosas del mercado nacional. Durante la última década, la revista ha organizado varios de estos eventos, ya sea con redactores de la propia revista comentando los juegos o con invitados de renombre. Tras un visionado de todos los encuentros digitales publicados por el medio, que suelen tener sobre una hora de duración y contar con una persona encargada de la interpretación (sin cambios cada cierto tiempo, salvo situaciones de urgencia como las que comentaremos más adelante), se han observado eminentemente dos dinámicas: que se cuente con interpretación profesional o que sean los propios entrevistadores quienes se encarguen de llevar a cabo las labores de interpretación. Para el presente estudio, se han elegido tres encuentros digitales a modo de ejemplo porque cubren todas las posibilidades y se obtienen resultados diferentes en el contexto comunicativo. Tal y como se comenta en otros estudios sobre el ámbito (Méndez González, 2022a), se tendrán en cuenta los factores de calidad de la interpretación asentados por autores como Gile (1995) o Kalina (2000), con tres fundamentos básicos: contenido semántico, contenido lingüístico y presentación.

5.1. Interpretación exitosa

En el año 2012, la revista entrevistó en un encuentro digital a Warren Spector, un diseñador de videojuegos de fama internacional por las grandes producciones que produjo durante la década de los años 90 del siglo xx. En este caso concreto, la entrevista tiene como foco central *Epic Mickey 2: The Power of Two* (2012), el juego que dirigió para Disney Interactive Studios.[1] Dicha entrevista en directo contó con interpretación consecutiva español-inglés-español y la profesional encargada hizo un trabajo muy competente que permitió una buena comunicación entre el entrevistado, el periodista (Enrique García) y los lectores que disfrutaron el encuentro, tal y como podemos ver en los siguientes ejemplos de un par de intervenciones.

[1] Entrevista disponible en: https://as.com/meristation/2012/10/22/noticias/1350932760_109330.html

	Original	Interpretación
Entrevistador	¿Cómo valoras el *feedback* del primer Epic Mickey?	How do you value the feedback you received from Epic Mickey?
Warren Spector	Oh, we certainly got a lot of it! I think I got more fanmail and more reviews on this game than anything I've ever worked on. When you hear so much from so many people that... They want the camera system to be more effective, they want characters to speak... You have to pay attention to that. So, we try to address both of those things. And then, on top of that, give people a lot of new stuff.	Pues creo que es el juego con el que más *feedback* he recibido, más cartas de los fans. Pero bueno, cuando recibes tanta información de tantas personas tienes que aprender un poco a saber qué coger y qué no. Pero sí que por supuesto que hemos acogido todos aquellos consejos sobre mejoras de cámara y mejoras en los personajes y se va a ver todo eso implantado.

En esta intervención, se puede observar la presencia de alguna que otra omisión y algún pequeño cambio de sentido al pasar de «you have to pay attention to that» a «tienes que aprender un poco a saber qué coger y qué no». Sin embargo, es destacable lo bien que resuelve la intérprete la situación en directo ante miles de espectadores. En todo momento transmite seguridad y confianza, mantiene un buen tono de voz y consigue evitar que haya silencios o vacíos de información, haciendo gala de unas buenas técnicas de interpretación para cubrir los huecos que no entendió y, en general, lograr transmitir el núcleo del mensaje de forma más que satisfactoria.

	Original	Interpretación
Entrevistador	¿Esta nueva entrega tendrá un mundo más vivo?	A lot of the players are wanting to know if this new game is gonna have a livelier world.
Warren Spector	One of the things we really wanted to do was to make all the lands you visited richer and deeper, so there's more to interact with. I think it qualifies at livelier, yes. There's more to do, you can revisit lands and do different things... So, yeah, I'd say it's going to be much "livelier", that's a good word for it.	Sí, nos hemos entregado mucho en la causa de que el juego fuera mucho más profundo, fuera más rico, que pudieras jugarlo muchas veces, recorrer todos sus escenarios... Sin duda, «más vivo» es un adjetivo que lo define muy bien.

Una vez más, la intérprete vuelve a hacer un gran trabajo a la hora de transmitir el mensaje, con un tono y una seguridad casi perfectos. Aparte de eso, el mensaje es mucho más fiel a las declaraciones del entrevistado, sin omisiones ni cambios de sentido destacables. Este nivel es el mantenido durante los 41 minutos de entrevista, quedándose los pequeños errores como meras anécdotas en el cómputo general de un acto comunicativo que fue fluido y muy agradable para todas las partes involucradas.

5.2. Interpretación problemática

En el año 2013, la revista celebró un encuentro digital centrado en *Gears of War: Judgement* (People Can Fly/Epic Games, 2013). En este caso, el entrevistador era Javier Andrés y el invitado era Jim Brown, jefe de diseño de Epic Games. El formato y la fórmula eran idénticos a los del caso de estudio anterior, pero en esta ocasión el cómputo general no fue igual de satisfactorio.[2]

	Original	Interpretación
Entrevistador	¿Qué te parece PlayStation 4 y cómo has visto la presentación del miércoles?	(Fuera de micrófono)
Jim Brown	We were incredibly proud to be on stage and take part of it, of course, but Judgement is an Xbox 360 exclusive.	Nos comenta Jim que está muy orgulloso de formar parte del encuentro aquí y más adelante vendrán más preguntas.

En esta primera intervención del evento, de casi 49 minutos, podemos observar cómo se perdió la práctica totalidad del mensaje transmitido por el entrevistado, de tal modo que nos encontramos con una omisión casi total y una reconstrucción de un mensaje que poco tiene que ver con la pregunta del entrevistador o con la respuesta. Al tratarse de un evento en directo, el propio entrevistador tuvo que intervenir para hacer él una segunda interpretación más adecuada del mensaje y pedir disculpas al público: «Ya sabéis que, bueno, se quiere centrar exclusivamente en *Gears of War*, es una exclusiva de Xbox 360 y, entonces, dice que bueno, le ha parecido bien pero vamos a hablar solo de este juego. Perdonad por el error un poco con traducción». Es interesante destacar también que el encuentro digital estaba organizado

2 Entrevista disponible en: https://www.youtube.com/watch?v=wxlIObM1U9o

en colaboración con Microsoft, compañía responsable de la consola Xbox 360 y del propio juego, así que el hecho de que Jim Brown destacase que el juego era exclusivo de esta plataforma e ignorase la pregunta del entrevistador tenía un mensaje subyacente importante de cara al espectador.

	Original	Interpretación
Entrevistador	¿Qué le dirías a la gente que dice que este nuevo *Gears of War* parece una expansión de [*Gears of War*] 3, más bien?	What would you say about this game being an expansion of *Gears of War* number 3?
Jim Brown	Actually, when we started to make this game, we reached our fans and asked them what they wanted to see, where they wanted to go, who they wanted to be, what they wanted to do.	Lo primero, que preguntaron el *feedback* de los fans. Todos los acontecimientos que van a ir sugiriendo ha sido por el *feedback* de vosotros.
Jim Brown	When the overwhelming feedback came back, they wanted to see Emergence Day, the origin of when the Locust came in and actually attacked and destroyed the cities.	Lo que más les interesaba a ellos era saber cómo entraron los Locust a la ciudad y cómo lo destruyeron.

Como se puede observar en estas muestras de las intervenciones siguientes, la interpretación adolece de abundantes omisiones y de una transmisión poco satisfactoria del mensaje. Cierto es que en algunas de las intervenciones (que no plasmamos aquí en su totalidad por motivos de longitud) la intérprete logra hacer un trabajo bastante satisfactorio, pero en general la comunicación estaba fallando debido, sobre todo, a la abundante cantidad de omisiones de muchos elementos de terminología propia del juego. Tal fue así que, a pesar de ser un acontecimiento en directo, se produjo un cambio de intérprete a los cinco minutos. Esto es algo que pasa fuera de cámara y tan solo se percibe por una larga intervención del entrevistador, posiblemente para ganar tiempo, pero sin que hubiese ninguna explicación de cara al espectador, que pasó de oír una voz femenina a una voz masculina, ambas personas anónimas de las que no se aporta información. Esta segunda persona hizo un trabajo satisfactorio de cara al espectador que permitió que el encuentro continuase sin mucho problema.

5.3. Interpretación por el propio entrevistador

Además de los casos en los que se contó con interpretación profesional en directo, la revista también recurrió en alguna que otra ocasión a que fuesen los propios entrevistadores los encargados de dicha labor comunicativa. Es el caso que vamos a analizar a continuación, donde sería Nacho Ortiz, jefe de redacción de *MeriStation* por aquel entonces, quien se encargaría de ser el nexo comunicativo entre entrevistado y lectores de la revista. Lo haría en varios casos, tales como la entrevista a Ralph Fulton para *Forza Horizon*, con Andrew Holmes para *BioShock Infinite* o con Andrea Pessino para *The Order: 1886* (2015). A pesar de no estar formado en interpretación, el periodista toma siempre notas para no dejarse ningún núcleo de información importante y, sobre todo, demuestra tener un conocimiento bastante profundo del mercado del videojuego y de la terminología involucrada, lo cual permite que las carencias que pueda tener con respecto a las técnicas propias para ofrecer una interpretación de calidad se suplan con una transmisión más o menos satisfactoria del mensaje. Pongamos como ejemplo su entrevista a Andrea Pessino, en 2015.[3]

	Original	Interpretación
Entrevistador	He visto anuncios en los que al final aparece un licántropo, eeeh, what's the role they're gonna play inside the game? Can we control them? So, he's seen a… ahm… trailers, ah, where in the end appears a… lycan? Lycan?	---
Andrea Pessino	Lycan?	---
Entrevistador	Lycan? Or the… Right? Ah… What's the role of them inside the game?	---

(continuado)

[3] El encuentro digital completo está disponible en el siguiente enlace: https://www.youtube.com/watch?v=RUnSfPE257g

(continuado)

	Original	Interpretación
Andrea Pessino	What's the role of the lycans? Oh! The half-breeds?	---
Entrevistador	Oh, half-breeds, yeah. Not a lycan?	---
Andrea Pessino	The lycan is a type of half-breed, yeah.	---
Entrevistador	Ok.	---
Andrea Pessino	Well, werewolf is… They're the enemy, the sworn enemy of the Order. The Order was started by King Arthur a few centuries ago in order to fight the half-breeds. Before that, a few centuries before that, humans had evolved into different branches, some humans becoming much more beastly, much more primal, much more aggressive. Those kind of humans were dubbed into half-breed, or werewolves, or, you know, lycans. And for a time, because of their physical superiority, they were winning the war, they kept humans in check. Arthur created the round table, the Order, and pursued the Grail, which was this liquid, this dark liquid, a black water which gave his knights the ability to greatly expand their lifespan and also to heal their wounds a lot faster. They're still mortal, they still can die, but the Order has been sworn to fight the half-breed and it was a pivotal moment in which, thanks to t	Ok… [risas] Bueno, ahm, amigo Miguel Millán. Nos comenta que el licántropo, el *lycan*, es un tipo de *half-breed*, que exactamente no sé si se ha traducido como híbrido, que, bueno, él nos comenta que dos siglos antes de la época del rey Arturo los humanos evolucionaron en dos ramas diferentes. Por un lado estamos nosotros, personas normales y corrientes, y por otro hubo, pues, otra rama más primal, más agresiva, bueno, no sé, más… más animal, que, bueno, la llaman *half-breed* y que, bueno, más fuerte, y que empezó a dominar a los humanos, ¿no? Entonces fue cuando el rey Arturo, eeeh, bueno, convocó a sus caballeros, empezó a entrenarlos, ehm, específicamente para que pudieran defender a la humanidad de esta otra rama evolutiva y, aparte de esto, él se empeñó en buscar el Santo Grial, que el Santo Grial, lo que, una vez, eeeh, encontrado, lo que contenía era esta *black water*, esta agua negra que, una vez ingerida, eeeh, dotaba a sus caballeros

	Original	Interpretación
	he black water and the order, the war between half-breed and humans came to kind of astill score. All of this changes at the beginning of our game because of the Industrial Revolution. Humans suddenly started having machines, the have explosives and they have flying things, they have, you know, really powerful guns and supports. So, now the power is shifting in favor of the humans and, all of a sudden, the half-breed are being hunted down and losing this war. So, they play a great role, the Order is still tasked with finding and killing half-breeds.	de, eeeh, mayor periodo de vida y de curarse más rápido. Entonces, gracias a este... a los poderes del agua negra y, aparte, al entrenamiento de los caballeros, la humanidad, pues, consiguió doblegar o, digamos, empatar, dejar en un empate técnico el enfrentamiento contra los híbridos, contra los *half-breed*, y así ha sido durante siglos hasta el año 1886, la Revolución Industrial, con todos los avances, con todo lo que habéis visto en los tráilers, con las armas, la maquinaria, los dirigibles, que a partir de ahí se utilizaron, lo utilizaron los caballeros de la Orden, los descendientes de esta generación, para combatir, aaah..., a los *half-breed* y, incluso [*sic*], dominarles. Así que ahora mismo estamos hablando de que, en 1886, The Order, eh, ha doblegado a los... a los híbridos, digamos.

En esta larga intervención, que siempre suelen ser complejas para la gente que no está adecuadamente preparada para la interpretación, el periodista comete abundantes errores formales, con un gran número de pausas, momentos de duda y «eeeh», del mismo modo que alterna el mismo término en inglés y en español, muy posiblemente siguiendo el modo en que lo haya escrito en la libreta. Asimismo, el tono y el ritmo del discurso son mejorables, aunque mantiene bastante bien la compostura ante el público, algo de esperar al estar, seguramente, acostumbrado a estar frente a la cámara. En definitiva, que se nota que no es intérprete y no tiene ni técnicas, ni estrategias, ni experiencia para afrontar un discurso de estas características. A respecto del mensaje también comete omisiones (como que los personajes no son inmortales, el juramento realizado o que van ganando la guerra) y tiene alguna que otra reformulación en la que deja entrever, tal y como comentábamos antes, su conocimiento de la industria y, en este caso, del juego en sí mismo, ya que añade datos e información no facilitados por el orador pero que son correctos en el contexto del juego (como el dato del año, el usar «dirigibles» para «flying things» o el detalle de que los protagonistas son los descendientes de los caballeros originales). Aunque no ofrezca la claridad y la fluidez de un profesional, el mensaje se transmite de forma adecuada al espectador del evento.

6. Conclusiones

Casi la mitad de la población de España es consumidora de videojuegos y jugadora habitual, lo cual ha supuesto un crecimiento igual de importante en el interés por medios especializados y la cobertura de eventos. Derivado de ello, se constatan diversas necesidades de traducción e interpretación de cara a satisfacer los intereses de las empresas de desarrollo y del público receptor. Tal es así que a día de hoy nos encontramos un gran número de eventos de diversa índole que cuentan con interpretación especializada en el ámbito de los videojuegos; sin embargo, al tratarse de ámbitos recientes, aún son pocos los estudios académicos a este respecto y los profesionales de la interpretación especializados en el ámbito. Al centrarlo en un entorno específico como es el de la prensa especializada, hemos observado, tras realizar un análisis de diversas interpretaciones, que las dinámicas que se están empleando a nivel profesional son muy diversas y, del mismo modo, ofrecen resultados muy diferentes. Así como la presencia de profesionales de la interpretación permite disfrutar al público de un gran trabajo y de un diálogo fluido en las entrevistas, también es cierto que las complejidades terminológicas pueden romper el acto comunicativo e, incluso, en ocasiones los propios periodistas deciden hacer las veces de intérpretes para paliar esas carencias del conocimiento del sector (aunque, en ocasiones, muchas veces las decisiones vengan motivadas por razones económicas). El grado de especialización del público y del sector hace que la preparación terminológica y el conocimiento previo cobren una gran importancia, no menor al de la interpretación de congresos o conferencias. Es por eso por lo que se antoja de vital importancia concienciar a las nuevas generaciones de intérpretes de la salida profesional que existe por esta vía y de todas las posibilidades laborales que se les presentan, de cara a una adecuada formación especializada en un ámbito bastante más complejo de lo que pueda parecer en un primer momento.

Referencias bibliográficas

Asociación Española de Videojuegos (2020). *La industria del videojuego en España. Anuario 2019.* Recuperado el 16/10/2021 de https://bit.ly/2MhXbMQ.

Baer, Ralph (1996). Who Did It First? *Welcome to PONG-Story: The Site of the First Video Game.* Recuperado el 16/10/2021 de https://www.pong-story.com/inventor.htm.

Bernal Merino, Miguel Ángel (2006). On the Translation of Video Games. *The Journal of Specialised Translation*, 6, pp. 22–36.

Bernal Merino, Miguel Ángel (2008). Training translators for the video game industry. En Jorge Díaz Cintas (ed.), *The Didactics of Audiovisual Translation* (pp. 141–155).

Bernal Merino, Miguel Ángel (2011). A brief history of Game Localisation. *TRANS: Revista de Traductología*, 15, pp. 11–17.

Bernal Merino, Miguel Ángel (2015). *Translation and Localisation in Video Games*. Oxford: Routledge.

Bernal Merino, Miguel Ángel (2018). Creativity and playability in the localization of video games. *The Journal of Internationalization and Localization*, 5 (1), pp. 74–93.

Calvo-Ferrer, José Ramón (2012). *Videojuegos y aprendizaje de segundas lenguas: análisis del videojuego The Conference Interpreter para la mejora de la competencia terminológica* (tesis doctoral). Universidad de Alicante.

Casanova Gómez, Ibrahim (2014). *La interpretación de conferencias especializada en el sector de los videojuegos* (trabajo final de grado). Universitat Jaume I.

del Castillo, Carlos (2022, 2 de febrero). Avalancha de millones en la industria del videojuego en busca de «la próxima superplataforma». *elDiario.es.* Recuperado el 09/02/2022 de https://www.eldiario.es/tecnologia/avalancha-millones-industria-videojuego-busca-proxima-super-plataforma_1_8706990.html.

Chandler, Heather (2005). *The Game Localization Handbook*. Massachusetts: Charles River Media Inc.

Collados Aís, Ángela y Fernández Sánchez, María Manuela (2001). *Manual de interpretación bilateral*. Granada: Comares.

Dunne, Keiran (2006). *Perspectives in Localization*. Amsterdam/Philadelphia: John Benjamins.

Fernández Costales, Alberto (2011). Adapting humor in videogames localization. *Multilingual Computing*, 22, pp. 33–36.

Fernández Costales, Alberto (2012). Exploring translation strategies in video game localization. *MonTI. Monografías de Traducción e Interpretación*, 4, pp. 385–408.

Fernández Costales, Alberto (2014). Video game localization: adapting superheroes to different cultures. *Quaderns. Revista de Traducció*, 21, pp. 225–239.

Gile, Daniel (1995). *Basic Concepts and Models for Interpreter and Translator Training*. Amsterdam/Philadelphia: John Benjamins.

González Sánchez, José Luis (2010). *Jugabilidad. Caracterización de la experiencia del jugador en videojuegos* (tesis doctoral). Universidad de Granada.

Gros Salvat, Begoña (2008). *Videojuegos y aprendizaje*. Barcelona: Editorial Graó.

Hunter, W. (2000, 1 de septiembre). From 'pong' to 'pac-Man': designboom article. *Designboom*. Recuperado el 16/10/2021 de https://www.designboom.com/eng/education/pong.html.

Kalina, Sylvia (2000). Interpreting competences as a basis and a goal for teaching. *The Interpreters' Newsletter*, 10, pp. 3–32.

Kent, Steven L. (2001). *The Ultimate History of Video Games*. New York: Three Rivers Press.

Lepre, Ornella (2015). *The translation of humor in video games: a case study* (tesis doctoral). University College London.

Malliet, Steven y de Meyer, Gust (2005). The History of the Video Game. En Joost Raessens y Jeffrey Golsdtein (eds.), *Handbook of Computer Game Studies* (pp. 23–45).

de Meyer, Gust; Malliet, Steven y Verbruggen, David (2001). *Videogame lexicon*. Diegem: Kluwer.

Méndez González, Ramón (2012). Traducir videoxogos dende a paratradución. *Viceversa*, 17–18, pp. 141–158.

Méndez González, Ramón (2013). Localización de videojuegos: necesidades y posibilidades de la traducción del siglo XXI. En Xoán Montero Domínguez (ed.), *Traducción para la comunicación internacional* (pp. 57–69).

Méndez González, Ramón (2014a). Traducir para un nuevo entorno cultural: el sector de los videojuegos. En Xoán Montero Domínguez (ed.), *Traducción e industrias culturales, nuevas perspectivas de análisis* (pp. 105–119).

Méndez González, Ramón (2014b). The Terminology of the Video Game Industry: A New Type of Specialised Language. En José Ramón Calvo-Ferrer y Miguel Ángel Campos Pardillos (eds.), *Investigating Lexis: Vocabulary Teaching, ESP, Lexicography and Lexical Innovation* (pp. 191–204).

Méndez González, Ramón (2014c). Localización de videojuegos: paratextos materiales e icónicos. *Scientia Traductionis*, 15, pp. 77–93.

Méndez González, Ramón (2015a). *Localización de videojuegos: fundamentos traductológicos innovadores para nuevas prácticas profesionales*. Vigo: Servizo de Publicacións da Universidade de Vigo.

Méndez González, Ramón (2015b). La localización como factor clave en el proceso de desarrollo de un videojuego. *adComunica. Revista de Estrategias, Tendencias e Innovación en Comunicación*, 9, pp. 77–95.

Méndez González, Ramón (2019a). Aproximación a la interpretación en el ámbito de los videojuegos. *Sendebar*, 30, pp. 279–299.

Méndez González, Ramón (2019b). Specialized Terminology in the Video Game Industry: Neologisms and their Translation. *Vertimo Studijos*, 12, pp. 72–87.

Méndez González, Ramón (2020). Necesidades comunicativas en nuevos entornos de trabajo: la interpretación en el ámbito de los videojuegos. En Carla Botella, Javier Franco y Catalina Iliescu (eds.), *Translatum nostrum. La traducción y la interpretación en el ámbito humanístico* (pp. 223–234).

Méndez González, Ramón (2022a). *La interpretación en el ámbito de los videojuegos: fundamentos teóricos y prácticos*. Fráncfort: Peter Lang.

Méndez González, Ramón (2022b). Perspectivas de la localización de videojuegos: complejidades y problemáticas traductológicas del siglo XXI. *Quaderns de Filologia: Estudis Lingüístics*, 27, pp. 153–170.

Méndez González, Ramón (2022c). Localización de videojuegos: herramientas formativas para nuevas prácticas traductivas y paratraductivas. *Meta*, 67(3), pp. 558–574.

Méndez González, Ramón (2024). «Localizar videojuegos en entornos transmedia e intertextuales. En Françoise Richer-Rossi y Stéphane Patin (eds.), *Le transmédia dans les industries culturelles et créatives* (pp. 83–98).

Méndez González, Ramón y Calvo Ferrer, José Ramón (2017). *Videojuegos y [para]traducción: aproximación a la práctica localizadora*. Granada: Comares.

O'Hagan, Minako y Chandler, Heather (2016). *Game localization research and translation studies: Translation Studies and other disciplines*. Amsterdam/Philadelphia: John Benjamins.

Seljan, Sanja y Katalinić, Josip (2017). *Integrating Localization into a Video Game* (conferencia). INFuture2017: Integrating ICT in Society, Universidad de Zagreb, Zagreb, Croacia.

Winter, D. (1996). *Welcome to PONG-Story: The Site of the First Video Game*. Recuperado el 16/10/2021 de https://www.pong-story.com/intro.htm.

Yuste Frías, José (2012, 23 de marzo). *Fun for All 1: Videojuegos y paratraducción*. Web de José Yuste Frías. Recuperado el 16/10/2021 de https://shorturl.at/LeEv9.

Yuste Frías, José (2014). Traducción y paratraducción en la localización de videojuegos. *Scientia Traductionis*, 15, pp. 61–76.

The professionalization of scanlation: the case of fan translation in *Detective Conan*

*Alba Quintairos-Soliño**

ABSTRACT

Scanlation, which is often simply described as the "translation by fans for fans" (Valero Porras & Cassany, 2017), is a translation process that usually involves Japanese as a source language and manga as the translated product. Given its illegal nature, scanlation cannot be considered a professional activity. However, many scanlation teams have evolved toward their 'professionalization', adopting workflows and job specializations typical from editing processes to obtain the highest quality in the shortest possible time. This chapter aims to shed light on the evolution of scanlation teams to learn how fan communities understand the translation process and what features are considered key to provide an acceptable product. To achieve this goal, scanlation teams specialized in Gōshō Aoyama's manga *Detective Conan* (1994–nowadays) have been analyzed attending to their editing process, products, and chronological progression. Thus, the ultimate purpose of this study is to comprehend how scanlations may affect official translations.

Keywords: scanlation, *Detective Conan*, professionalization, manga, translation process, fan-based communities.

1. An introduction to scanlation

Often simply described as the "translation by fans for fans" (Valero Porras & Cassany, 2017), scanlation (from *scan* + *translation*) is an activity with multiple definitions that tend to highlight the different tasks in which it is divided. According to Leavitt (2010), it is "the scanning, translation, editing, and sharing of foreign comics, specifically Japanese manga, by fans, for fans." However, introducing the adjective *foreign* is inaccurate and problematic, since it denies scanlators—and, by extension, translators—the possibility of inverse translation, that is, the ability of translating from their native

* Universidade de Vigo, Grupo de Investigación en Tradución & Paratradución (T&P). ORCID: 0000-0003-0064-1695.

language into another (Shuttleworth & Cowie, 2014, p. 90). In this regard, other definitions add new information:

> The term *scanlation* (a blend of *scan* and *translation*) refers to scanning, translating, editing and distributing mangas freely—and illegally—online as done by traditional groups of fans or scanlators. (Valero Porras & Cassany, 2017)

> Scanlation, a portmanteau of *scan* and *translation*, is the act of amateur translators translating digitally scanned manga, most often manga not available in the West, and releasing it to the fans online. (Gyllenfjell, 2013, p. 5)

Valero Porras and Cassany's description of scanlation is, by far, the most critical one, emphasizing the illegal nature of the activity. It also introduces a very important feature: scanlations are created and distributed online. At the other end of the spectrum, Gyllenfjell focuses on the benefits of the activity, underlining the fact that scanlating a work that has not been translated into a certain language allows the target community to know a hitherto unavailable product.

Another key concept introduced in both definitions is *manga* (Japanese comics). Undoubtedly, Japanese comics are the most common target of scanlation, so they have to be mentioned. However, *manhwa* (comics from South Korea) and *mànhuà* (comics from China and Taiwan), among others, are gaining ground. Hence, it would be more precise to say that scanlation is a translation process that *usually* involves Japanese as a source language and manga as the translated product.

If all these nuances are considered, Fabretti's description of scanlation (2016, p. 86) stands as the most accurate and comprehensive:

> The practice of scanlation includes a number of activities such as editing, translating and typesetting; each of these activities may be carried out by different people working as a group or, less often, by an individual scanlator carrying out all the tasks by him/herself. While any type of graphic narrative can be scanlated, by far the most common form of scanlation online is the translation of Japanese graphic narratives (known as *manga*) into English.

Another definition, simpler and effective, is the one proposed by Doria (2009), a compiler of scanlation history who used to work under the pseudonym of 'Gum':

> Scanlation (n.): 1. The unofficial act or process of scanning, translating, and editing comics (usually Japanese manga) that modifies the work into the distributor's language. 2. A translated comic that has been unofficially modified from a foreign work. *Other forms: scanslation, fanscan.*

Doria's approach is one of the most neutral, avoiding tricky terms like 'illegal'—which has been changed into 'unofficial'—and mentioning the overwhelming predominance of *manga* without rejecting other types of comics.

Given its illegal—or unofficial—nature, scanlation cannot be considered a professional activity. However, many scanlation teams have evolved toward their 'professionalization', adopting workflows and job specializations typical from editing processes to obtain the highest quality in the shortest possible time. This chapter aims to shed light on the evolution of scanlation teams to show how fan communities understand the translation process and what features are considered key to provide an acceptable product. To achieve this goal, scanlation teams specialized in Gōshō Aoyama's manga *Detective Conan* (1994–nowadays) have been analyzed attending to their editing process, products, and chronological progression. Thus, the ultimate purpose of this study is to comprehend how scanlations may affect official translations.

2. Scanlating *Detective Conan*

Since 1994, the Japanese author Gōshō Aoyama has published more than a thousand files (that is, chapters) of *Meitantei Conan*, a manga internationally known as *Detective Conan*. It became so popular that, in 1996, an *anime* was released—in Japan, new episodes are aired every week—and, year after year for more than two decades, its new movies have been hitting cinema screens all around the country. The story of a high-school detective who is attacked by some criminals and whose body turns into that of a 7-year-old boy due to an experimental drug has generated benefits of billions of yens (Loo, 2010) and enjoys an international impact, with its manga volumes being sold in more than 25 countries (Tottori Prefectural Government Tourism and Exchange Bureau International Tourism Attraction Division, 2023). Therefore, it is not surprising that there is a large fan community eager to read the latest adventures of the young detective. Nevertheless, the gap between the Japanese edition and its official translations (e.g., 3 years in the case of the Spanish edition, and nine in the case of the English version) turns following the plot into a difficult and exasperating activity for the avidest fans.[1] This would be one of the reasons why scanlations exist, as Inose (2012) suggests:

> It [scanlation] could provide the translation of new chapters of manga series just few days after its initial publication in Japan, whereas the official translation of a compiled volume could take months before the publication.

Furthermore, Inose (2012) also points out to a second reason: "to read many manga works that are never translated and published in foreign markets." Along the same lines, Hirata and Gushiken (2012, p. 129) justify the existence of scanlation by pointing directly to the lack of correspondence between supply and demand:

> A falta de licenciamentos de mangás por editoras estrangeiras praticamente forçou os leitores de outros países, que se mostraram persistentes no consumo do produto, a buscar maneiras diversas para terem acesso a revistas originais, publicadas no Japão.[2]

On the basis of Gravett's study, Hirata and Gushiken (2012, p. 129) also suggest that this lack of licenses would be explained by the fact that manga works were never created to be sold abroad.

Continuing with Inose's and Hirata and Gushiken's approach, in an interview with several scanlators, Deppey (2005) received the following explanation from one of the interviewees when they were asked about ethical considerations and scanlated works: "I would rather focus my efforts on bringing to light the estranged corners of the medium and showing what incredible depth the world of manga has to offer."

---

1 At the same time, a gap between the manga and its different adaptations (including anime, movies and videogames, among others) is produced. Therefore, having access to one of these products—which usually have a minimum delay between being released in Japanese and being translated into other languages—without having read the manga could expose fans to major spoilers.

2 "The lack of licenses of manga by foreign publishers virtually forced the readers from other countries — who were persistently consuming this product — to find new ways of having access to the original magazines that were being published in Japan" (own translation).

Detective Conan is nowadays a very well-known manga, so the current reason to scanlate it should be the delay between the release of files in Japan and the publication of official translations in English and other languages. Nevertheless, it must also be considered that, at the end of the twentieth century, the main motive to scanlate this work may have been the one suggested by Deppey's interview: giving access to a new manga that scanlators considered 'worthy'.

2.1. Toward professionalization: the evolution of scanlations through *Detective Conan*

Copyright issues have led to the disappearance of many scanlation teams and websites. However, it is still possible to trace the origins and evolution of some of these groups.

Various scanlators have worked on their own translated versions of *Detective Conan*, something very common in fan translation, as Inose (2012) points out: "As it often happens, the popular series are scanlated by more than one group at the same time." One of the scanlations that can be found online is authored by Blink (editor) and Stephen (translator). Their work has been reuploaded in 2019; however, information about Stephen being a scanlator dates back to 2001, approximately, when he heard about 'scanlation' for the first time and joined a group[3] (Deppey, 2005). Therefore, and given that Stephen is no longer active, it is not unreasonable to assume that Stephen and Blink's translation of *Detective Conan* is one of the oldest. In the reuploaded version, it can be appreciated that the quality of the scanned pages is quite decent, but the inserted text (i.e., the translation) lacks definition, as some pixels can be easily observed. Moreover, onomatopoeias and mimetic words within the image have not been translated, which is remarkable: even though leaving them in Japanese is a common feature of official translations, scanlations often include their translation because translators attempt "not to omit anything" (Inose, 2012). Also, it is noteworthy that the team only comprises two people, something undoubtedly more common at the origins of scanlation than nowadays. All in all, this translated version's appearance would seem to be more rudimentary than most recent ones.

3 This is not surprising, given that the first modern scanlation group, Mangascans, appeared around 2000 (Doria, 2009).

The scanlation activity is complex because it involves a whole editing process, so it is not surprising that it has evolved from a one-person hobby to an occupation organized and carried out by a coordinated team. Valero Porras and Cassany (2017) state that these groups are formed by "nonprofessional volunteers" who see themselves as "non-profit publishing pirates." Even though this is partially correct, the truth is that nowadays it is not uncommon to find professional translators among the most prestigious teams. This is the case of the scanlator known as 'Yunnie-chan', who started scanlating *Detective Conan* in 2016 (Yunnie, 2017; Korn Scans, 2018). In her personal blog, she described herself as "an economically-focused Japanese-English translator by trade" who is also "a DC [Detective Conan] fan translator" (Yunnie, 2017).

Yunnie's case is very representative of the professionalization of scanlation, maybe due to her job outside the fandom. She first belonged to Irregular Scans (IRS), a team specialized in mystery manga, where she translated Aoyama's work. Later, she left IRS and started scanlating for Beika Street Irregulars—better known as 'BSI Scans'—a group only focused on *Detective Conan* content. Not many big scanlation groups are overspecialized as this one, as working on several projects at the same time is more usual (Fabretti, 2016, p. 88). However, due to the wide range of contents derived from *Detective Conan* and its immense number of files, it is feasible for a medium/large scanlation team to center on just one product—something typical of the smallest groups—(Fabretti, 2016, p. 88). Specialization is a trend in the Translation field: the *State of the Translation Industry Reports* published intermittently from 2010 to 2020 show that translators are becoming more efficient and specialized because "specialization as a trend plays closely into productivity, quality, and translation price" (ProZ, 2020). Hence, scanlation and professional translation go hand in hand: both tend to be specialized because it increases the quality of the product. Nevertheless, Martin (2011) claims that professional translators usually refer to a broad field when they should specialize in a more particular topic: "Such categories will have to be broken down into relevant sub-categories that reflect specific types of knowledge and skills, while also constituting relevant and viable areas of specialization."

Regardless of the necessity of overspecializing or not, it cannot be denied that scanlation is one step ahead, with fan translators being experts in a particular genre, author or work, rather than in a field.

As explained before, the quick release of scanlations is one of the reasons they exist. Moreover, when several teams translate the same work, a competitive environment is generated. Still, BSI Scans established quite generous deadlines (usually, of a week or even more), while other teams often disseminate their translations a couple of days after the Japanese publication:

> We've[4] been working diligently to implement a schedule that will see us release chapters more quickly, while maintaining the high quality we aim for. *Our goal is to have each chapter out within two weeks of its Japanese release*. Once we're hitting this target consistently, we'll shoot to bring that down to one week, but we don't want to overpromise and under deliver to you. (Reiwa Holmes Organization [RHO], 2021; emphasis added)

Within this context, Yunnie created a new scanlation style that is gaining ground nowadays: instead of inserting the translated text into the panels, she put it below each scanned page, separating the different dialogues in paragraphs according to panels, gutters and characters' speeches. The result was a vertical succession of pages with what it would look like to be a description under each of them—i.e., the translated text—. Yunnie's aim was to offer a very fast translation of medium quality just few hours after the Japanese release. Then, she worked with BSI Scan to produce a higher quality version with the text inserted within the panels. Thus, the most enthusiastic fans could have access to the new file sooner and then re-read it a week later, enjoying a more professional and meticulous product.

Yunnie's method had another advantage for the fandom: the text-below-images translation allowed her to easily include her comments and thoughts in square brackets within the translation itself. This practice may not be accepted in a professional environment, but it was very appreciated among her readers. This is due to fan communities of manga belonging to

4 Here, 'we' stands for Reiwa Holmes Organization, a scanlation team derived from BSI Scans, as explained below.

what Jenkins coined as "participatory culture" (Garner, 2019, p. 4). This means that fans are recharacterized "as valued contributors to a cultural machine" where their community blurs "the boundaries between media production and consumption," which generates "new arguments and interpretations of the source material" and creates a "cultural and social identity" (Garner, 2019, p. 4). Thus, Yunnie perfectly understood the context in which she was producing her translations and directly promoted the interactive nature of manga culture from scanlation.

With the sudden death of Yunnie in 2018 and the copyright issues derived from the use of the scans, BSI slowed down their releases (Korn Scans, 2018; BSI Scans, 2018). In 2021, the old members abandoned the group, so the collaborators who remained changed its name to Reiwa Holmes Organization (RHO). The RHO issued a communiqué in May 2021 where they explained the reason of the changes:

> We haven't met the standards that our fans have come to expect from BSI, something we take very seriously. Those of us still working to bring you new chapters no longer want the pressure of tarnishing the great reputation of BSI, and with so many new faces, we believe it's time to regroup and rebrand for a fresh start.

As it can be seen, BSI had a good reputation among the fans, mostly derived from the quality of their product. This is important to note because, as Inose (2012) has proved, generally, "there are number of inaccuracies in the translation used in the scanlation." To achieve a higher quality, the candidates that would like to join BSI as collaborators needed to pass a quality test during the recruitment process. For instance, aspiring translators from Japanese into English must "translate a few test pages to verify [their] level," whereas applicants to a quality-checker position must have "extensive previous Quality Checking experience (including proofreading and typesetting) in Scanlation Works" (Mak_Baka, 2020). Contrary to Inose's (2012) suggestion that scanlation is a tool to learn a language and to practice translation skills, recent trends show that scanlators must have a good command of languages, as well as certain knowledge about the translation process. Thus, scanlation is gradually becoming an unpaid profession, where scanlators must be specialized and already trained, having little room for preparation. Certainly, a new similarity between fan and professional translation arises: this type of application, where a translation test is included, runs parallel to those of translation agencies.

From these recruitment notices spread by scanlation teams, it can also be deduced that fan translation does not only require a specialization in a genre or an author: it also implies specializing in a task according to one's expertise. In this regard, Valero Porras and Cassany (2017) are clear: "scanlation is highly structured." What is more important, they have also observed that, "although the work is voluntary and not paid, the vocabulary they use is related to a professional environment."

In Table 14, the different roles that can be held in five scanlation teams can be observed. These teams are the main contributors—in English language—to *Detective Conan* in Mangadex, a website that compiles scanlations. As it can be seen, the most common positions are "translator," "cleaner" and "typesetter." In addition, even though sometimes they are not mentioned, it is obvious that teams have a "raw scout" that provides them with the original text. Thereby, Valero Porras and Cassany (2017) defined the "raw scout" position as that of the "responsible for obtaining the 'raws' (scanned pages of manga in the language they are translated from)." On the other hand, "cleaners digitally clean the text of the scanned pages," whereas typesetters insert the translated text "into the clean page."

Furthermore, teams have evolved into more professionalized environments and the most complex ones include positions such as "redrawer" (a person in charge of redrawing images affected during the cleaning process) or "proof-reader" (who must review the texts and check that they have been correctly inserted into the panels). BSI Scans and its derived group RHO Scans also include a "quality checker," who shares responsibilities with the proof-readers, and a "translation checker," an experimented translator who has to review that the translation is correct. On another note, Anonscans has a position to color the covers of each file ("Page-cover colored"), even though most teams avoid this practice to offer a reading experience closer to the original where Aoyama's work remains intact. In any case, as the reports by ProZ (2020) indicated, a correlation between quality and specialization can be traced by observing the structure of scanlation teams: thus, BSI Scans and, by extension, RHO Scans are the groups providing the highest quality versions, as well as the ones with a more elaborated organization.

Table 14. Roles implied in the scanlation process according to the credit pages of several *Detective Conan* scanlation teams

	BSI Scans	RHO Scans	Korn Scans	Anonscans	Team Black QLCs
Positions	Raw Scout	Raw Scout	Cleaners	Raw and Clean	Translation
	Redrawer	Cleaner	Translators	Page-cover colored	Redraw
	Translator	Redrawer	Typesetters	Translation	Clean
	Typesetter	Translator	Proof-readers	Check	
	Other[5]	Translation checker		Typesetting	
		Typesetter			
		Proof-reader			
		Quality checker			

Furthermore, a figure similar to the *freelancer* can also be found. Some people who is expert in one of the abovementioned roles may collaborate with several groups at the same time, as Khalil (2020)—an expert in writing code and proofreading—shows in their profile: "Proofreading: 5 files in BSI; 223 in Korn Scans; 1 in White Top Head Scans and 11 in Criminal Scans." Whereas BSI and Korn Scans are specialized in *Detective Conan*, White Top Head Scans translates *Magic Kaito* and Criminal Scans works with *Hannin no Hanzawa-san*. All of these works are related to Gōshō Aoyama, so Khalil's profile may be an indication that, even for 'freelancers', an overspecialization is required.

An interesting case is that of Korn Scans, a team created in 2017 with the aim of re-translating *Detective Conan*'s old cases to increase their quality. The following excerpt was extracted from an interview to Korn, the leader

5 BSI Scans do not usually specify other tasks, such as quality checking or proofreading, in their credits and simply insert a thank-you note mentioning several contributors. However, several recruitment notices about these positions can be found in their personal social networks.

of the group, and summarizes the reasons that led them to scanlate again the whole series until file 999:

> *Detective Conan* [...] has the majority of the chapters buried in such poor scan quality, translation, and typesetting and these chapters are everywhere on the internet and the fans just have to accept it as it is [...]. Not to mention that the accuracy of the content itself is highly questionable [...]. Later on, I also learn [sic] that even the later chapters, which were done with much better resources, also had problems of their own, such as critical main plot misinterpretation, not-good-enough scans, etc. (Yuzu, 2018)

Korn Scans was not a conventional group, since it did not work with new chapters, provide quick translations or translate an unknown work. Actually, it was a scanlation team that did not comply with any of the motives these groups use to justify their existence—and that have already been explained in this chapter—. Once their aim was fulfilled, Korn Scans was disbanded.

Not always these groups disappeared. Sometimes they change their function, as it happened with Detective Conan Translation Project (DCTP), a group that translated manga, anime and videogames related to Aoyama's story. The team was active until 2014, when the copyright holders of *Detective Conan* in the USA threaten to take legal actions against them (GenNext, 2014). DCTP stopped their activity and was repurposed as a news website about *Detective Conan* that includes a relatively active forum about Aoyama's complete work and a chat with latest spoilers. According to AniDB's records (n.d.), DCTP has around 220 GB of translated content (296 episodes, 28 anime entries, 494 manga files and 1 videogame). Moreover, the multimodal nature of the group—scanlating, fansubbing and localizing videogames—shows again that scanlators can organize themselves into complex structures of collaborators and act like a translation agency.

2.2. Technical features of *Detective Conan*'s unofficial translations

Even though they share similarities, fan translations have certain features that make them different from official translations. In the first place, many non-English scanlations are indirect translations with English as an intermediate language—something usually avoided in official translations due to the assumption that "bridge translations" have less quality (Quintairos Soliño, 2017, pp. 1–3, 6)—. Notwithstanding, English scanlations tend to be done directly from Japanese. This disparity on the criteria applied can be explained if the lack of translators with good Japanese skills in non-English teams is taken into account. Moreover, it must be noted that, in the case of *Detective Conan*, copyright issues derived from using Japanese raws led some scanlation teams to use raws in Chinese, which help them avoid this issue.

On the other hand, Inose (2012) points to fan translation possibly having a "more 'foreignizing' attitude compared to the professional translation." Foreignization is a translation strategy that "signifies the difference of the foreign text, yet only by disrupting the cultural codes that prevail in the target language" (Venuti, 2008, p. 20). Professional English translations tend to domestication, a strategy that provides a more fluent text, but reinforces an ethnocentric attitude to other cultures (Quintairos Soliño, 2017, p. 7). Contrary to official translations, scanlations usually emphasize the cultural background of the work by maintaining most of the cultural references—including honorifics, unmirrored pages, etc.—almost unaltered. According to Lorenzo (2014, p. 36), among other reasons, paternalism is produced when a translator introduces certain domestications to facilitate the comprehension of foreign cultural elements. Thus, there is no doubt that scanlators often avoid paternalistic behaviors. In this regard, Garrison (2013, p. 28) observes that there is a "tendency for fans to become interested in and fixate on Japanese culture," which led the scholar to the following conclusion: "Fans of anime and manga are, I believe, attracted to the Japanese flavor of their interests" (Garrison, 2013, p. 28). This is evidenced by GenNext's (2014) remarks on domestication, which show a total rejection of this strategy:

> Why those changes? Oh, why! Why is my worst nightmare coming true! Most of the cast's names have been changed to sound more "American", and it's horrifying. [...] I'm also reflecting on all of the Japanese cultural moments that were so eloquently translated by DCTP. VIZ Media just loves to take Japanese tradition and culture, and STOMP America all over it!

Garrison (2013, p. 30) claims that "some aspects of Japanese don't always translate." To overcome this problem, it is quite common that scanlators resort to translator's notes (hereinafter, T/N). This practice is avoided in official translations, but, in scanlation, the majority of readers does not "simply tolerate the presence of T/N, but actually favors them" (Fabretti, 2016, p. 101). It can be argued that T/N hinders the reading experience. However, manga readers "might be acquiring more open attitude toward another culture" through these translations (Inose, 2012), as well as learning "language and cultural information in context" (Garrison, 2013, p. 30).

Foreignization also leads scanlators to translate even "advertising and other information for readers [that] are written in the margin of the page" (Inose, 2012). For Inose (2012), translating this information is not justified because it "would not be interesting for the readers of scanlation." The author suggests that these paratexts are translated because fan translation aims at providing a reading experience really close to that of Japanese readers. However, in the case of *Detective Conan*, these translations have another function: they are useful to know when spoilers and new files would be released—especially when the manga is on hiatus—and to calculate when to expect a new scanlation. Also, there are comments on the margins made by the editors or the author that are worthy to read, as they provide clues about the next chapter, for instance.

Finally, fan translators usually include a credits page at the beginning or the end of each file. The names of all—or, at least, almost all—the collaborators are listed in it. Scanlation may be an unremunerated activity, but scanlators seek the "prestige or recognition in their respective fandoms" (Vazquez-Calvo *et al.*, 2019, p. 205). By contrast, in the professional field, the writer Patricia Thang (2016) realized that "the translator's name did not appear on the cover" of most of her translated books and, if it was included, "it was in a small font and placed such that it wouldn't stand out." Katan (2011, p. 146) also reflects on the status of professional translators and concludes that translation is an activity with "no relative social or professional status" and that there are "no agreed indicators of the translator's status." Furthermore, the European Council of Literary Translator's Associations (CEATL) states that "having the name of the translator mentioned on the front cover of the book is not a common practice in Europe" (CEATL, 2011). In this context, manga communities seem to be more committed to reinforce the prestige and recognition of the Translation field, including the pseudonym of the team members in the translated files and donating money to support the groups they prefer—money used to buy raws and other necessary material.

3. Conclusions

Comparing the functioning of the analyzed scanlation teams with the studies carried out by scholars specialized in fan translation, such as Valero Porras and Cassany (2017), Inose (2012) or Fabretti (2016), among others, shows that scanlation trends evolved very quickly to adapt this activity to the needs of manga readers.

The analysis of *Detective Conan* scanlations suggests that these groups have a natural tendency to organize themselves in operational structures similar to those of an editorial process. In the words of Valero Porras and Cassany (2017), "scanlation groups develop forms of organization protocols and their own self-regulating norms." The tasks in which scanlation is divided are assigned to collaborators specialized on those roles and their work constitutes their portfolio when they apply for a position in another team. Thus, regardless of being an unpaid voluntary hobby, not anyone can participate in it, given that applicants must have proven experience or pass a test to be accepted. Also, apart from a specialization in a certain task, scanlators are usually overspecialized in an author, work or genre—in this case, Gōshō Aoyama, *Detective Conan* and Mystery, respectively.

Another key point is quality: scanlation is often regarded as a hobby that provides low-quality products. However, the observed teams prove that readers value a higher quality, preferring those groups that offer a good translation—to the point that RHO Scans decided to change both their name and how they work to avoid "tarnishing the great reputation of BSI" (2021). This has also been noticed by Valero Porras and Cassany (2017), who claim that the target of scanlation is "a knowledgeable transnational readership who demand quality products with minimum delay." In this regard, a connection between specialization and quality has been observed, with the most specialized groups (BSI and RHO) leading the ranking of the most valued *Detective Conan* scanlation teams.

Regarding the correlation between scanlation and the manga industry, Hirata and Gushiken consider that fan translation is a practice against capitalism, since it confronts the accumulation of goods: "apresenta-se como uma espécie de economia contemporânea de dádivas, atualizada na cibercultura"[6]

[6] "It is presented as a sort of contemporary barter economy, but actualized to cyberculture" (own translation).

(2012, p. 134). This barter-like transaction reinforces the sense of collectiveness that Garner (2019), using Jenkins' term, described as 'participatory culture': "Leitores com habilidade em tradução [...] ajudam outros leitores, que não têm conhecimento ou não são fluentes no idioma, a ter acesso às histórias, reforçando o sentimento de coletividade dos fãs, ainda que o contato seja apenas via Internet"[7] (Hirata & Gushiken, 2012, p. 135).

Thus, scanlation and official translations have developed a symbiotic relationship, being the former the foregoing activity that sets the pace of the main fandom. Nevertheless, both are a model for each other. On one hand, scanlation learns from official translations those aspects related to the professional side of the activity, including strategies, techniques and workflows. On the other hand, professional translators need to consider "'lo que han leído los fans' [...] a la hora de tomar decisiones de adaptación para los productos profesionales,"[8] even when this may be a hindrance due to some decisions not being optimal within the professional context (Ferrer Simó, 2005, pp. 42–43). Besides, fan translation is currently using complex workflows comparable to those of the editorial environment—despite being more rudimentary in some instances—but applying much shorter deadlines. This would demonstrate the learning capacity of scanlators, who are able to implement editorial-like techniques and organizations to disaggregated teams.

Scanlation is an elaborated operation prone to professionalize itself as it is linked to its readers' demand, just like professional translation is connected to the market demand. *Detective Conan* scanlation teams have shown how the groups devoted to this manga have evolved for more than two decades. However, it is undeniable that this research has not been comprehensive, given that there are numerous scanlation teams and thousands of manga works that may use different logics. Therefore, more research about the evolution and professionalization of these groups is needed, especially if their fast development and their inexorable implications regarding official translations are taken into account.

7 "Those readers with translation skills [...] help other readers—without skills or fluency in a certain language—to have access to the works, reinforcing the fans' sense of collectiveness, even when their contact is online" (own translation).

8 "'What the fans have read' [...] when deciding about adaptations regarding professional products" (own translation).

References

AniDB (n.d.). *Group: Detective Conan Translation Project*. Retrieved from https://anidb.net/group/64.

Aoyama, G. (1994–nowadays). *Detective Conan*. Chiyoda: Shogakukan.

BSI Scans (2018). *Beika Street Irregulars (BSI Scans)*. Retrieved from https://web.archive.org/web/20180810081203/https://bsi-scans.tumblr.com/.

Deppey, D. (2005, July 13). Scanlation Nation: Amateur Manga Translators Tell Their Stories. *The Comics Journal*, 269. Retrieved June 12, 2021, from https://web.archive.org/web/20060505014917/http://www.tcj.com/269/n_scan.html.

Doria, Shawn 'Gum' (2009). *Inside Scanlation*. Retrieved June 8, 2021, from https://www.insidescanlation.com/.

European Council of Literary Translators' Associations (2011). *Des couvertures de livres qui mentionnent le nom du traducteur.* Conseil Européen des Associations de Traducteurs Littéraires. Retrieved June 16, 2021, from https://www.ceatl.eu/des-couvertures-de-livres-qui-mentionnent-le-nom-du-traducteur.

Fabretti, C. (2016). The Use of Translation Notes in Manga Scanlation. *TranscUlturAl*, 8 (2), pp. 86–104.

Ferrer Simó, M. R. (2005). Fansubs y scanlations: la influencia del aficionado en los criterios profesionales. *Puentes*, 6, pp. 27–44.

Garner, K. (2019). *The Digital Otaku: Anime, Participatory Culture, and Desire* (master's thesis). California State University. Retrieved from https://www.proquest.com/openview/de8a9bac1aa36c6513ae3838d067829c/1?pq-origsite=gscholar&cbl=18750&diss=y.

Garrison, J. (2013). *Orientalism and Western Fans: A Look at Fandom Surrounding Masashi Kishimoto's* Naruto (master's thesis). Appalachian State University. Retrieved from https://libres.uncg.edu/ir/asu/f/Garrison,%20Jeffrey_2013_Thesis.pdf.

GenNext (2014, July 24). VIZ Media Stops DCTP Translations and Scans of the Manga Detective Conan. *Generation Next*. Retrieved June 27, 2021, from https://generationnextnextnext.wordpress.com/2014/07/24/dctp-viz-media-inc-anime-manga-case-closed/.

Gyllenfjell, P. (2013). *Case Study of Manga Translation Problems* (bachelor's thesis). Dalarna University. Retrieved from https://urn.kb.se/resolve?urn=urn:nbn:se:du-11797.

Hirata, T. & Gushiken, Y. (2012). Scanlation: reprodução e consumo subalterno de mangá na cibercultura. *Líbero*, 15 (30), pp. 127–138.

Inose, H. (2012). Scanlation – What Fan Translators of Manga Learn in the Informal Learning Environment (paper presentation). *International Symposium on Language and Communication: Research trends and challenges*. Izmir, Turkey. Retrieved from https://www.diva-portal.org/smash/get/diva2:549925/FULLTEXT01.pdf.

Katan, D. (2011). Status of translators. In Y. Gambier & L. van Doorslaer (eds.), *Handbook of Translation Studies, vol. 2* (pp. 146–152).

Khalil, G. (2020). *Khalil G. – Portfolio*. Retrieved from https://web.archive.org/web/20201112030623/https://khalilg.com.

Korn Scans (2018). *Korn Scans – Detective Conan Scanlation Team*. Retrieved from https://www.korn-scans.tumblr.com.

Leavitt, A. (2010). Inside Scanlation (web site review). *Transformative Works and Cultures*, 5. DOI: 10.3983/twc.2010.0215.

Loo, Egan (2010, June 2). Top-Selling Manga in Japan by Volume: 1st Half of 2010. *Anime News Network*. Retrieved June 5, 2021, from https://www.animenewsnetwork.com/news/2010-06-02/top-selling-manga-in-japan-by-volume/1st-half-of-2010.

Lorenzo, L. (2014). Paternalismo traductor en las traducciones del género infantil y juvenil. *Trans*, 18, pp. 35–48.

Mak_Baka (2020, November 7). Recruitment Notice (JPN Translators, Quality Checkers) for Detective Conan Scanlations. *Reddit*. Retrieved July 2, 2021, from https://www.reddit.com/r/OneTruthPrevails/comments/jprk3z/recruitment_notice_jpn_translators_quality/.

Martin, C. (2011). Specialization in Translation – Myths and Realities. *Translation Journal*, 16 (2). Retrieved June 17, 2021, from https://translationjournal.net/journal/56specialist.htm.

ProZ (2020). *Proz.com industry reports*. Retrieved from https://www.proz.com/industry-report.

Quintairos Soliño, A. (2017). *Superar la traducción puente. Análisis y traducción de los referentes culturales japoneses en* Malice: A Mystery *de K. Higashino (1996), traducida al inglés por A. O. Smith (2014)* (bachelor's thesis). Universidade de Vigo.

Reiwa Holmes Organization (2021, April 25). From Beika Street Irregulars (BSI) to Reiwa Holmes Organization (RHO). *Reddit.* Retrieved from https://www.reddit.com/r/OneTruthPrevails/comments/mxy5te/from_beika_street_irregulars_bsi_to_reiwa_holmes/.

Shuttleworth, M. & Cowie, M. (2014). *Dictionary of Translation Studies.* London/New York: Routledge.

Thang, P. (2016). Translators Deserve More Recognition. *Book Riot.* Retrieved June 30, 2021, from https://bookriot.com/translators-deserve-recognition/.

Tottori Prefectural Government Tourism and Exchange Bureau International Tourism Attraction Division (2023). Gosho Aoyama Manga Factory-Meet *Detective Conan* in Tottori! *Tourist information for Tottori, Japan.* Retrieved from https://www.tottori-tour.jp/en/sightseeing/826/.

Valero Porras, M. J. & Cassany, D. (2017). "Translation by fans for fans": organization and practices in a Spanish-language community of scanlation. *BiD: Textos Universitaris de Biblioteconomía i Documentació*, 38. Retrieved June 4, 2021, from http://bid.ub.edu/en/37/cassany.htm.

Vazquez-Calvo, B. *et al.* (2019). An overview of multimodal fan translation: fansubbing, fandubbing, fan translation of games, and scanlation. In M. M. Ogea Pozo & F. Rodríguez (eds.), *Insights into Audiovisual and Comic Translation Changing Perspectives on Films, Comics and Video Games* (pp. 1919–213).

Venuti, L. (2008). *The Translator's Invisibility: A History of Translation.* London/New York: Routledge.

Yunnie (2017). *Desperate Shipper (DC Translations).* Retrieved from https://www.yesyunniechan.tumblr.com.

Yuzu (2018). Scanlation Speaks: Investigating *Detective Conan* Scans with Korn. *Manga Planet.* Retrieved June 28, 2021, from https://web.archive.org/web/20221206211406/https://mangaplanet.com/detective-conan-scanlations-korn-scans.

La colectividad, la transtextualidad y la interdisciplinariedad en traducción: Ruth Matilda Anderson, un estudio de caso[1]

Alba Rodríguez-Saavedra[*]

RESUMEN

En 2009 se publicó *Unha mirada de antano. Fotografías de Ruth Matilda Anderson en Galicia* —en gallego, castellano e inglés—, un libro en el que se presentaban por primera vez las anotaciones de la trabajadora de The Hispanic Society of America a las fotografías obtenidas en su expedición antropológica por Galicia, además de un borrador de su monografía de 1939 y fragmentos de los diarios de su padre, Alfred Theodore Anderson. Como traductora y coeditora técnica de esta obra, en este artículo abordo el elevado grado de interdisciplinariedad de este proyecto de traducción transtextual e intersemiótica. Además, analizo las aportaciones fundamentales trasladadas por informantes locales durante las numerosas investigaciones de campo realizadas, lo cual contribuye a caracterizar la traducción como una disciplina de implicación colectiva que refleja la pertinencia de la autoría múltiple en las obras literarias acuñada por Jack Stillinger (1991).

Palabras clave: Ruth Matilda Anderson, traducción, paratraducción, transtextualidad, colectividad, interdisciplinariedad.

1. Introducción

Cuando en 2008 la actual Afundación —en aquel momento, Fundación Caixa Galicia— decidió acometer el proyecto expositivo y editorial sobre Ruth Matilda Anderson (1893–1983), sus intereses en el área cultural se centraban en reforzar su imagen como entidad comprometida con la identidad gallega y en dinamizar la autoría femenina en sus muestras y catálogos, en línea con la determinación del contexto sociohistórico en la producción cultural (Bourdieu, 2016, pp. 12–13). La promoción de la esencia gallega de la entidad condujo a la aparición de libros como *Tempos de festa I* (2006), *Empresarios de Galicia I* (2006), *La Galice. Jean Dieuzaide* (2007), *Tempos de festa II* (2008) o *Empresarios de Galicia II* (2009), a los que cabe sumar los

[1] Agradezco a Laura Gómez Lorenzo y a Patrick Lenaghan todas las sugerencias aportadas y la atenta lectura de este estudio.

[*] La autora es integrante del Grupo de Investigación Traducción y Paratradución (T&P) de la Universidade de Vigo. ORCID: 0000-0002-9636-3556.

publicados a raíz de las exposiciones en torno a Os Renovadores (Souto, Maside, Laxeiro, Colmeiro y Seoane) o a pintores gallegos generacionalmente más inclasificables como Urbano Lugrís (2008). Con la retrospectiva sobre Frida Kahlo (2005), por su parte, se asentó la línea de compromiso con la potenciación de figuras femeninas. A esta muestra siguieron, con sus respectivos catálogos, otras en torno a Margaret Bourke-White (2005), Tamara de Lempicka (2007), Tarsila do Amaral (2009), Maruja Mallo (2009–2010) y Amelia Peláez (2011).

Ruth Matilda Anderson, una desconocida en Galicia hasta fechas bien recientes, a pesar de haber estudiado el país de manera exhaustiva a lo largo de dos expediciones de investigación de cerca de un año cada una sufragadas por The Hispanic Society of America (HSA) entre 1924 y 1926, fue presentada al público gallego en 2009 en la Sede de la Fundación Caixa Galicia de Lugo. Con motivo de esa muestra fotográfica, que hasta 2011 itineró por casi todas las sedes de la entidad en Galicia, pero ya ampliada a 500 imágenes y con material documental adicional, se proyectó la publicación de un volumen trilingüe —gallego, castellano e inglés— en el que se recogiesen el medio millar de fotografías de Anderson y un completo corpus textual contextualizador, ya que «translations are made to respond to the demands of a culture, and of various groups within that culture» (Bassnett y Lefevere, 1990).

Patrick Lenaghan, co-comisario de la muestra y conservador jefe de Grabados, Fotografías y Escultura de The Hispanic Society of America; Miguel Anxo Seixas Seoane, co-comisario de la muestra y especialista en historia del arte; y Ramón Villares, catedrático de Historia en la Universidade de Santiago de Compostela y a la sazón presidente del Consello da Cultura Galega, fueron los firmantes de los tres artículos de investigación que preceden al apartado fotográfico. Tras el cuerpo central del libro, destinado a las imágenes, se suceden los anexos documentales escogidos por Patrick Lenaghan y Noemí Espinosa. De Ruth Matilda Anderson se incluyen las anotaciones a las fotografías de su diario de trabajo, los pies de foto descriptivos y un texto que, en principio, había redactado para ser incluido en su monografía de 1939, pero que fue finalmente desechado por ella misma (Lenaghan, 2009, p. 493). De Alfred Theodore Anderson se incluyen cartas enviadas a su familia en Nebraska y fragmentos de su diario. Se trata de una publicación articulada en cinco partes: los preliminares —textos institucionales de las entidades colaboradoras en el proyecto—, los tres estudios contextualizadores del proyecto de Anderson y de la Galicia de los años veinte del siglo pasado, el catálogo de imágenes, los apéndices documentales de Anderson y su padre, y la versión en inglés del conjunto textual. En total, 518 páginas sobre Galicia.

Con este proyecto, Afundación persiguió un propósito de vinculación identitaria, como comentábamos, pero evitando el recurso a una idealización romantizada y bucólica de un tiempo pasado. La selección de imágenes y los textos de Ruth M. Anderson, Alfred T. Anderson y Patrick Lenaghan devuelven la realidad de una Galicia sufriente, de unas mujeres castigadas por la vida, pero imbatibles, y de unas niñas y niños por cuya promesa de un futuro mejor se desvivían sus madres. Anderson no oculta en sus relatos —visuales y textuales— la dureza de la vida del campesinado, especialmente de sus mujeres, sino que, bien al contrario, hace hincapié en las adversidades que hubieron de afrontar:

> Backbone of the region, in addition to bearing children, carrying on the ordinary domestic tasks, and fighting a ceaseless battle with poverty, they shared equally with their men the hard labour of the field. Fortunate indeed were they when they only shared in the field work. From most of them emigration took sweet-heart, husband, and sons, and then they had to carry on alone all the care of the crops, all the rearing of the children, and the nursing of aged parents. (Anderson, 1939, pp. 284–285)

Mediante este libro y el proyecto expositivo itinerante por Galicia, Afundación se convirtió en una entidad destacada en la promoción del (re)conocimiento de una parte de la memoria histórica gallega, de la cual las mujeres habían sido excluidas. Las traducciones de Anderson y sus propios textos nos acercan una visión de nuestro pasado reciente firmada por una de las muchas «"forgotten" women translators» (Von Flotow, 1997, p. 49), mujeres cuyo trabajo especializado permaneció oculto en los márgenes de la historia.

2. La colectividad multidisciplinaria en la traducción de Ruth Matilda Anderson

El proceso de traducción de los escritos de Ruth Matilda Anderson y su padre fue, como profesional, un desafío en cada uno de los elementos constituyentes del esquema de comunicación. Desde las dificultades de unos usos lingüísticos arcaizantes en el texto de origen, la fijación de un criterio estable relativo a cómo reflejar en la traducción los pasajes redactados en gallego y castellano por la propia Anderson, hasta la comprensión de procesos especializados en los ámbitos de la fotografía, la agricultura o la vestimenta tradicional, la traducción de este libro implicó una toma constante de decisiones, para lo cual se constituyó un equipo de trabajo multidisciplinario en el que debatíamos y valorábamos las opciones propuestas. Lo integramos Laura Gómez Lorenzo, especialista en filología hispánica y editora, y yo, traductora, editora y, en ese momento, estudiante de Filología Gallega, en la parte gallega; y Patrick Lenaghan, doctor en Bellas Artes y conservador jefe de Grabados, Fotografía y Escultura de la HSA, y Noemí Espinosa, doctora en Historia del Arte y conservadora adjunta de Grabados y Fotografía de la HSA, desde Nueva York.

La digitalización de los textos que se iban a traducir de inglés a gallego se realizó en la HSA, entidad propietaria de todo el archivo de Anderson. Una vez recibidos los documentos, pudimos contar con el tiempo suficiente para una primera lectura rápida que nos permitiese, en el Departamento de Publicaciones, detectar las potenciales dificultades traductológicas y marcar un calendario de trabajo. La asignación de tareas, con unos plazos de traducción ajustados, condicionó enteramente el esquema previsto. La propuesta inicial adoptada en el departamento abogaba por la traducción inglés-gallego e inglés-castellano, a mi cargo. El texto final de ambos procesos sería revisado por mi compañera. A continuación, procederíamos a una lectura comparada de ambos documentos, ya que las dos lenguas compartirían página a doble columna, y, en tercer lugar, contrastaríamos la traducción con el equipo de la HSA. Finalmente, un incremento significativo de los textos inicialmente previstos (en torno a un 50 %), justificado por su indiscutible valor documental, pero manteniendo los mismos plazos de entrega, modificó nuestro plan de trabajo: solo el documento en gallego es traducción directa desde el inglés.[2] El texto en castellano fue volcado desde el gallego por Laura Gómez Lorenzo a medida que yo terminaba la versión gallega. A continuación, entre ambas

2 De igual modo, este aumento inesperado de la carga de trabajo motivó la contratación de profesionales externas para la traducción. Laura Sáez Fernández volcó al castellano el texto de Patrick Lenaghan y Mary Margaret O'Hara realizó las traducciones a inglés.

revisábamos el documento y, tras consensuar y corregir las dudas pertinentes, se enviaba la versión castellana a la HSA, donde Patrick Lenaghan y Noemí Espinosa procedían a otro cotejo más de los textos. Este proceso, de tantos pasos, se acordó entre el equipo con el fin de minimizar los errores y garantizar una rigurosidad en el trabajo propia de Ruth Matilda Anderson (Lenaghan, 2009, p. 26) y fue solo aplicado a los escritos anexos documentales, es decir, a lo redactado por Anderson y su padre.

Con la creación de un grupo de trabajo multidisciplinario y multilingüe, la actividad traductora de este libro se alejó de la tradicional imagen que, con frecuencia, los manuales de teoría de la traducción parecen trazar. Fue una tarea colaborativa, de intercambios de dudas y comentarios casi permanentes, con sus necesarios momentos de concentración y tecleo, pero sobre todo de consultas y propuestas de posibles soluciones a los problemas. Sin lugar a dudas, en este equipo queda reflejado el concepto de «autoría múltiple» acuñado por Stillinger (1991), que desde el principio todas las personas involucradas asumimos como beneficioso y motivador, pero que, sin embargo, está oscurecido en la página de créditos del libro, al imponer la Fundación Caixa Galicia su pauta, desechada por la actual Afundación, de no referenciar nominalmente a las profesionales en caso de formar parte de la plantilla de la entidad. De este modo, ni mi compañera Laura Gómez Lorenzo ni yo figuramos como responsables de la traducción ni la edición técnica; solo se indica que ambas tareas estuvieron al cuidado del entonces Departamento de Publicaciones. En este sentido, nuestra invisibilización como profesionales, contrapuesta a la visibilización de la actividad traductora, que sí se expresa en los créditos, nos remite al «ghost translator» de Solum (2015): se reconoce la existencia de tareas de traducción y edición técnica, pero se ocultan los nombres de las profesionales que las llevan a cabo (cfr. Venuti, 1995). No obstante, a las traductoras autónomas contratadas sí se las menciona en la página de créditos, como también sucede con el equipo de la HSA.

La constitución de este marco multidisciplinario y colaborativo supuso la conformación de un foro de debate en torno a las dudas que los diferentes textos nos planteaban y que fuimos abordando conforme a los «agreements and conventions» señalados por Wolf y Fukari para la traducción (2007, p. 9). Uno de los procesos de consultas más animados se produjo a raíz de una frase pronunciada por Alfred Theodore Anderson y citada en el «Draft for her Book» de su hija:

> A train for La Rua left in an hour. Father was not at all interested in going away from Lugo: *wild-goose chose* he called it. He had seen La Rua on the way from Madrid, and there was nothing there but mud. (Anderson, 2009b, p. 505)

En la traducción que desde Galicia enviamos a Nueva York, este pasaje figuraba como: «El tren para A Rúa salía en una hora. Padre no estaba interesado en irse de Lugo: *una pérdida de tiempo*, dijo. Había visto A Rúa en el trayecto desde Madrid, y no había otra cosa que barro», traducida desde el gallego: «O tren para A Rúa saía nunha hora. Padre non estaba interesado en marchar de Lugo: *unha perda de tempo*, dixo. Vira A Rúa cando viñeramos de Madrid, e non había outra cousa que lama» (2009a, p. 435). Patrick Lenaghan no demoró en contactarnos y apuntar que, en su opinión, consideraba mucho más oportuna una expresión cervantina para este caso: «buscar cotufas en el golfo». En torno a la posibilidad de adoptar la solución propuesta por Lenaghan, se valoraron cuestiones tanto lingüísticas y semánticas como pragmáticas, a la vez que se resaltaban los objetivos de esta traducción. Así, teniendo muy presente el tipo de expresiones arcaizantes en los escritos de Alfred T. Anderson, el conocimiento de Lenaghan sobre su carácter conservador y la adecuación de una expresión intertextualmente vinculada con *El Quijote* a esta persona concreta, resolvimos modificar la versión inicial por «buscar cotufas en el golfo» en castellano. En gallego, no obstante, se mantuvo la propuesta de base, dada la inexistencia de la expresión en esta lengua.

Otro momento de debate surgió a causa de un pasaje de índole religiosa en el que, en el mismo apartado del libro, Anderson describía la decoración de un altar en el interior de la iglesia de Santo Estevo de Ribas de Sil: «Inside candles were lighted and a Nativity of *small dolls* was spread in front of the Annunciation altar» (Anderson, 2009b, p. 505). La referencia a las figuras de la Natividad (la Virgen María, san José y el niño Jesús) como «small dolls» motivó una consulta a la HSA para consensuar el enfoque traductológico. Dudábamos entre «pequenos bonecos» y «pequenas figuras». Finalmente, atendiendo a las explicaciones del equipo de la HSA, que incidieron también en la férrea religiosidad de Anderson, optamos por «pequenos bonecos», conscientes del impacto de esta frase en la cultura meta. Patrick Lenaghan, conocedor de la extrema meticulosidad de Anderson en su trabajo, fue muy claro a la hora de trasladarnos que, si habiendo podido elegir entre otras muchas formas para describir esa Natividad («small figures», «figurines»...) la investigadora se había decantado por «small dolls», la traducción no debería alterar esta decisión. Nuestra duda inicial es un ejemplo de la ilusoria transparencia y equivalencia atribuida a la traducción y desenmascarada por Venuti (1995).

El flujo comunicativo con la HSA fue constante y muy productivo a lo largo de los meses de traducción —y luego, edición— entre marzo y julio de 2009, aunque no todas las dudas terminológicas se resolvieron en ese equipo de trabajo. En Galicia, y dada la presencia recurrente en los textos de terminología agrícola, marinera, ganadera, de indumentaria y de oficios desaparecidos, configuramos una red de personas informantes a quienes consultar dudas, apoyándonos en materiales tanto textuales como gráficos de esta obra. Procuramos que en su conformación se reflejase la variedad dialectológica de Galicia, con el fin de poder recoger la amplia riqueza denominativa y acertar con el término preciso, en ocasiones, circunscrito a una zona concreta y de escasa difusión fuera de ella.[3] Así, gracias a su asesoramiento, pudimos superar la imprecisión de la hiperonimia en la traducción y logramos el empleo de la forma exacta. De este modo, cuando Anderson describe una casa de labranza de Mondariz como «Farmhouse of grey stone», en la traducción gallega optamos por «casa de labranza de perpiaño gris» (Lenaghan, 2009, p. 151), adecuando el amplio concepto incluido en «piedra» al tipo exacto de bloques de granito empleado en esa vivienda y que se aprecian en la imagen. De igual manera procedimos cuando surgía la referencia a la *palloza*, casa tradicional de paredes de piedra y tejado de

---

3 Sus nombres son: Florentino Rodríguez Vidal, Manuela Rodríguez Vidal y Ramona Vidal Rodríguez, de Leiro (Rianxo); Pilar Saavedra Sánchez, de Belles de Abaixo (Boiro); Elena Barreiro Eiras, de Nespereira (Teo); Fernando Herva Allegue, de Bañobre (Miño); Pilar Pintor Vázquez, de Arzúa; Laura Lorenzo Seguín, de Vilariño (Sarreaus); y José Gómez Lama, de Paradiña (Sarreaus). Quiero expresar mi gratitud y mi admiración a todas ellas por la ayuda prestada a lo largo de los meses de trabajo, su disposición para aclarar nuestras consultas y el valiosísimo conocimiento de la cultura gallega que atesora(ba)n, especialmente en lo referente a términos y técnicas descritas por Anderson y que, en buena parte, aún habían llegado hasta ellas.
Todas ellas está(ba)n familiarmente vinculadas con Laura Gómez Lorenzo o conmigo, ya que la entidad editora había trasladado la necesidad de abordar este proyecto con un alto grado de confidencialidad, lo cual nos obligó a operar con elevadas restricciones y cautelas en las consultas y asesoramiento externos.

paja típica en áreas del este lucense. Anderson, en los pies de foto, escribe «House with stone walls and thatched roof», y nosotras optamos por recoger el término específico e incluir, a continuación, su breve explicación semántica: «Palloza, casa con paredes de pedra e tellado de palla» (2009, p. 154). Lo mismo sucede con términos como *corn-crib* o *storehouse*, que podrían haber resultado sinónimos para *hórreo*. Sin embargo, a la luz de las fotografías, y gracias a la ayuda de todas las personas informantes, el *cabazo*, el *celeiro* y el *hórreo* designan sus realidades específicas, eludiendo la hiperonimia. De igual manera actuamos con los procesos de separación del grano de los cereales, aunque de forma muy especial con las imágenes 4410 y 4406 (2009, pp. 236, 238). En el original, Anderson opta por un cambio de lengua y escribe en castellano «Majando la cebada» y «Limpiando la cebada», respectivamente. La duda surgió al contrastar la segunda imagen con su leyenda. Una mujer, con una cesta a sus pies, vacía en ella el contenido de la criba que está volteando. No se trata de un trasvase de elementos de un recipiente a otro, sino que en la imagen se aprecia que la mujer está posicionada a favor del viento, y lo que en realidad ocurre es que aprovecha esas ráfagas de aire para que solo caiga en la cesta el grano, lo más pesado. Consultado el verbo preciso de esta acción con nuestros informantes, todos coincidieron en señalar «(a)ventar» como el término tradicional. Sin embargo, el diccionario de la Real Academia Galega no recogía esta acepción para esta acción y, tras la consideración oportuna, nos ceñimos a la traducción de lo escrito por Anderson en castellano.

En dos ocasiones tuvimos que solicitar ayuda más allá de esta red de personas cercanas. Una plaza de la ciudad de Pontevedra y un microtopónimo de una zona costera de esa misma provincia nos condujeron a ponernos en contacto con las corporaciones locales. La primera de las cuestiones fue rápidamente resuelta, porque, aunque la caligrafía de Anderson era casi ilegible y había impedido la transcripción en la HSA, en el Concello de Pontevedra, gracias a la imagen que aportamos, poco tardaron en identificar la entrada a la plaza del Teucro (2009, p. 205). La otra duda, sin embargo, continúa como una incógnita aún a día de hoy. Anotado en los manuscritos de Anderson el nombre del lugar como «Jeibotas» (2009, p. 314), incluso registrando la *gheada* en la primera sílaba, seguimos sin poder situar en un mapa el punto exacto en el que pescaba el señor protagonista de la imagen.

3. La transtextualidad y la interdisciplinariedad en Ruth Matilda Anderson

La transtextualidad, en sus cinco tipos consignados por Gérard Genette (1982), está presente en la traducción del conjunto del volumen, ofreciendo un correlato constante de esta obra actual con todos sus precedentes datados noventa años antes, sin importar el código semiótico. En *Palimpsestes*, el narratólogo francés establece una clasificación de los diferentes tipos de relación transtextual en función de la vinculación de los textos y sus códigos semióticos. En primer término, señala la intertextualidad, que define como:

> [...] une relation de coprésence entre deux ou plusieurs textes, c'est-à-dire, eidétiquement et le plus souvent, par la présence effective d'un texte dans un autre. Sous sa forme la plus explicite et la plus littérale, c'est la pratique traditionnelle de la *citation* [...] ; sous forme encore moins explicite et moins littérale, celle de l'*allusion*, c'est-à-dire, d'un énoncé dont la pleine intelligence suppose la perception d'un rapport entre lui et un autre auquel renvoie nécessairement telle ou telle de ses inflexions. [...] (Genette, 1982, p. 8)

La intertextualidad en *Unha mirada de antano* permea el conjunto del libro, en cualquiera de sus textos, también en la sección gráfica. En ella, por ejemplo, se incluyen imágenes ya publicadas en *Gallegan Provinces of Spain. Pontevedra and La Coruña* (1939), un volumen al que también acuden Lenaghan y Seixas en sus textos analíticos y en los paratextos que los complementan (2009, pp. 13–43, 45–67).

Con los paratextos aludimos al segundo tipo de relación transtextual descrita por Genette como:

> [...] généralement moins explicite et plus distante, que, dans l'ensemble formé par une œuvre littéraire, le texte proprement dit entretient avec ce que l'on ne peut guère nommer que son paratexte : titre, sous-titre, intertitres ; préfaces, post-faces, avertissements, avant-propos, etc. ; note marginales, infrapaginales, terminales ; épigraphes ; illustrations ; prière d'insérer, bande, jaquette, et bien d'autre types de signaux accessoires, autographes ou allographes, qui procurent au texte un entourage (variable) [...]. (1982, p. 10)

La paratextualidad constituye uno de los aspectos de mayor relevancia de esta obra desde el enfoque tanto editorial como traductológico. La elección del título del volumen, de la imagen de cubierta, la disposición de la página de créditos, la portadilla, la portada, los apéndices o las leyendas de las imágenes son elementos imprescindibles para la organización de este libro y que, traductológicamente, hubieron de abordarse como paratraducciones, es decir, como la traducción de los elementos de los márgenes del texto (Garrido Vilariño, 2003–2004), imprescindibles para su transmisión plena:

> Un texte traduit ne sert à rien s'il n'est pas présenté par son paratexte traduit aussi à son tour. Les traducteurs nous avons affaire à des textes, mais nous n'en restons jamais au texte lui-même, à son fonctionnement purement linguistique, nous explorons tout ce qui l'entoure, l'enveloppe, l'accompagne, le prolonge, l'introduit et le présente pour déchiffrer le type de relation transtextuelle constitué entre le texte et ses paratextes. (Yuste Frías, 2010, p. 287)

La confluencia en el mismo equipo de trabajo de las personas encargadas de la edición técnica y la traducción constituyó uno de los factores determinantes para el eficaz desarrollo y organización de este libro. Haber participado en todas las reuniones deliberativas en torno a él nos permitió conocer con exactitud la finalidad de este proyecto tanto para la HSA como para la actual Afundación y anticipar los diferentes elementos textuales, paratextuales y gráficos que integrarían el volumen, al permitir una contextualización beneficiosa para el resultado final de cualquier traducción, como sucedió, por ejemplo, con los pies de foto de las imágenes 4195 y 4196 (Lenaghan, 2009, p. 287). La paratraducción de estas leyendas podría haber resultado oscura de no haber podido contar con un acceso simultáneo a las ilustraciones a las que se referían, ya que no se comprendía con facilidad cuál era exactamente el elemento giratorio de los molinos de viento de Espasante, que resultó ser el propio tejado. En un primer momento, anterior a la recepción de las fotografías, este paratexto se había marcado como confuso.

Lo mismo sucedió con los pies de foto sobre las diferentes técnicas de moledura en los interiores de molinos, en la descarga de la sal, en las técnicas de pesca o en el trabajo en la industria conservera. Haber podido contar con las imágenes en el preciso momento de proceder a la paratraducción permitió señalar de forma correcta que, desde la cartera de Muros hasta las porteadoras de algas, de sal, las tejedoras, las vendedoras, las molineras, las afiladoras, las mariscadoras, las rederas o las campesinas, las mujeres son las grandes protagonistas del retrato de Anderson de la Galicia de los años veinte del siglo pasado. Ellas están dentro y fuera de los hogares y, cuando se trata de madres, siempre con sus niños a sus espaldas o en sus regazos (Lenaghan y Seixas Seoane, 2009, pp. 326, 347, 390). La (para)traducción de los escritos de Anderson nos sitúa ante «an act of cross-border meaning-making that aims both to connect women's voices and stories and also to provide alternative theories of liberation and co-existence» (Castro Vázquez y Ergun, 2017, p. 96). Tan solo los oficios de cantería y de construcción parecen haber sido ejercidos en exclusiva por hombres, porque incluso la descarga de ladrillos de los barcos dependía en Noia de las mujeres (Lenaghan y Seixas Seoane, 2009, p. 326). Por tanto, el proceso de trabajo textual de la obra de Anderson ejemplifica la pertinencia de la afirmación de Genette en torno a la importancia de la paratextualidad (1987, pp. 7–20) —y, por consiguiente, la paratraducción— en una publicación.

La metatextualidad, es decir, «[...] la relation, on dit plus couramment de " commentaire ", qui unit un texte à un autre texte dont il parle sans nécessairement le citer» (Genette, 1982, p. 11), se aprecia especialmente en el texto analítico firmado por Ramón Villares. Este estudio, redactado originalmente en gallego, traducido por mí al castellano y al inglés por Mary Margaret O'Hara, constituyó un reto traductológico debido al mensaje expresado: Villares describía una realidad de la Galicia de la década de 1920 poco identificable con las imágenes y las anotaciones de Ruth M. Anderson —y su padre—. Evitando una apelación directa a estos escritos e instantáneas —aunque aludiendo a ellos—, el entonces presidente del Consello da Cultura Galega retrata una Galicia alejada de prácticas labriegas centenarias y en la cual la industrialización y la modernización del campo y del mar se producían a marchas aceleradas.

> A condición rural da sociedade galega abrolla claramente nos clixés fotográficos de Ruth Anderson. [...] A ruralía era a paisaxe humana básica aínda na Galicia dos anos vinte. Pero unha cousa é unha hexemonía estatística e mesmo cultural e outra que ese mundo rural fose rudo, atrasado e pobre. A visión que moitos coetáneos ofrecen daquel tempo, desde Valeriano Villanueva ou Cruz Gallástegui, ata Lois Peña Novo ou Juan Rof Codina, é a propia dunha sociedade que se está a transformar. Un texto de Villanueva, aínda que peque de optimismo, encaixa ben nesta panorámica innovadora da época: «[...] quen teña viaxado polos campos galegos nestes últimos meses [do ano 1925], terá podido observar que os agricultores non falan de política [...], senón de cañarías de auga, luz eléctrica, adubos minerais, básculas no mercado de gando, liñas de automóbiles e camións, serradoiros e muíños de vapor, accións de empresas industriais, o estado económico de América e cousas así. (Villares, 2009, p. 74)

En la misma línea continúa incidiendo el historiador gallego al afirmar que es plausible pensar que «a longa presenza de Anderson en Galicia obedecese [...] a esta procura do *tipismo* e de recollida de manifestacións de folclore e cultura popular, máis que a unha vontade de facer unha descuberta, con ánimo e intención simplemente xonalísticos» (Villares, 2009, p. 70). De una manera alusiva, pero elusiva en concreciones, Villares traza en su texto una crítica a la realidad recogida por las imágenes y el relato escrito de Anderson —y de su padre—, indicando no solo que la ruralidad y la pobreza estaban en claro retroceso en la Galicia de los años veinte, en abierta contradicción con el mensaje de las instantáneas y las anotaciones de la investigadora estadounidense, sino que los cambios modernizadores eran logros «que cómpre atribuír ao campesiño galego, traballador directo e, ao propio tempo, tímido emprendedor» (2009, p. 75). También señala Villares, y aún como ejemplo de metatextualidad, cómo «nas fotos de Anderson non hai moitos trazos da vida agraria» y que«cando se amosan escenas de traballo agrario parece que predominan as pautas máis tradicionais: arados romanos, homes mallando á man nas eiras, mulleres debullando o millo ou limpando o gran tamén de forma manual...» (2009, p. 75). Además de la evidente colisión en torno a la modernización o industrialización gallega en la década de 1920 en los retratos de Ramón Villares y Ruth Matilda Anderson, se aprecia también una gran distancia relativa al papel determinante de las mujeres en esta sociedad. Las imágenes de Anderson y sus escritos —y los de su padre— nos muestran a las mujeres encabezando la práctica totalidad de las tareas. La guerra de Marruecos y la emigración, especialmente esta última, habían reducido de forma drástica la presencia masculina en los datos demográficos, dando lugar a un nuevo estado civil que Rosalía de Castro había bautizado como «viúvas de vivos» (Anderson, 1939, p. 269).

Esta realidad constatada por Ruth Matilda Anderson resuena de manera casi idéntica en las imágenes que Jean Dieuzaide, fotógrafo documentalista francés, realizó en Galicia entre 1957 y 1961, más de treinta años después. De haber existido ese progreso ya consolidado en la geografía gallega que Villares apunta, las imágenes de Dieuzaide atestiguarían o bien su mantenimiento —no olvidemos que entre Anderson y él en España se sufrieron una guerra y una feroz posguerra—, o bien su perfeccionamiento. Sin embargo, el reflejo que nos devuelve el espejo de Dieuzaide es el de una pervivencia de prácticas agrícolas centenarias aún ajenas a cualquier proceso de mecanización y, en palabras de Xulio López Valcárcel, en el prólogo al libro de las fotografías de Dieuzaide, su mirada «non xulga, constata» (2007, p. 15), al igual que la de Ruth Matilda Anderson.

De manera análoga a la resolución de complejidades con ciertos elementos paratraductivos, el establecimiento de una relación de metatextualidad, posible también a causa de tener acceso a las imágenes y los textos de Anderson, permitió trasladar, para su evaluación, las consideraciones detectadas tanto en el proceso de corrección en gallego como durante la traducción al castellano, sobre las contradicciones entre los discursos de Anderson y Villares. La convivencia de ambos enfoques en la publicación final permite apreciar el valor de la traducción como un mecanismo de (re)conocimiento de realidades (Von Flotow, 1997), al aportar nueva documentación para el análisis, en este caso concreto, de una realidad histórica invisibilizada, en la cual las mujeres, pobres y dignas, son la constante del rural gallego. La historia eliminó de la memoria oficial a quienes, como retrata Anderson en imágenes y texto, constituyeron la base social que ayudó a aupar a quienes sí fueron incluidos con nombres propios en los —hasta ahora legitimados— registros patriarcales de nuestro pasado (Lerner, 1986).

No solo Ramón Villares expresa desencuentros con el retrato de Anderson. Siguiendo con la relación de metatextualidad, Manuel Forcadela (2011), en un trabajo publicado dos años después de la aparición de la primera edición de la obra que centra nuestro estudio, también cuestiona ciertos aspectos relativos a la representación de Galicia en las imágenes de Anderson. «Na Galicia que Ruth Matilde [sic] constrúe coa súa mirada non semella existir unha grande diferenza entre a vida dos homes e as mulleres, malia sabermos que isto non era así» (p. 161). Sin embargo, y como recogemos en estas páginas, el principal foco de atención de Anderson eran las mujeres y los niños de la Galicia rural, porque, de conformidad con el encargo recibido por Huntington, el objetivo residía en retratar una realidad social que, desde su punto de vista, y habida cuenta de la expansión de los procesos industriales en las sociedades occidentales, podría estar en vías de desaparición (Lenaghan, 2009, p. 472). Las innumerables referencias, textuales y gráficas, de Anderson al trabajo permanente y casi ubicuo de las mujeres en Galicia refutan esta percepción de Forcadela. En su estudio también se define a la fotógrafa estadounidense como una «construtora da tradición» (Forcadela, 2011, p. 163) al procurar evitar en su mirada ámbitos urbanos, burgueses o intelectuales. No obstante, la investigación de Anderson no se asentaba en una voluntad de construcción, sino de observación, y para ello le resultaron esenciales los encuentros informativos con miembros del clero y de la intelectualidad gallega, que le abrieron las puertas a archivos y bibliotecas, cuya documentación empleó para sostener su investigación teórica (Rodríguez-Saavedra, 2021, pp. 34 y 38–39), como se desprende de la lectura de *Gallegan Provinces of Spain. Pontevedra and La Coruña*. Pero las clases acomodadas no constituían su objeto de estudio, sino las gentes del rural, auténticas custodias de la identidad tradicional (Lenaghan, 2009, p. 472) y que representaban más del 91 % de la población gallega en 1930 (De Juana López y Vázquez González, 2005, pp. 410–412).

En este sentido, también apunta Forcadela:

> [...] nada nos separa do mesmo mundo debuxado por Castelao ao longo da súa obra gráfica. Se acaso, a lamentación dos humillados e dos pobres que nunca se presenta de xeito indisimulado, por mais [sic] que se derive da contemplación de moitas das fotos. (2011, p. 162)

Aunque sumamente coincidentes en una parte sustancial de sus argumentos y siendo ambas figuras complementarias en sus análisis sobre Galicia, existe un aspecto fundamental que sí distingue los intereses de Anderson y Castelao, y es la voz de las mujeres. En Anderson, ellas llenan la imagen y el texto, desde la señora Carmen con su manto, hasta Rosalía de Castro y Emilia Pardo Bazán, proporcionándonos un exhaustivo análisis que se ocupa de esa mitad de la población ausente en Castelao, casi como metonimia de la intelectualidad gallega del primer tercio del siglo XX (Rodríguez-Saavedra, 2022). En consecuencia, diferimos de las conclusiones de Forcadela, ya que, además de lo ya argumentado, su estudio se construye a partir de oposiciones binarias inexistentes, a nuestro parecer, en la metodología de trabajo de Anderson, enfocada en todo momento a la complementariedad de fuentes documentales y códigos semióticos.

La hipertextualidad constituye el fundamento de los apéndices documentales, firmados por Ruth M. Anderson y su padre, que fueron seleccionados por Lenaghan para el libro editado por Afundación. Procedentes, o altamente deudores, de textos precedentes, de hipotextos, por tanto, en la terminología de Genette (1982, p. 13), el volumen de 2009 establece una relación de hipertextualidad con, por ejemplo, *Gallegan Provinces of Spain. Pontevedra and La Coruña* (1939), en el cual se recogen fragmentos tanto de «Bosquexo para un libro» (Anderson, 2009a, pp. 502–505) como de las «Anotacións ás fotografías» (Anderson, 2009c, pp. 494–501). Lo llamativo en este apartado es que esta relación hipertextual, «unissant un texte B (que j'appellarai *hipertexte*) à un texte antérieur A (que j'appellerai, bien sûr, *hipotexte*) sur lequel il se greffe d'une manière qui n'est pas celle du commentaire» (Genette, 1982, p. 13), será totalmente a la inversa en el momento en que se decida proceder a traducir *Gallegan Provinces*, cuyos hipertextos serán, entonces, los apéndices recogidos en el libro de Afundación y la HSA.

En quinto lugar en la clasificación de las relaciones transtextuales de Genette figura la architextualidad, «une relation tout à fait muette, que n'articule, au plus, qu'une mention paratextuelle (titulaire, [...] infratitulaire : l'indication [...] qui accompagne le titre sur la coverture)» (1982, p. 12). *Unha mirada de antano. Fotografías de Ruth Matilda Anderson en Galicia* es el título que, en la cubierta, orienta sobre el contenido de la obra que sigue. No obstante, ya se ha podido comprobar que, aun siendo las imágenes la sección central de la obra y constituyendo el principal objeto tanto del libro como de la exposición, el material textual presentado es igualmente relevante, pero invisible en el título. La importancia, conforme a él, reside en la mirada y en las instantáneas de Anderson, y relega por completo las descripciones minuciosas de las dificultades, de los éxitos, de los encuentros o de la realidad de la imagen. La inclusión del texto en este libro constituye un aporte que, además de clarificador de ciertas fotografías, es revelador de la realidad gallega de la época. La imagen 1036 (Lenaghan y Seixas Seoane, 2009, p. 364), de un grupo de personas alrededor de una tumba (eminentemente mujeres y niños, y solo tres hombres, dos de los cuales parecen ser enterradores), cuenta a su pie con la siguiente leyenda: «Santa María a Nova, sepultureiros, Noia (A Coruña), 27–29 de outubro de 1924». Recuerdo haber traducido el pie de foto convencida de tratarse de un entierro en un camposanto y recuerdo el impacto al comprobar mi error en las anotaciones a las fotografías:

> Just as the grave-digger's patience was giving out, things began to appear which I thought were dead roots and twigs, but from the interest and enthusiasm with which he carefully extracted them, brown and earthy from the floor of the pit, I concluded that they were the precious *cenizas*. In the picture they are counting the bones of the left hand. They said that they were *arreglando el cementerio*, but I

> have heard that when a family fails to pay the rent for the graves of its dead, the poor body is disinterred in order that the grave may accommodate a more lucrative tenant. (Anderson, 2009b, p. 495)

La información explicativa y adicional presente en los textos de Anderson resulta fundamental para comprender el contexto al que alude cada imagen. Así, la fotografía de cubierta, la de las cinco lecheras regresando a Carnota, nos acerca a cada una de las mujeres y niñas retratadas, dejando patente el exquisito cuidado con el que Anderson se acercó a la gente en su investigación:

> *Lecheras* returning to Carnota. These women spend their mornings going to and from Muros with the milk over five kilometres of roads which are nothing but stepping stones. They begged me to take them all to America. The brothers and *novios* go off to El Dorado, while they have to stay at home and toil among the niggardly rocks of this isolated corner of Galicia. (2009d, p. 495)

De igual manera sucede con la imagen en la que una mujer, ya colocada la carga sobre su cabeza, se dispone a iniciar su ruta para la entrega del material.

> All the lumber for a new house in Carnota comes from Noya by sea to Muros and thence piece by piece on the heads of the women, over the mountain to Carnota. For greater security on the steep and slippery rocks the *muchacha* walked barefoot carrying her *suecos* [reflejando el seseo explosivo, un rasgo fonético característico de la zona] on top of the lumber. (Anderson, 2009d, p. 495)

Las aportaciones textuales de Anderson a sus fotografías contribuyen a recomponer el retrato de una Galicia desatendido en los escritos de la intelectualidad coetánea, para quienes las mujeres eran sujetos invisibles (Rodríguez-Saavedra, 2022). No solo las imágenes de Ruth Matilda las sitúan en primer plano, sino que las anotaciones nos muestran la dureza de sus vidas en cualquiera de los oficios que tuviesen que desempeñar. Además de andar descalzas entre las rocas o de soportar pesadas cargas sobre sus cabezas, eran también carteras, a cualquier edad, «the mail comes to Muros from Santiago and is carried by women and girls to the mountains and villages» (2009d, p. 495), o amas de cría en familias adineradas de las ciudades. «In Madrid Galician wet nurses are in great demand» (2009d, p. 499), escribió Anderson con motivo de una fotografía de una nodriza en A Coruña. Para ser un ama de cría era indispensable estar lactando, una condición solo posible tras un embarazo, con lo cual, este comentario de Anderson nos hace pensar en la cantidad de madres gallegas emigradas a Madrid, separándose de sus hijos pequeños, para trabajar alimentando a bebés de ajenas familias acomodadas.

La mirada de Ruth Matilda Anderson a través de sus instantáneas nos devuelve el retrato emotivo de una tierra y unas gentes por quienes la investigadora sintió un profundo respeto (Espinosa, 2010, p. 263). Los textos, además, nos permiten, desde la lejanía de otras coordenadas temporales, acercarnos a la dureza de unas vidas cuya realidad, de no ser por esas descripciones, continuarían siendo invisibles. La mirada y las palabras de Anderson son el verdadero título de este libro.

4. Conclusiones

Haber recibido la confianza de Afundación para acometer la traducción de una parte de la documentación recopilada por Ruth Matilda Anderson que The Hispanic Society of America atesora en sus fondos me permitió un aprendizaje como traductora —y como editora— en muy distintos ámbitos del conocimiento. Desde cuestiones propias de los estudios de traducción —dudas en torno a la adecuación de los equivalentes propuestos o el equilibrio pragmático entre texto original y texto meta— hasta otras estrechamente vinculadas con el contenido por traducir, este libro brinda la ocasión de alejarnos de la visión de la traducción como una disciplina de ejecución solitaria. Nada más lejos de la realidad: fue un trabajo multidisciplinario y colaborativo, en el que no solo participaron las personas de los equipos de Afundación y The Hispanic Society of America, sino otras, cuyas aportaciones para la resolución de problemas fueron indispensables. En este sentido, este libro es paradigmático de la autoría múltiple (Stillinger, 1991) como verdadero valor de la creación editorial.

Esta encomienda fue también una oportunidad para comprobar el grado de (des)conocimiento que, como sociedad, tenemos sobre nuestra propia memoria histórica, y también para analizar hasta qué punto las tesis de Lerner (1986, 1993) sobre la ocultación de la historia de más de la mitad de la población siguen siendo, a día de hoy, una realidad. Traducir a Anderson nos ha permitido presentar en nuestro sistema cultural su visión y su descripción documentada, con textos e imágenes, de la realidad de una Galicia no tan lejana, pero ausente de nuestros propios registros históricos. Las fotografías y los textos de Anderson, testigos de la vida diaria, muestran a mujeres deslomándose casi como animales de carga, el vacío de los hombres que ya no están por haber emigrado con la promesa de un futuro mejor o por haber perecido a miles de kilómetros de sus hogares en una guerra alentada por un rey desaparecido (Castro, 1880, p. XXVI), niñas y niños descalzos en cuyos rostros se refleja la malnutrición cotidiana… Ni rastro de maquinaria agrícola avanzada, de debates internacionalistas en el campo gallego, que aglutinaba a más de dos tercios de la población, o de superación de unas injusticias sociales e industriales seculares. Quizás una parte de Galicia estuviese asomándose a esa anhelada modernidad, pero la gran mayoría se quedó excluida de ese progreso.

Por tal motivo, este trabajo nos permitió entender la traducción como un mecanismo de (re)conocimiento, ayudándonos a desenmascarar ciertas invisibilizaciones de nuestra historia, a causa, precisamente, de olvidar incluir en su registro consolidado las historias de los márgenes. La Galicia de los años veinte que Anderson presenta no es una construcción «enfocando e encadrando, ou sexa, suprimindo o real para darnos só fragmentos» (Forcadela, 2011, p. 164), sino una imagen cierta de un tiempo que ella pensaba que poco más duraría y que, sin embargo, se adueñó de la vida gallega hasta por lo menos treinta años después. Así, afirmaciones como que «a fotografía de RMA opera […] construíndo un produto ideolóxico, como toda arte que se fundamenta na condición mimética da fotografía. Mais nós, espectadores, non debemos esquecer a condición ficcional desta arte, máxime cando o mundo representado é o doutra época» (Forcadela, 2011, p. 164) impiden apreciar el valor extraordinario de quienes, en las peores condiciones y durante demasiado tiempo, lucharon incansables por un justo futuro.

La traducción es, por tanto, un medio para revisar los relatos de nuestro pasado y descubrir en él las ausencias y las distorsiones, y para comprender y reconocer la fuerza de una sociedad que, aun condenada a la miseria, supo resistir «para sobrevivir á noite de pedra» (López Valcárcel, 2007, p. 15). Y así, también, la traducción abre la puerta a que mujeres antaño privadas de voz (Beard, 2018), y entre ellas, la propia Ruth Matilda Anderson, silenciada en Galicia (Rodríguez-Saavedra, 2021), recuperen su derecho a la palabra pública.

Referencias bibliográficas

Anderson, Alfred Theodore (2009a). Cartas e diarios. Carta y diarios. En Patrick Lenaghan (coord.), *Unha mirada de antano. Fotografías de Ruth Matilda Anderson en Galicia* (pp. 437–466). Santiago de Compostela: Fundación Caixa Galicia y The Hispanic Society of America.

Anderson, Alfred Theodore (2009b). Letters and Diary. En Patrick Lenaghan (coord.), *Unha mirada de antano. Fotografías de Ruth Matilda Anderson en Galicia*, pp. 506–518. Santiago de Compostela: Fundación Caixa Galicia y The Hispanic Society of America.

Anderson, Ruth Matilda (1939). *Gallegan Provinces of Spain. Pontevedra and La Coruña*. New York: The Hispanic Society of America.

Anderson, Ruth Matilda (2009a). Bosquexo dun texto para un libro. Esbozo de un texto para un libro. En Patrick Lenaghan (coord.), *Unha mirada de antano. Fotografías de Ruth Matilda Anderson en Galicia* (pp. 428–436). Santiago de Compostela: Fundación Caixa Galicia y The Hispanic Society of America.

Anderson, Ruth Matilda (2009b). Draft for her Book. En Patrick Lenaghan (coord.), *Unha mirada de antano. Fotografías de Ruth Matilda Anderson en Galicia* (pp. 502–505). Santiago de Compostela: Fundación Caixa Galicia y The Hispanic Society of America.

Anderson, Ruth Matilda (2009c). Anotacións ás fotografías. Anotaciones a las fotografías. En Patrick Lenaghan (coord.), *Unha mirada de antano. Fotografías de Ruth Matilda Anderson en Galicia* (pp. 411–427). Santiago de Compostela: Fundación Caixa Galicia y The Hispanic Society of America.

Anderson, Ruth Matilda (2009d). Notes on the photographs. En Patrick Lenaghan (coord.), *Unha mirada de antano. Fotografías de Ruth Matilda Anderson en Galicia* (pp. 494–501). Santiago de Compostela: Fundación Caixa Galicia y The Hispanic Society of America.

Bassnett, Susan y Lefevere, André (1990). *Translation, History and Culture*. London/New York: Pinter Publishers.

Beard, Mary (2018). *Women and Power. A Manifesto*. London: London Review of Books.

Bourdieu, Pierre (2016). *¿Qué significa hablar? Economía de los intercambios lingüísticos* (trad. Esperanza Martínez Pérez). Madrid: Akal. (Obra publicada originalmente en 1982).

Castro, Rosalía de (1880). Dúas palabras d'a autora. En Rosalía de Castro, *Follas novas* (pp. XXIII-XXVIII).

Castro Vázquez, Olga y Ergun, Emek (2017). *Feminist Translation Studies. Local and Transnational Perspectives*. New York/London: Routledge.

Dieuzaide, Jean (2007). *La Galice. Jean Dieuzaide*. Santiago de Compostela: Fundación Caixa Galicia.

Espinosa, Noemí (2010). *La fotografía en los fondos de la Hispanic Society of America. Ruth Matilda Anderson* (tesis doctoral). Universidad de Castilla La Mancha.

Flotow, Luise von (1997). *Translation and Gender. Translating in the 'Era of Feminism'*. Manchester/Ottawa: St Jerome Publishing / University of Ottawa Press.

Forcadela, Manuel (2011). A representación de Galicia en Ruth Mathilda Anderson. En Carme Fernández Pérez-Sanjulián (ed. lit.), *Viaxes e construción do pensamento. Viaxes e viaxeiros na Galiza anterior a 1936* (pp. 147–165).

Garrido Vilariño, Xoán Manuel (2003–2004). Texto e paratexto. Tradución e paratradución. *Viceversa. Revista Galega de Tradución*, 9–10, pp. 31–39.

Genette, Gérard (1982). *Palimpsestes. La littérature au second degré*. Paris: Éditions du Seuil.

Genette, Gérard (1987). *Seuils*. Paris: Éditions du Seuil.

Juana López, Jesús de; y Vázquez González, Alejandro (2005). Población y emigración en Galicia. En Jesús de Juana López y Julio Prada (coords.), *Historia contemporánea de Galicia* (pp. 393–440). Barcelona: Ariel.

Lenaghan, Patrick (2009). Making a chronicle of Galicia. Ruth Anderson's photographic expeditions for The Hispanic Society of America. En Patrick Lenaghan (coord.), *Unha mirada de antano. Fotografías de Ruth Matilda Anderson en Galicia* (pp. 471–479). Santiago de Compostela: Fundación Caixa Galicia y The Hispanic Society of America.

Lenaghan, Patrick y Seixas Seoane Miguel Anxo (eds.) (2009). Catálogo de obra. En Patrick Lenaghan (coord.), *Unha mirada de antano. Fotografías de Ruth Matilda Anderson en Galicia* (pp. 91–404).

Lerner, Gerda (1986). *The Creation of Patriarchy*. New York: Oxford University Press.

Lerner, Gerda (1993). The Creation of a Feminist Consciousness. From the Middle Ages to the Eighteen-seventy. New York: Oxford University Press.

López Valcárcel, Xulio (2007). *La Galice* de Jean Dieuzaide. En Jean Dieuzaide, *La Galice. Jean Dieuzaide* (13–20). Jean Dieuzaide. Santiago de Compostela: Fundación Caixa Galicia.

Rodríguez-Saavedra, Alba (2021). De Rosalía de Castro a Ruth Matilda Anderson. Feminismo e paratradución. *Viceversa*, 21, pp. 31–45.

Rodríguez-Saavedra, Alba (2022). Ruth Matilda Anderson: el olvido de una pionera de la traducción y la paratraducción de la literatura gallega. *Itinerarios. Revista de Estudios Lingüísticos, Literarios, Históricos y Antropológicos*, 35, pp. 55–70.

Seixas, Miguel Anxo (2009). Ver Galicia. A mirada ferida e a mirada transferida. En Patrick Lenaghan (coord.), *Unha mirada de antano. Fotografías de Ruth Matilda Anderson en Galicia* (pp. 47–68). Santiago de Compostela: Fundación Caixa Galicia y The Hispanic Society of America.

Solum, Kristina (2015). Multiple Translatorship: Identifying the Ghost Translator. En Kaisa Koskinen y Catherine Way (eds.), *New Horizons in Translation Research and Education 3* (pp. 24–40).

Stillinger, Jack (1991). *Multiple Authorship and the Myth of Solitary Genius*. New York/Oxford: Oxford University Press.

Venuti, Lawrence (1995). *The Translator's Invisibility. A History of Translation*. London: Routledge.

Villares, Ramón (2009). A Galicia que visitou Ruth Matilda Anderson. En Patrick Lenaghan (coord.), *Unha mirada de antano. Fotografías de Ruth Matilda Anderson en Galicia* (pp. 69–90). Santiago de Compostela: Fundación Caixa Galicia y The Hispanic Society of America.

Wolf, Michaela y Fukari, Alexandra (2007). *Constructing a Sociology of Translation*. Amsterdam/Philadelphia: John Benjamins.

Yuste Frías, José (2010). Au seuil de la traduction : la paratraduction. En Ton Naaijkens (ed.), *Event or Incident. On the Role of Translation in the Dynamics of Cultural Exchange / Évenement ou Incident. Du rôle des traductions dans les processus d'échanges culturels* (pp. 287–316).

CAPITULO 10

Omisións e adicións na tradución para a subtitulación do inglés ao galego

*Patricia Sotelo Dios**

RESUMO
Neste estudo realízase unha análise cuantitativa e cualitativa de dúas técnicas de tradución, a omisión e a adición, observadas nun corpus de 60 produtos audiovisuais en lingua inglesa subtitulados en inglés e en galego. O corpus Veiga, que consta de case 800 000 palabras e 100 horas de gravacións e que contén producións cinematográficas de ficción e non-ficción, anotouse manualmente de xeito que resulta doado buscar nel unidades de tradución do inglés que foron omitidas no galego e, á inversa, unidades de tradución que non están presentes no inglés e se engadiron no galego. Tendo en conta a natureza multisemiótica destes textos audiovisuais, neste traballo trátase de descubrir que elementos tenden a omitirse, que elementos tenden a engadirse e, de observarse algunha tendencia, cales poden ser os motivos para que esta(s) exista(n).

Palabras clave: subtitulación, corpus multimedia, texto audiovisual, técnica de tradución, omisión, adición, unidade de tradución (UT).

1. Introdución

Este traballo nace do desexo de enriquecer o Corpus Lingüístico da Universidade de Vigo (CLUVI) con textos que conteñen trazos do rexistro oral e co obxectivo principal de afondar na práctica da subtitulación do inglés cara ao galego. O CLUVI (Universidade de Vigo. Seminario de Lingüística Informática, s. d.) é unha colección aberta de 23 corpus paralelos pertencentes a distintos rexistros ou dominios e de distintas combinacións lingüísticas que contén ao redor de 49 millóns de palabras. Constitúe, agora mesmo, o corpus paralelo co maior número e co máis amplo abano temático de traducións do galego e cara ao galego e pódese consultar en liña no enderezo web https://ilg.usc.gal/cluvi/. Inda que a maioría destes subcorpus representan traducións de textos publicados nun medio escrito, polo que se poden considerar corpus unicamente textuais, existen dous subcorpus

* Grupo de Investigación Tradución & Paratradución (T&P) de la Universidade de Vigo. ORCID: 0000-0002-3982-3405.

multimedia: o Littera, que contén textos literarios e os seus correspondentes audiolibros na combinación inglés-español, e o Veiga, que contén subtítulos de filmes en formato texto e multimedia na combinación inglés-galego. Nos seguintes apartados detállase a composición do corpus Veiga e explícase o seu procesamento, realizado con vistas a poder investigar os procesos na práctica tanto da subtitulación intralingüística en inglés como da subtitulación interlingüística do inglés ao galego. Neste estudo, en concreto, analízanse cuantitativa e cualitativamente as unidades de tradución omitidas e engadidas nos subtítulos en galego e trátase de determinar se existe algunha tendencia respecto do tipo de elementos omitidos e engadidos, se esta tendencia coincide coas descritas na literatura dedicada a esta modalidade e se estes fenómenos poden deberse á especial natureza multisemiótica dos textos audiovisuais. Na análise téñense en conta, por tanto, os distintos códigos de significado que compoñen os textos audiovisuais e a súa posible influencia na decisión de subtitular en inglés e de traducir nos subtítulos ao galego certos elementos.

2. Os textos audiovisuais

> It is the integration of all the semiotic modes in a multimodal text that creates meaning and, although that meaning is translated into words, it is the task of the audiovisual (AV) translator to find the wording in his/her language that best expresses that integration of semiotic forces. (Delabastita, 1989, p. 201)

Para poder levar a cabo unha análise de subtítulos, calquera que sexan os idiomas implicados, cómpre definir as características dos textos que son obxecto desa subtitulación e que os diferencian doutros tipos de texto, pois estas condicionan tanto a elaboración dos subtítulos como a análise que se poida realizar deles.

Partindo das definicións que combinan as achegas da teoría da tradución e dos estudos fílmicos, son varias as publicacións dedicadas a presentar as características dos textos audiovisuais e todas coinciden en describilos basicamente como un sistema de signos verbais e non-verbais transmitidos a través de dúas canles de comunicación: a auditiva e a visual (Delabastita, 1989; Gottlieb, 1994; Chaume, 2000; Sokoli, 2000; Zabalbeascoa, 2001, 2005, 2008). Estes signos «tienen formas muy diversas de combinación e interrelación» (Zabalbeascoa,

2001, p. 120), de xeito que, en función do texto, ou mesmo do fragmento de texto, a presenza e a importancia dos distintos signos e canles poden variar. Quen subtitula debería ter en conta esta trama sincronizada que conforma a mensaxe dos textos audiovisuais para tratar de que os subtítulos cumpran a súa función comunicativa en todo momento. Porén, non é unha tarefa fácil dada a diversidade de signos que poden aparecer simultaneamente e as restricións temporais e espaciais que caracterizan esta modalidade.

Ademais, os filmes particularízanse por transmitirse necesariamente a través dunha pantalla e o seu contido está predeterminado, gravado. Estes textos cinematográficos gravados, que son os que compoñen o noso corpus, foron escritos para ser verbalizados como se non estivesen escritos, polo que, malia presentaren trazos dos actos comunicativos orais e espontáneos, diferéncianse destes en varios aspectos como o de teren un inicio e un final ben definidos e o de estaren planificados, premeditados (Gregory, 1967, pp. 191–192). Esa maior ou menor elaboración dá lugar ao que se denomina *oralidade prefabricada* dos textos audiovisuais, un modo narrativo particular que cómpre ter en conta á hora de traducilos. Como sinala Chaume (2001, p. 87):

> [...] el tradutor debe tomar buena nota de las claves de la oralidad de los textos audiovisuales y encontrar el equilibrio entre la oralidad y las convenciones normativas de los clientes, que suelen responder a criterios de recepción, históricos, políticos y culturales.

Inda que tamén menciona a importancia dos «códigos de significación transmitidos a través del canal visual, que confieren mayor expresividad a la narración», poucos son os estudos existentes ata o de agora que combinen elementos verbais e non-verbais na análise dese discurso oral. De feito, agás algunha excepción, a maioría dos traballos dedicados a investigar a narrativa dos filmes e das series de televisión céntranse no código lingüístico, como se pode ver na bibliografía elaborada por Bednarek e Zago (2021), e baséanse na análise de corpus de produtos en lingua inglesa. Tamén recollen algúns traballos dedicados á tradución, sobre todo para a modalidade de dobraxe ao italiano e ao español. En canto a corpus de subtítulos, destacan a colección multilingüe OpenSubtitles (Lison e Tiedemann, 2016), que pertence ao proxecto OPUS; o corpus xaponés-inglés JESC (Pryzant *et al.*, 2018), e o corpus inglés-español CORSUBIL (Rica-Peromingo, 2014), inda que hogano ningún deles inclúe o compoñente audiovisual.

En suma, os estudos de subtitulación interlingüística baseados en corpus son inda demasiado escasos e pouco reutilizables ao non ofreceren a maioría acceso público ao material obxecto da investigación. Cómpre salientar, con todo, que a natureza multidisciplinaria dos estudos de tradución —e, en concreto, da tradución audiovisual— e os avances tecnolóxicos dos últimos anos están facilitando o desenvolvemento da investigación multimodal con corpus (Soffritti, 2019; Bruti, 2020). Cabe esperar que isto, unido á explosión na oferta de contidos audiovisuais que supuxo a chegada das plataformas dixitais e a consecuente proliferación de produtos subtitulados, contribúa a ampliar o coñecemento desta modalidade de tradución.

3. A subtitulación interlingüística

Esta práctica defínena e descríbena profesionais e investigadoras/es do ámbito europeo en numerosas publicacións: entre elas, algunhas dedicadas a todas as modalidades da tradución audiovisual (Luyken *et al.*, 1991; Gambier, 1996, 2003, 2004; Agost, 1999; Chaume, 2003, 2013; Perego, 2005; Bartoll, 2016) e outras especializadas na modalidade de subtitulación en concreto, tanto intralingüística como interlingüística (Karamitroglou, 1998; de Linde e Kay, 1999; Ivarsson, 1992; Gottlieb, 1997; Ivarsson e Carroll, 1998; Díaz Cintas, 1997, 2001, 2003; Díaz Cintas e Remael, 2007, 2021; Bartoll, 2008, 2012; Georgakopoulou, 2009; Pedersen, 2011; Torralba *et al.*, 2019). A subtitulación intralingüística implica o transvasamento do texto audiovisual orixinal á forma escrita, pero non se produce un cambio de idioma. En función do público e da intención para os que se crean estes subtítulos intralingüísticos, podemos distinguir varios tipos. Os máis habituais son os subtítulos para persoas xordas ou con discapacidade auditiva e os subtítulos para persoas que non dominan o idioma do texto audiovisual orixinal. Os primeiros teñen como obxecto «facilitar la accesibilidad a los contenidos audiovisuales» (Asociación Española de Normalización y Certificación [AENOR], 2012, p. 4) e, a diferenza dos subtítulos para persoas oíntes, inclúen información como identificación de personaxes, matices interpretativos e efectos sonoros ou música. Os segundos cumpren, en principio, fins didácticos, inda que ambos os tipos de subtítulos poderían intercambiar o público destinatario. A subtitulación interlingüística, que si implica un cambio de idioma, defínena de forma moi completa Díaz Cintas e Remael (2021, p. 9) como:

> A translation practice that consists of presenting a written text, generally on the lower part of the screen, that aims to recount the original dialogue exchanged among the various speakers, as well as all the other verbal information that is transmitted visually (letters, inserts, graffiti, text messages, inscriptions, placards, and the like) and aurally (songs, voices off, voiceover narration). [...] All subtitled programmes are made up of three main constituents: the spoken word, the image and the subtitles. [...] Subtitles must appear in synchrony with the image and dialogue, provide a semantically adequate account of the SL [source language] dialogues, and remain displayed on screen long enough for the viewers to be able to read them.

Como recollen varias das obras referidas anteriormente, esta práctica tradutora pode diferir en función do país de emisión, da entidade comercializadora e tamén da autoría dos subtítulos. Respecto desta última, distínguese, en xeral, entre subtítulos profesionais e non-profesionais. Os subtítulos profesionais —tamén denominados *comerciais*— pódense definir como aqueles elaborados por persoas que se dedican profesionalmente a esta práctica, pola que reciben unha remuneración económica. Os subtítulos non-profesionais son os elaborados por afeccionadas/os cun interese ou cunha motivación persoal cara a ese produto cultural, polos que non reciben remuneración ningunha, inda que si certo prestixio ou recoñecemento dentro da súa comunidade. Esta última considérase unha práctica máis anárquica que a denominada profesional, regulada polas guías de estilo da empresa que comercializa o produto audiovisual. Porén, malia mostrar un maior grao de liberdade e de creatividade, en moitos casos adóptanse criterios empregados na práctica profesional, que ás veces se adaptan aos gustos ou ás preferencias da comunidade (Orrego-Carmona, 2016).

A día de hoxe pódese comprobar que a maioría dos subtítulos difundidos no cinema, na televisión, en DVD, en Blu-ray e en Internet dentro dunha determinada comunidade lingüística tenden a presentar unha serie de convencións e particularidades derivadas das restricións temporais e espaciais que caracterizan esta práctica. Unha desas peculiaridades é a redución de información respecto do texto audiovisual orixinal. Agás en produtos moi concretos en que apenas existen intervencións orais, a limitación de liñas, de caracteres e de tempo, xunto co respecto pola sincronía, obriga a persoa que subtitula a prescindir de certos elementos, preferentemente aqueles que non se consideren relevantes para comprender a mensaxe, e a reformular o que se considera relevante da forma máis breve posible (Díaz Cintas e Remael, 2021, p. 147). A este respecto, cabe distinguir entre dúas técnicas de redución: a total e a parcial. A primeira consistiría en «suprimir por completo en el texto meta algún elemento de información presente en el texto origen» (Martí Ferriol, 2006, p. 114) e a segunda corresponderíase coa técnica que Molina e Hurtado Albir (2002, p. 510) denominan *linguistic compression* e que consiste en:

> To synthesize linguistic elements in the TT [target text]. This is often used in simultaneous interpreting and in subtitling, e.g., to translate the English question *Yes, so what?* [w]ith *¿Y?*, in Spanish, instead of using a phrase with the same number of words, *¿Sí, y qué?*

Díaz Cintas e Remael (2007, 2021) suxiren, como un dos recursos para condensar información nos subtítulos, fundir dúas ou máis frases ou oracións nunha e propoñen como segmentos candidatos a ser eliminados os seguintes: os conectores e marcadores do discurso, os marcadores da función fáctica, as interxeccións, os vocativos, os nomes propios e apelidos, as palabras moi coñecidas pola audiencia, a linguaxe vulgar, as repeticións, as frases inacabadas, as intervencións case inaudibles ou inintelixibles, os intercambios conversacionais rápidos, as intervencións en idiomas distintos ao do orixinal do filme, as cancións e as redundancias entre texto e imaxe. Neste estudo analizamos as omisións e as adicións de todos estes elementos dentro dun corpus especialmente deseñado para poder observar estes fenómenos.

4. Omisións e adicións no corpus Veiga

O corpus multimedia Veiga consta de 60 producións cinematográficas de ficción e non-ficción en lingua inglesa subtituladas en inglés e en galego e constitúe o único corpus desta natureza que existe ata o de agora. Os produtos audiovisuais orixinais suman case 100 horas de gravación, os subtítulos nos dous idiomas achéganse ás 800 000 palabras e estes subtítulos segmentados e aliñados representan 72 756 unidades de tradución (UT). O procesamento do Veiga segue basicamente os estándares dos demais corpus do CLUVI, inda que con certas modificacións que se detallan en Sotelo Dios e Gómez Guinovart (2012) e cun cambio posterior a esta publicación canto ás etiquetas de adición de UT en galego que se explica a seguir. Na táboa 15 preséntanse os datos do Veiga: o título orixinal do filme, o número de UT e o número de subtítulos e de palabras en inglés e en galego de cada filme. De momento só unha parte do corpus está dispoñible en formato multimedia, pero estase traballando en estendelo a todos os filmes e seguirase ampliando o tamaño do corpus.

Táboa 15. Datos do corpus Veiga

Título EN	UT	Subtítulos EN	Subtítulos GL	Palabras EN	Palabras GL
127 Hours	684	559	480	2727	2377
A Taste of Honey	1474	1144	1061	8514	6129
Afterglow	1339	911	1051	6778	5766
Babel	1232	941	777	6011	3846
Bigger Than Life	1641	1239	1346	9095	6623
Blood and Wine	980	887	887	4341	3299
Bride of Chucky	931	858	858	4709	4057
Broken Flowers	1112	983	869	5891	3941
City of Industry	871	464	631	3399	3022
Cluny Brown	2030	1427	1733	12 707	8858
Daughters of the Dust	635	906	884	5935	5955
Dont Look Back	1335	951	976	8162	6302
Earthlings	552	860	1095	7195	7078
Faces	2247	1566	1536	11 756	7516
Five	759	666	829	4563	3918
Fury	1500	1205	1189	9303	7110
Gates of Heaven	947	1220	1253	11 056	8792
Gimme Shelter	754	589	547	4947	2684
Gun Crazy	1142	788	806	6065	4676
Hearts and Minds	1252	1403	1487	12 896	11 245

(continuado)

Táboa 15. *(continuado)*

Título EN	UT	Subtítulos EN	Subtítulos GL	Palabras EN	Palabras GL
Hunger	627	501	531	4031	3815
Husbands	2496	1500	1166	10 762	5959
I Am a Fugitive from a Chain Gang	1072	876	956	6349	5836
If…	1019	869	879	5436	4608
Ken Park	1056	931	932	5653	4126
Killer of Sheep	599	731	703	4149	3776
Leave Her to Heaven	1761	1364	1360	10 583	8544
Man in the Wilderness	444	399	407	2349	2045
Man's Favorite Sport?	2620	1688	1637	13 657	9512
My Winnipeg	834	1085	1147	8838	8250
Napoleon	1524	1212	933	6763	6076
Only Angels Have Wings	2448	1556	1386	11 060	9394
Paris is Burning	1197	1300	1042	10 985	7510
Paris, Texas	1456	1138	1182	8232	5635
Pickup on South Street	1180	909	940	6912	5247
Punishment Park	1329	1494	1472	10 849	8713
Salesman	2054	1377	1374	12 644	11 446
Shadows	1661	1102	1012	9132	5057
Shooting Fish	1667	1191	1146	8713	6737
Sink or Swim	295	439	515	5734	4105
Song of the South	1563	1091	973	10313	8495
Soylent Green	1103	868	867	5162	4647
The Atomic Cafe	627	1344	1006	8212	7676
The Cove	997	1275	1531	9020	9487

Título EN	UT	Subtítulos EN	Subtítulos GL	Palabras EN	Palabras GL
The Man in the White Suit	1362	932	696	7082	3756
The Man Who Fell to Earth	1606	1275	1277	8918	7267
The Ox-Bow Incident	1117	906	822	7278	5827
The Phenix City Story	1568	1417	1401	11 405	8745
The Road	940	782	652	3937	3317
The Servant	1341	1070	939	6272	4699
The Shooting	969	824	826	5319	4584
The Sound of Fury	1554	1146	1230	8139	7288
The Spy in Black	1253	789	801	6006	4655
The Swimmer	1332	893	894	7205	6709
The War Game	415	637	679	5379	5518
The Wicker Man	935	764	952	5672	6033
They Live	812	847	848	4756	4158
Two-Lane Blacktop	858	710	614	5415	3436
Wendy and Lucy	681	571	572	3561	3096
Whisky Galore!	967	794	793	6631	3716
Total	72 756	60 164	59 388	444 563	352 694

A UT defínese, neste caso, como a frase ortográfica, é dicir, o segmento textual delimitado por calquera signo de puntuación (punto, dous puntos, puntos suspensivos, exclamación, interrogación ou guión) seguido doutra frase que comeza con maiúscula. Esta decisión responde á necesidade de facilitar a segmentación automática dos textos, que se revisa manualmente, e de manter a obxectividade e uniformidade no caso de que máis dunha persoa segmente, aliñe e anote o corpus.

En canto á anotación, están marcadas manualmente tanto as omisións como as inclusións e os reordenamentos de UT, de xeito que resulta doado buscar estes fenómenos en todo o corpus. Considéranse omisións aquelas UT dos subtítulos orixinais en inglés que non se corresponden con UT ningunha nos subtítulos en galego, mentres que as inclusións consisten en UT dos subtítulos en galego que non se corresponden con UT ningunha nos subtítulos en inglés. No caso dos reordenamentos, si existe correspondencia entre UT nos subtítulos dos dous idiomas, pero non aparecen en sincronía, senón que as do galego aparecen antes ou despois no tempo que as do inglés. Os reordenamentos de UT no Veiga son contados, polo que non se inclúe a súa análise neste estudo. Esa escasa presenza probablemente se deba á vulnerabilidade que caracteriza a tradución de subtítulos. Como o público receptor ten acceso simultaneamente ao texto orixinal e ao traducido, a persoa que subtitula debe tratar de manter unha sincronía sintáctica e semántica para que ese público satisfaga as súas expectativas de poder recoñecer nos subtítulos un paralelismo co diálogo orixinal (Díaz Cintas e Remael, 2021, p. 77).

Como nos demais subcorpus do CLUVI, cada UT dos subtítulos en inglés omitida no galego márcase coa etiqueta «supr» e alíñase cun segmento no galego que contén a expresión [[---]] como indicación de que está baldeiro. A correspondencia entre segmentos é, daquela, do tipo 1:0.

Para as UT dos subtítulos en galego que non teñen correspondencia nos do inglés, no Veiga empréganse tres etiquetas distintas: «inav», «inv» e «incl». O segmento baldeiro no inglés indícase, nos dous primeiros casos, coa expresión [[---]] e eses bitextos manteñen unha correspondencia do tipo 0:1. Etiquétanse como «inav» aqueles segmentos que, malia non estar subtitulados en inglés, si se escoitan no texto audiovisual orixinal. Este fenómeno distínguese do que se etiqueta como «inv», constituído por segmentos tamén ausentes nos subtítulos en inglés, pero que se poden ler na pantalla. Por último, a etiqueta «incl» utilízase para aquelas UT que non teñen ningún tipo de correspondencia nin co texto audiovisual orixinal nin cos subtítulos en inglés. Neste caso, o segmento galego etiquetado únese ao segmento inmediatamente anterior ou posterior e non se corresponde cun segmento baldeiro no inglés. Con esta anotación non só se asume que a verdadeira correspondencia debe de establecerse entre o texto audiovisual orixinal e cada un dos dous conxuntos de subtítulos, os intralingüísticos en inglés e os interlingüísticos en galego, senón que se ten en conta a natureza multisemiótica dos textos audiovisuais. Así, unha simple busca permite discriminar as UT engadidas que se emiten pola canle auditiva das que só se emiten pola canle visual. Como se pode ver na análise dos resultados, o tipo de información engadida nos dous casos é distinta, como tamén o é a maneira de representala nos subtítulos. E o feito de que exista esta distinción podería indicar a existencia dalgún tipo de regularidade ou convención.

4.1. Análise das omisións

Para analizar as omisións buscáronse nos textos en inglés todos os resultados da palabra exacta «supr» e, coa axuda das etiquetas dos tempos de entrada e de saída dos subtítulos —que constitúe outro nivel de anotación co que conta o Veiga—, comprobáronse un a un nos textos audiovisuais os elementos suprimidos ao tempo que se foron creando distintas categorías de omisións e se foron completando os datos nunha táboa de Excel. Esas categorías coinciden maioritariamente coas enumeradas no apartado 3 como elementos candidatos a ser eliminados na subtitulación, co que estes achados veñen confirmar esa proposta, inda que en porcentaxes dispares. Atopáronse, ademais, casos de omisións de onomatopeas e de voces en off, que se sumaron ás demais etiquetas, a pesar de seren pouco significativos no reconto total. E creouse a categoría «Outras» para recoller aqueles casos para os que non se identifica unha causa convencional de omisión no galego. Das 70 903 UT susceptibles de omitirse (exclúense do total de 72 756 UT do corpus as etiquetadas como «inav» ou «inv» no galego, pois no inglés correspóndense con UT baldeiras), obsérvanse 5565 omisións (7,8 %). Na gráfica da figura 18 móstranse as porcentaxes de UT omitidas respecto do total de UT en cada filme. Destaca o elevado número en *Husbands*, *The Man in the White Suit*, *Shadows* ou *Babel*.

Na figura 19 represéntanse o número de UT (entre parénteses) e as porcentaxes de UT omitidas pertencentes a cada unha das categorías atopadas no corpus. En total, identificáronse o 63 % das omisións e quedaría un 37 % sen explicación evidente.

A porcentaxe máis elevada preséntana os casos de condensación (12 %). Ás veces trátase de elementos propios da lingua oral, que adoitan aparecer ao inicio ou ao final da intervención, entre os que se poden enumerar: *Come on*, *Hold on*, *Well*, *Yeah*, *I know*, *That's all*, *You know?*, *Listen*, *Look*, *I do*, *I don't* ou *Alright*. Outras veces omítense elementos que se poden considerar sinónimos. Exemplos de condensación:

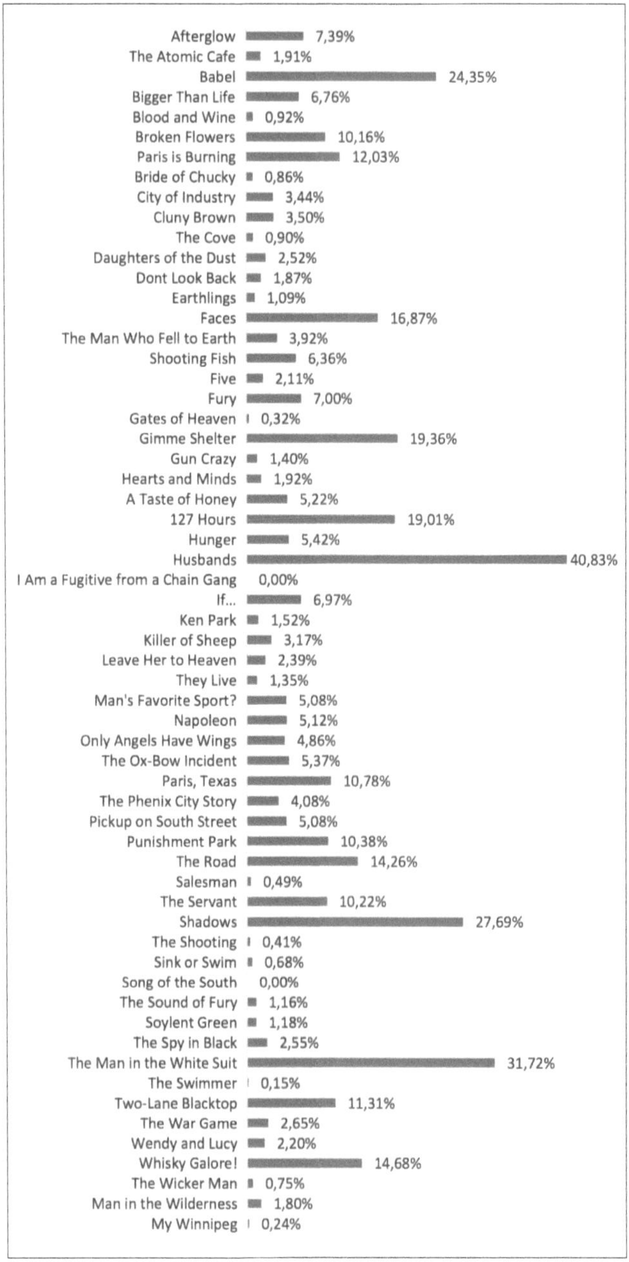

Figura 18. Porcentaxe de UT omitidas por filme

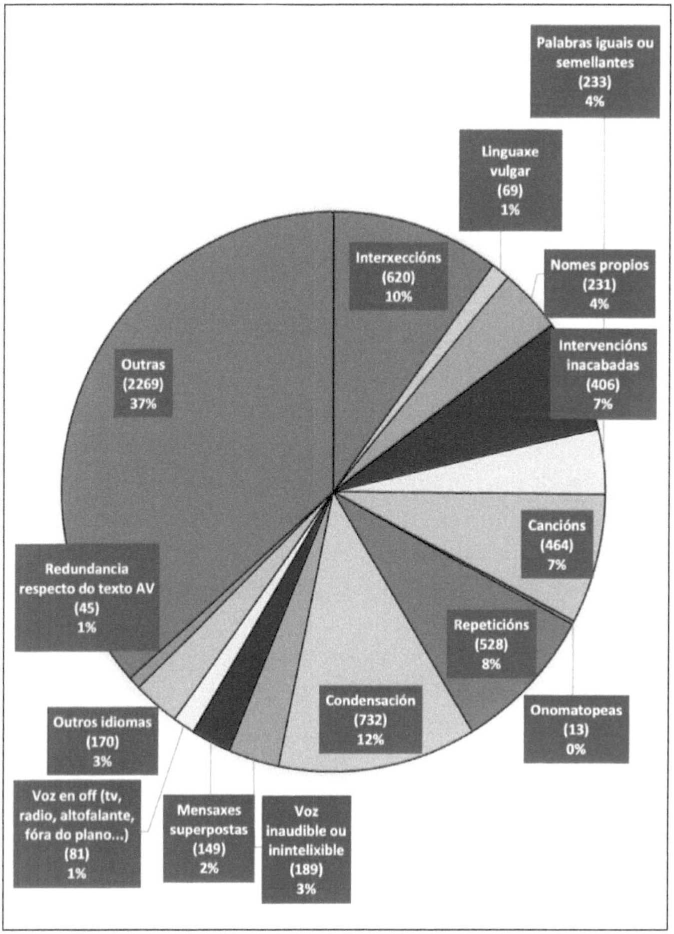

Figura 19. Categorías e porcentaxes das UT omitidas

Unidade de tradución en inglés	Unidade de tradución en galego
Oh, wait. [[hi type="supr"]]Hold on.[[/hi]]	Agarda. [[---]]
You bend it, I mend it. [[hi type="supr"]]Or you break it, I make it.[[/hi]]	Se algo se estraga, deixe que o refaga. [[---]]

(continuado)

(continuado)

Unidade de tradución en inglés	Unidade de tradución en galego
I mean, what is wrong with sexual modesty? [[hi type="supr"]]Tell me that.[[/hi]]	A ver, ¿que ten de malo a moderación sexual? [[---]]
"A young dog. A whelp. [[hi type="supr"]]Puppy.[[/hi]]"	Can novo, cadeliño". [[---]]
[[hi type="supr"]]Look at this thing.[[/hi]] It's like a stewed prune.	[[---]] Este balón está sen aire!

No último exemplo, a condensación de dúas unidades de tradución en inglés a unha en galego vai acompañada dunha particularización[4] —*this thing* concrétase en *balón*—, que probablemente se deba a que se está vendo o balón na pantalla. Inda que a condensación supón un recurso moi habitual e mesmo beneficioso, pois esa supresión non impide a comprensión da mensaxe, non convén excederse para non incomodar o público. Se este percibe unha diferenza considerable entre a lonxitude dunha intervención e a súa tradución nos subtítulos, podería pensar que está perdendo información.

O segundo elemento máis omitido constitúeno as interxeccións (10 %). Exemplos de unidades de tradución formadas por interxeccións omitidas no galego son: *Hey*, *Whoa*, *Oh*, *Ah*, *Wow*, *Mm-hmm*, *Um*, *Uh-huh*, *Phew*, *Shh*, *Oops*, *Yahoo*, *Yee-haw*, *Ta-dah*, *Ough* ou *Attagirl*.

No terceiro lugar atópanse as repeticións (8 %) de elementos que aparecen inmediatamente antes ou despois. Exemplos destas UT omitidas son:

Unidade de tradución en inglés	Unidade de tradución en galego
[[hi type="supr"]]Stop it![[/hi]] Stop it, you fools!	[[---]] Paren, imbéciles!
- Shut up! [[hi type="supr"]]You shut up![[/hi]] - You shut up!	- Cala! [[---]] - Cala ti.
- 10 o'clock. [[hi type="supr"]]- 10 o'clock.[[/hi]]	Ás 10 en punto. [[---]]

[4] A particularización, segundo a clasificación de Molina e Hurtado Albir (2002, p. 510), é unha técnica de tradución que consiste en substituír termos xerais por outros máis precisos ou concretos.

Séguenlles as cancións (7 %), que adoitan marcarse nos subtítulos empregando ora a cursiva, etiquetada no corpus entre os segmentos [[i]] [[/i]], ora os símbolos #, ¶ ou ♪. Considéranse cancións calquera tipo de texto cantado, como os cánticos nunha manifestación ou nun evento deportivo.

A mesma porcentaxe represéntana as intervencións inacabadas (7 %), que adoitan plasmarse nos subtítulos con puntos suspensivos ou con guións, por exemplo:

Unidade de tradución en inglés	Unidade de tradución en galego
We're splitting. [[hi type="supr"]]If those cats can't--[[/hi]] [[hi type="supr"]]If you people--[[/hi]] We're splitting if those cats don't stop beating everybody up in sight.	Irémonos... [[---]] [[---]] se eles non paran de petar en todo o mundo.
[[hi type="supr"]]- What...[[/hi]	[[---]]

Os nomes propios representan o 4 % e, entre eles, atópanse nomes e apelidos —ás veces precedidos dunha forma de tratamento, como *Mrs.* ou *Mr.*—, alcumes e topónimos. Tamén supoñen o 4 % das omisións as palabras recoñecibles pola audiencia, como poden ser *Okay*, *No*, *Papa* ou *Mommy*.

Canto á presenza de idiomas distintos ao inglés ou de dialectos (3 %), cabe comentar que nos propios subtítulos en inglés se observan criterios diferentes: nalgúns casos non se subtitulan, noutros subtitúlanse nese idioma e, na maioría dos casos, tradúcense ao inglés —sobre todo os idiomas que poden resultar máis incomprensibles para o público de fala inglesa, como o xaponés— e plásmanse en subtítulos pechados (os do corpus, que son opcionais) ou abertos (impresos na imaxe). En *Babel*, por exemplo, atopamos numerosas intervencións no español de México que se subtitularon en inglés e se omitiron en galego por considerárense comprensibles para o público destinatario, o que explica a elevada porcentaxe de omisións que presenta este filme.

Outro 3 % obtéñeno os casos de voces inaudibles ou ininteligibles, por procederen de personaxes afastadas da cámara ou que falan en voz baixa.

A categoría de mensaxes superpostas (2 %) refírese á intervención de dous ou máis personaxes á vez ou á presenza simultánea dunha intervención oral e dun texto na pantalla. Nalgunhas ocasións, prodúcese unha superposición estrita de intervencións que deriva na omisión dalgunha delas, ben porque non se entende ou ben porque só hai espazo e tempo para subtitular unha. Noutras ocasións, as intervencións non se superpoñen estritamente, senón que se intercalan, polo que todas se escoitan ben e habería espazo e tempo para subtitulalas. Porén, algunhas acabaron omitidas, probablemente por tratarse de elementos moi curtos e pouco relevantes para a trama, por exemplo:

Unidade de tradución en inglés	Unidade de tradución en galego
So, Blue John is actually named after this guy, Blue John… who was Butch Cassidy's cook…	Blue John foi nomeado así por este tipo Blue John… que era o cociñeiro de Butch Cassidy.
[[hi type="supr"]]- Ah.[[/hi]]	[[---]]
[[hi type="supr"]]That's cool.[[/hi]]	[[---]]
- from, you know, Butch Cassidy and the Sundance Kid.	Xa saben, Butch Cassidy e o Sundance Kid.

Considéranse voces en off (1 %) as que se emiten a través da televisión, da radio, dun altofalante, dun ordenador ou de calquera outro aparello, as voces interiores (pensamento, soño, lectura en silencio…) e tamén aquelas que proceden de narradores ou personaxes que están fóra do plano (nun espazo ou nun tempo distinto ao da escena que se representa na pantalla). Cómpre salientar que a consideración de voz en off é un dos aspectos no que máis difiren as guías de estilo de cada empresa. Por exemplo, segundo a guía da Asociación de Traducción y Adaptación Audiovisual de España (2021, p. 21), as voces en off corresponderían unicamente ás das narracións.

En canto á linguaxe vulgar (1 %), exemplos de UT constituídas por estes elementos e omitidas no galego son: *God*, *My goodness*, *Shit*, *Christ*, *Jesus*, *Fuck*, *Damn*, *Gosh*, *Jeez* ou *For heaven's sake*.

Outro 1 % correspóndelle á categoría de redundancia respecto do texto audiovisual (AV), referida a intervencións que se omiten porque xa se expresan a través dos movementos ou dos xestos dos personaxes, por exemplo:

Unidade de tradución en inglés	Unidade de tradución en galego
Sorry, we don't have Diet Coke.	Síntoo, non temos Coca Light.
- Then a regular Coke.	Entón, unha normal.
[[hi type="supr"]]- Two Cokes.[[/hi]]	[[---]]

Neste caso, o personaxe indica o número dous cos dedos. Outros exemplos observados e a posible explicación da omisión serían: *All right* (pronunciado en voz baixa e asentindo coa cabeza); *Read this* (unha personaxe ponlle o xornal na man a outra); *Go round there* ou *He went that way* (unha personaxe sinala coa man a dirección); *Come, Cluny Brown* (un personaxe colle a Cluny Brown da man e saen do cuarto); *Here you are* ou *There* (alguén lle dá algo a outra personaxe); *Here* (un personaxe achégalle unha cadeira a outro para que sente) ou *Look* (un personaxe mostra o que leva nas mans e un personaxe pásalle a outro a nota que estaba lendo).

Por último, estarían as omisións de onomatopeas como *Bang*, *Meow* ou *Blah*, con escasa representación no corpus (0,2 %).

Cabe mencionar que tamén se consideraron omisións os casos en que unha UT contén máis dun elemento dos mencionados anteriormente, e engadíronse á categoría do primeiro elemento. Por exemplo, *Richie, shh* considerouse unha omisión de nome propio.

Respecto das omisións que non parecen responder a un motivo evidente, os filmes en que máis exemplos deste tipo se atoparon son *Shadows*, *The Road* e *Husbands*, onde hai ata 20 segundos seguidos de intervencións en inglés dos personaxes principais que non se subtitulan en galego. Se ben é certo que en moitos casos se trata de elementos repetidos, non constitúen palabras recoñecibles nin aparecen seguidos, senón distantes no tempo, polo que non se consideran omisións convencionais nin desexables na práctica da subtitulación. Noutros casos os segmentos omitidos son semellantes ou teñen algunha palabra en común, pero resulta improbable que a partir desa escasa conexión o público poida interpretar correctamente a mensaxe. Cómpre lembrar que «aunque la audiencia conozca ciertas palabras, el hecho de que se oiga algo en pantalla y no haya subtítulo los desconcierta» (Torralba *et al.*, 2019, p. 125).

4.2. Análise das adicións

Para contabilizar e categorizar as adicións empregouse o mesmo método que coas omisións, coa diferenza de que se buscou nos textos en galego a palabra exacta «inav», «inv» e «incl». En total atopáronse 1865 segmentos engadidos no galego, o que representa o 2,6 % do total de UT, inda que, como se explicou anteriormente, os segmentos etiquetados como «incl» non se contabilizan como UT propiamente ditas, pois non se aliñan cun segmento baldeiro no inglés. O corpus presenta 22 casos (o 1,2 % do total de adicións) en que a UT en galego non se aliña nin co texto audiovisual orixinal nin cos subtítulos en inglés. Estes elementos engádense por amplificación,[5] por exemplo:

Unidade de tradución en inglés	Unidade de tradución en galego
I'm going to get my BB gun.	Vou coller o meu BB Gun. [[hi type="incl"]](arma do calibre BB)[[/hi]]

Aproximadamente a metade das adicións (966, o 51,5 % do total de adicións) está representada por UT etiquetadas como «inav», é dicir, elementos que non foron subtitulados en inglés, pero que si se escoitan no filme. Na gráfica da figura 20 móstranse as porcentaxes destas UT respecto do total de UT en cada filme. Destaca o número elevado en *City of Industry*, que responde maioritariamente a intervencións noutros idiomas e a voces en off, e en *The Wicker Man*, que corresponde a cancións.

Na figura 21 móstranse o número de UT (entre parénteses) e as porcentaxes correspondentes a cada unha das categorías atopadas no corpus. A categoría «Outras» (13 %) representa aqueles casos para os que non se identifica unha causa de omisión nos subtítulos en inglés que poida identificarse co recollido nas principais guías de estilo da subtitulación intralingüística.

En primeiro lugar destaca a porcentaxe de cancións (22 %), inda que a metade dos resultados corresponde a un só filme, *The Wicker Man*, que contén 104 UT engadidas en galego porque non se subtitularon as cancións en inglés. A este respecto existen tamén distintos criterios en función, sobre todo, do produto de que se trate, da relación que esas cancións teñan coa trama e da obtención dos dereitos de autoría (Díaz Cintas e Remael, 2021, p. 196).

Como acontece coas omisións no galego, a condensación obtén unha das porcentaxes máis elevadas. Entre os elementos que desaparecen por condensación dos subtítulos en inglés e que si se subtitulan en galego están: *Yeah*, *Okay*, *Sure*, *Boy*, *Great*, *Alright*, *Why?*, *Say*, *Right away*, *You know (what)?*, *Well*, *Really?*, *Now*, *Wait*, *I do* ou *I don't*. Velaquí outros exemplos de condensación. Na columna do inglés inclúese entre corchetes dobres a transcrición do que se escoita no filme.

5 A técnica da amplificación consiste en «to introduce details that are not formulated in the ST: information, explicative paraphrasing» (Molina e Hurtado Albir, 2002, p. 510).

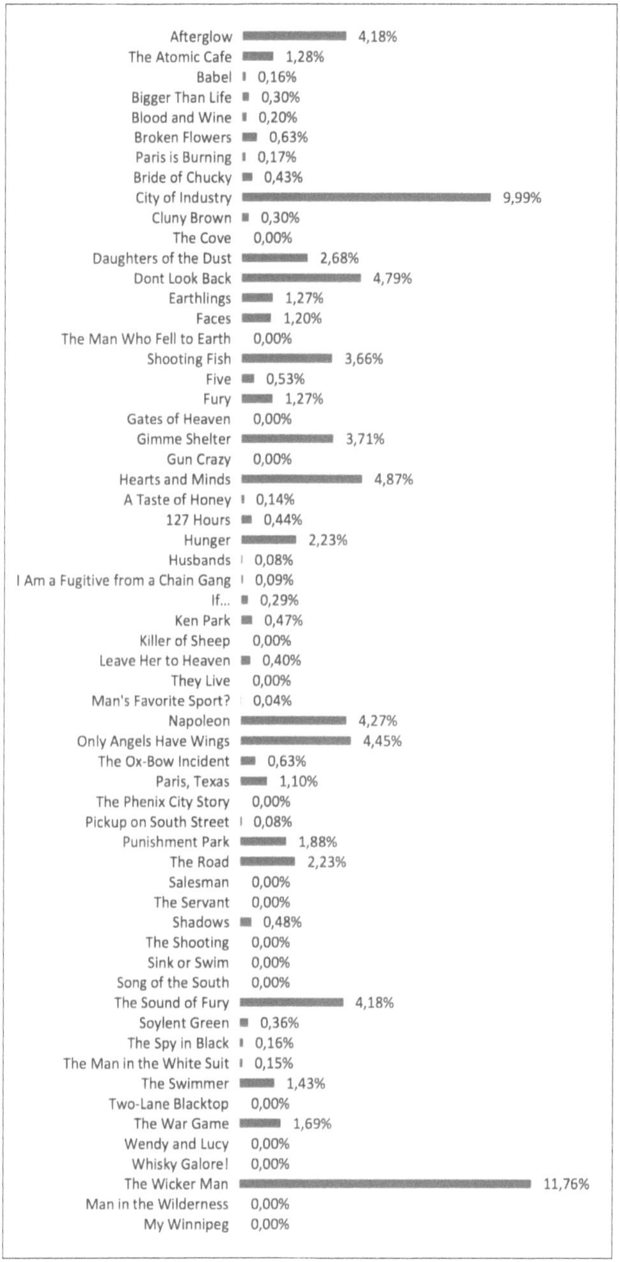

Figura 20. Porcentaxe de UT coa etiqueta «inav» por filme

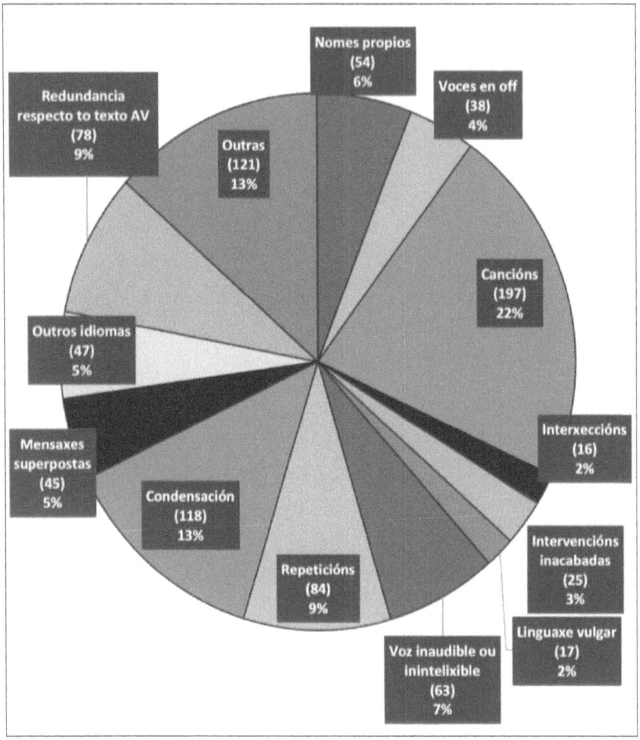

Figura 21. Categorías e porcentaxes das UT «inav» engadidas

Unidade de tradución en inglés	Unidade de tradución en galego
Time to get up, Muffin. [[Wake up.]]	Xa é hora de erguerse, Farrapiño. [[hi type="inav"]]Esperta.[[/hi]]
I don't need his help. I don't need anyone's help. [[I can do it.]]	Non preciso da súa axuda. Nin da de ninguén. [[hi type="inav"]]Pódome valer só.[[/hi]]
Tell your troubles to the 1st National Bank. [[They'll listen.]] They got a Tough Luck Department!	Cóntalle os teus problemas ao First National Bank. [[hi type="inav"]]Vante escoitar.[[/hi]] Teñen un departamento especial para os que lles vai mal.
[[What's the matter with you?]] Are you his brother or something?	[[hi type="inav"]]Que che pasa?[[/hi]] É o teu irmán ou que?

Canto a repeticións (9 %), atopamos exemplos como:

Unidade de tradución en inglés	Unidade de tradución en galego
Hot sand. [[Hot.]]	Area quente. [[hi type="inav"]]¡Que calor![[/hi]]
All passengers aboard the boat. [[All passengers aboard the boat.]]	Pasaxeiros ao barco! [[hi type="inav"]]Pasaxeiros ao barco![[/hi]]
Dutchy, pick a number. [[A number?]] - What for?	- Holandés, elixe un número. - [[hi type="inav"]]Un número?[[/hi]] Para que?

Tamén representan o 9 % os exemplos de redundancia respecto do texto audiovisual. A maioría deles (6,5 %) atópanse no filme *Dont Look Back*, que comeza cunha escena onde soa a canción «Subterranean Homesick Blues» ao tempo que Bob Dylan vai pasando uns carteis con palabras que pertencen á canción (algunhas escritas con erros de ortografía intencionados). Outros exemplos e a posible explicación, entre parénteses, da omisión nos subtítulos en inglés son:

Unidade de tradución en inglés	Unidade de tradución en galego
[[This? (o personaxe sinala unha televisión)]]	[[hi type="inav"]]Isto?[[hi]]
[[I do. (o personaxe levanta a man)]]	[[hi type="inav"]]Eu.[[/hi]]

Respecto doutros idiomas e dialectos (5 %), trátase de intervencións que se deixaron sen traducir nos subtítulos en inglés e que si se subtitularon no galego, malia que o criterio profesional adoita ser o de non traducir o que non aparece subtitulado ao idioma principal do filme (Díaz Cintas e Remael, 2021, p. 82).

Das demais categorías, cómpre comentar as adicións nos casos de voces inaudibles ou inintelixibles (7 %). A subtitulación destes segmentos podería deberse á mencionada vulnerabilidade que caracteriza esta práctica. No momento en que o público escoita unha intervención, inda que esta non se entenda, espera ver aparecer un subtítulo coa tradución.

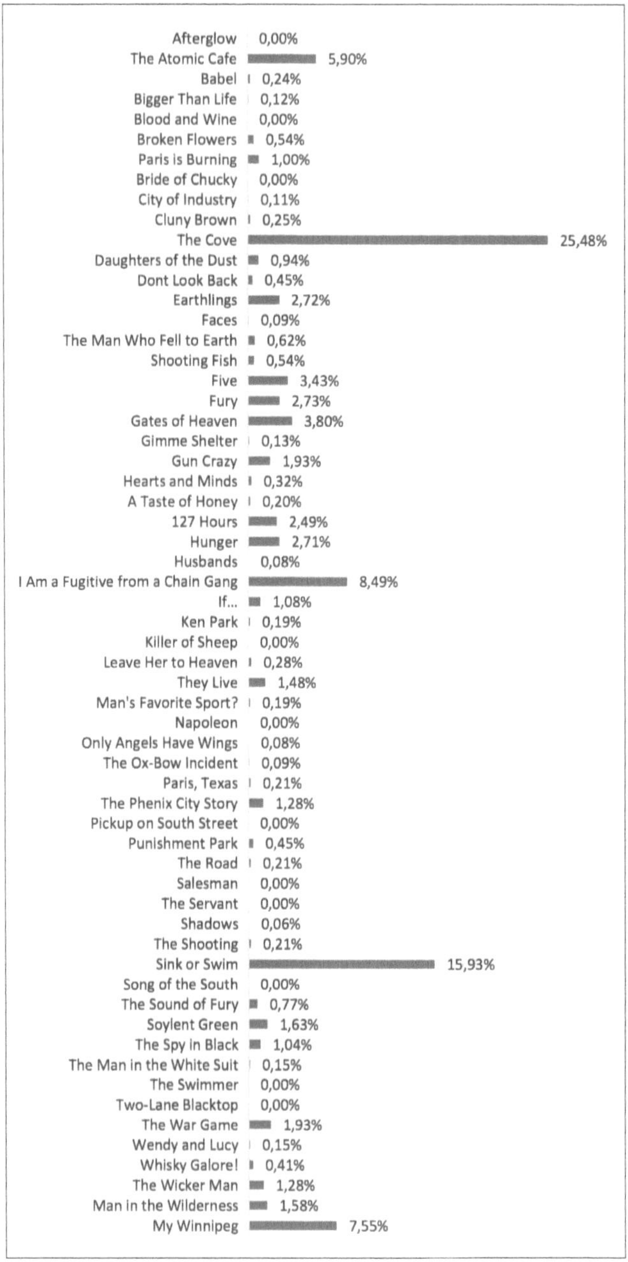

Figura 22. Porcentaxe de UT coa etiqueta «inv» por filme

Por último, atopáronse 887 adicións etiquetadas como «inv» (o 47,3 % do total de adicións) e constitúen UT engadidas no galego correspondentes a texto que aparece na pantalla do produto audiovisual. Na gráfica da figura 22 móstranse as porcentaxes destas UT respecto do total de UT en cada filme. Trátase de títulos, intertítulos, subtítulos ou calquera outro tipo de texto en pantalla. Unha das grandes diferenzas entre a subtitulación intralingüística e a interlingüística reside na representación destes elementos. Na intralingüística adoita omitirse esta información, pois estaría repetíndose o que xa se pode ler na pantalla. Moitas destas adicións no galego débense a que no inglés non se subtitularon esas intervencións nos subtítulos pechados que conforman o corpus porque xa estaban traducidas en subtítulos abertos, gravados na imaxe. Tal é o caso de *The Cove*, que contén numerosas intervencións en xaponés que xa viñan subtituladas en inglés no filme.

Tocante ao formato, esta información visual pode representarse con maiúsculas, con letra cursiva ou con letra normal, en función do elemento de que se trate. O máis habitual é atopala destacada tipograficamente, sobre todo para distinguila da información lingüística que se transmite pola vía oral.

5. Conclusións

Neste estudo móstranse os resultados de observar o emprego de dúas técnicas de tradución —a omisión e a adición— nun corpus de produtos subtitulados tendo en conta a interacción de códigos nos textos audiovisuais. Inda que a omisión constitúe un recurso habitual e mesmo desexable na práctica da subtitulación debido ás limitacións espaciais e temporais, chama a atención o número considerable (37 %) de unidades de tradución omitidas no corpus que non se corresponden cos elementos habitualmente candidatos a ser eliminados por non conteren información relevante para a comprensión da mensaxe do texto orixinal. Con todo, cómpre ter en conta que, por riba das convencións que caracterizan esta práctica, a aparición ou non destes elementos pode estar condicionada por outros factores como as instrucións específicas do cliente. Como indican Torralba *et al.* (2019, p. 27), que presentan un mapa de convencións a partir dun estudo descritivo baseado nos datos extraídos dunha enquisa a profesionais da subtitulación, «las normas cambian a lo largo del tiempo y varían en función del contexto geográfico y profesional donde realicemos el estudio», inda que a globalización e a aparición de plataformas dixitais que comercializan os seus produtos en todo o mundo probablemente estea contribuíndo á converxencia nas convencións. Canto ás adicións no galego, practicamente a metade delas (47,3 %) responden a prácticas convencionais, como a de traducir textos que aparecen na pantalla. A outra metade (51,5 %) corresponde a elementos que se escoitan na banda sonora orixinal, á que ten acceso o público, polo que esas adicións poderían deberse á vulnerabilidade característica desta modalidade de tradución e ser froito da necesidade de sincronizar a duración e o contido dos subtítulos cos diálogos orixinais.

Neste traballo non se teñen en conta datos contextuais que poderían, se cadra, explicar a aparición de exemplos que se afastan do convencional, senón que unicamente se analizan fenómenos que se consideran máis facilmente observables e cuantificables nos datos en formato textual e multimedia que se atopan no corpus. Sería interesante introducir en investigacións posteriores variables de información contextual como o xénero dos filmes ou o medio de distribución dos produtos para descubrir se se poden detectar outras convencións máis idiosincráticas, realizar estudos comparativos entre a subtitulación intralingüística e interlingüística e afondar na práctica da primeira, que está aumentando coa tendencia cara á accesibilidade. Estas e máis posibilidades ofrece o corpus multimedia Veiga no seu estado actual, inda que se está traballando na incorporación de máis etiquetas, como as de entidades (*named entities*), que poidan incrementar a súa utilidade.

Referencias bibliográficas

Agost, R. (1999). *Traducción y doblaje: palabras, voces e imágenes.* Barcelona: Ariel.

Asociación de Traducción y Adaptación Audiovisual de España (2021). *Guía de estilo. Criterios generales para subtitulación y pautado en español.* Recuperado de https://atrae.org/wp-content/uploads/2021/12/Guia-de-estilo-portada-v2.pdf.

Asociación Española de Normalización y Certificación (2012). *UNE 153010:2012 Subtitulado para personas sordas y personas con discapacidad auditiva.* Madrid: AENOR.

Bartoll, E. (2008). *Paràmetres per a una taxonomia de la subtitulació* (tese de doutoramento). Universitat Pompeu Fabra.

Bartoll, E. (2012). *La subtitulació: aspectes teòrics i pràctics*. Vic: Eumo Editorial.

Bartoll, E. (2016). *Introducción a la traducción audiovisual*. Barcelona: Editorial UOC.

Bednarek, M. e Zago, R. (2021). *Bibliography of linguistic research on fictional (narrative, scripted) television series and films/movies, version 4.* Recuperado de https://unico.academia.edu/RaffaeleZago.

Bruti, S. (2020). Corpus Approaches and Audiovisual Translation. En Ł. Bogucki e M. Deckert (eds.), *The Palgrave Handbook of Audiovisual Translation and Media Accessibility* (pp. 381–395). DOI: 10.1007/978-3-030-42105-2_19.

Chaume, F. (2000). *La traducción audiovisual: estudio descriptivo y modelo de análisis de los textos audiovisuales para su traducción* (tese de doutoramento). Universitat Jaume I.

Chaume, F. (2001). La pretendida oralidad de los textos audiovisuales y sus implicaciones en traducción. En R. Agost e F. Chaume (eds.), *La traducción en los medios audiovisuales* (pp. 77–88).

Chaume, F. (2003). *Doblatge i subtitulació per a la TV.* Vic: Eumo Editorial.

Chaume, F. (2013). The turn of audiovisual translation: New audiences and new technologies. *Translation Spaces*, 2, pp. 105–123. DOI: 10.1075/ts.2.06cha.

de Linde, Z. e Kay, N. (1999). *The Semiotics of Subtitling.* London/New York: Routledge.

Delabastita, D. (1989). Translation and mass-communication: film and TV translation as evidence of cultural dynamics. *Babel*, 35 (4), pp. 193–218. DOI: 10.1075/babel.35.4.02del.

Díaz Cintas, J. (1997). *El subtitulado en tanto que modalidad de traducción fílmica dentro del marco teórico de los Estudios sobre traducción:* Misterioso asesinato en Manhattan, *Woody Allen, 1993* (tese de doutoramento). Universitat de València.

Díaz Cintas, J. (2001). *La traducción audiovisual: el subtitulado*. Salamanca: Ediciones Almar.

Díaz Cintas, J. (2003). *Teoría y práctica de la subtitulación inglés/español.* Barcelona: Ariel.

Díaz Cintas, J. e Remael, A. (2007). *Audiovisual Translation: Subtitling.* Manchester: St. Jerome Publishing. DOI: 10.4324/9781315759678.

Díaz Cintas, J. e Remael, A. (2021). *Subtitling: Concepts and Practices.* London/New York: Routledge. DOI: 10.4324/9781315674278.

Gambier, Y. (1996). La traduction audiovisuelle. Un genre nouveau ? En Y. Gambier (ed.), *Les transferts linguistiques dans les médias audiovisuels* (pp. 7–12).

Gambier, Y. (2003). Introduction: Screen Transadaptation: Perception and Reception. *The Translator*, 9 (2), pp. 171–189. DOI: 10.1080/13556509.2003.10799152.

Gambier, Y. (2004). La traduction audiovisuelle : un genre en expansion. *Meta*, 49, pp. 1–11. DOI: 10.7202/009015ar.

Georgakopoulou, P. (2009). *Subtitling for the DVD Industry*. Amsterdam/ Philadelphia: John Benjamins. DOI: 10.1057/9780230234581_2.

Gottlieb, H. (1994). Subtitling: Diagonal translation. *Perspectives*, 2 (1), pp. 101–121. DOI: 10.1080/0907676X.1994.9961227.

Gottlieb, H. (1997). *Subtitles, translation & idioms* (tese de doutoramento). University of Copenhagen.

Gregory, M. (1967). Aspects of Varieties Differentiation. *Journal of Linguistics*, 3 (2), pp. 177–198. DOI: 10.1017/S0022226700016601.

Ivarsson, J. (1992). *Subtitling for the Media: A Handbook of an Art.* Simrishamn: TransEdit.

Ivarsson, J. e Carroll, M. (1998). *Subtitling.* Simrishamn: TransEdit.

Karamitroglou, F. (1998). A Proposed Set of Subtitling Standards for Europe. *The Translation Journal*, 2 (2), pp. 1–15.

Lison, P. e Tiedemann, J. (2016). OpenSubtitles2016: Extracting Large Parallel Corpora from Movie and TV Subtitles. En N. Calzolari *et al.* (eds.), *Proceedings of the 10th International Conference on Language Resources and Evaluation, LREC 2016* (pp. 923–929).

Luyken, G.-M. *et al.* (1991). *Overcoming Language Barriers in Television: Dubbing and Subtitling for European Audience.* Manchester: European Institute for the Media.

Martí Ferriol, J. L. (2006). *Estudio empírico y descriptivo del método de traducción para doblaje y subtitulación* (tese de doutoramento). Universitat Jaume I.

Molina, L. e Hurtado Albir, A. (2002). Translation Techniques Revisited. A Dynamic and Functionalist Approach. *Meta*, 47 (4), pp. 498–512. DOI: 10.7202/008033ar.

Orrego-Carmona, D. (2016). A reception study on non-professional subtitling. Do audiences notice any difference? *Across Languages and Cultures*, 17 (2), pp. 163–181. DOI: 10.1556/084.2016.17.2.2.

Pedersen, J. (2011). *Subtitling Norms for Television*. Amsterdam/ Philadelphia: John Benjamins. DOI: 10.1075/btl.98.

Perego, E. (2005). *La traduzione audiovisiva*. Roma: Carocci Editore.

Pryzant, R. *et al.* (2018). JESC: Japanese-English Subtitle Corpus. En N. Calzolari *et al.* (eds.), *Proceedings of the 11th International Conference on Language Resources and Evaluation, LREC 2018* (pp. 1133–1137).

Rica-Peromingo, J. P. (2014). La traducción de marcadores discursivos (DM) inglés-español en los subtítulos de películas: un estudio de corpus. *The Journal of Specialised Translation*, 21, pp. 177–199.

Soffritti, M. (2019). Multimodal Corpora in Audiovisual Translation Studies. En L. Pérez-González (ed.), *The Routledge Handbook of Audiovisual Translation* (pp. 334–349).

Sokoli, S. (2000). *Research Issues in Audiovisual Translation: Aspects of Subtitling in Greece* (tese de licenciatura). Universitat Autònoma de Barcelona.

Sotelo Dios, P. e Gómez Guinovart, X. (2012). A Multimedia Parallel Corpus of English-Galician Film Subtitling. En A. Simões, R. Queirós e D. da Cruz (eds.), *Proceedings of the 1st Symposium on Languages, Applications and Technologies, SLATE 2012* (pp. 255–266).

Torralba, G. *et al.* (2019). *La traducción para la subtitulación en España. Mapa de convenciones*. Castelló de la Plana: Publicacions de la Universitat Jaume I.

Universidade de Vigo. Seminario de Lingüística Informática (s. d.). *Corpus CLUVI* (v. 3.4, ISLRN 910-993-402-072-9). Recuperado de https://ilg.usc.gal/cluvi/.

Zabalbeascoa, P. (2001). El texto audiovisual: factores semióticos y traducción. En J. D. Sanderson (ed.), *¡Doble o nada!: actas de las I y II jornadas de doblaje y subtitulación de la Universidad de Alicante* (pp. 113–126).

Zabalbeascoa, P. (2005). Prototipismo textual, audiovisual y traductológico: una propuesta integradora. En R. Merino Álvarez, E. Pajares Infante e J. M. Santamaría López (eds.), *Trasvases culturales: literatura, cine, traducción 4* (pp. 177–194).

Zabalbeascoa, P. (2008). The nature of the audiovisual text and its parameters. En J. Díaz Cintas (ed.), *The Didactics of Audiovisual Translation* (pp. 21–37).

Consecutive interpreting (learning) as process: a proposal of key skills and tools to guide it

Lara Domínguez Araújo[*]

ABSTRACT
As a communicative action that takes place in a specific context in which different cognitive skills and strategies are used, interpreting is an activity with an inescapable processual nature. Its learning also follows a curve like that of any other complex discipline; however, it is often difficult in interpreting training to separate learning orientation from the immediate search for a flawless interpretation, or from the will to detect innate interpreting talents. Believing that interpreting learning is, without doubt, a process with milestones and stops where we should halt and reflect, we present in this article a proposal of key skills for consecutive interpreting learning – tackled as a gradual process – and a (self) assessment tool that promotes students' self-regulation and awareness of such skills.

Keywords: consecutive interpreting, learning, interpreting as process, assessment.

1. Introduction: can one learn to interpret?

The discipline of interpreting is a complex activity (Groot, 2000) and, as such, the possibility of learning it has not always been obvious. As Baigorri Jalón (2000, p. 332) explains, in the interwar period of last century, an interpreter – they exclusively worked in the consecutive mode at that time – was considered as 'un fenómeno o portento, que suscitaba la admiración del público, cautivado por su propia ignorancia de los idiomas y de los mecanismos psicolingüísticos que intervienen en el proceso' [a genius or prodigy, who stirred awe among the members of the audience, captivated by their own ignorance of languages and the psycholinguistic mechanisms involved in the process].

In this sense, Baigorri raises a critical point: the idea came to be accepted thanks to the fact that 'los intérpretes mismos no desmintieron esa imagen'

* University of Vigo. Department of Translation and Linguistics. Member of the Research Institute iLingua (Instituto de Investigación Lingua), University of Vigo. ORCID: 0000-0003-1257-838X.

['interpreters themselves did not refute that image'] (2000, p. 332). Those who interpreted at the Paris Conference and the League of Nations, and who were the most visible occupants of the podium (Baigorri Jalón, 2000, p. 331), had 'no sólo el conocimiento de los idiomas sino también una presencia y un aplomo semejantes a los de los propios participantes en las reuniones, con los que se codeaban continuamente' [not only the knowledge of the languages but also a presence and composure similar to those of the participants in the meetings themselves, with whom they constantly rubbed shoulders].

From this description, one can infer the likelihood that their lack of modesty attracted less attention than their presence, although, as Baigorri mentions, such immodesty was less widespread than one could think and was due to their inability to explain the interpreting process itself (2000, p. 332).

The interpreting research carried out in the past century should, at least, have provided 'practisearchers' with knowledge and tools to explain the processual nature of interpreting and refute the fanciful veil of prodigy that surrounded the trade. However, interpreters' aura of infallibility is still part of the image of the profession, as can be deduced from Diriker's call to rebut it:

> Interpreters are active and critical decision-makers, who perform under time constraints in settings that are characterised by visible and invisible complexities. No profession that requires critical decision making under severe cognitive and time constraints can ever be absolutely infallible. Fallibility is not a negation of competence and expertise. On the contrary, it is precisely the complexities of the task that make the task special. (2011, p. 34)

In this sense, we agree with Diriker that 'adopting a more realistic discourse that emphasizes our true strengths, constraints and responsibilities might be a more powerful representation of the professional than we have ever come to believe' (2011, p. 34).

In fact, in the Ph.D. dissertation that inspired his later efforts model, Gile (1989) already pointed to such fallibility when noting the errors and omissions incurred by professional interpreters while interpreting simple speeches in the simultaneous mode.

Also, this more realistic conception of the expectations about the interpreters' role and the conditions in which their work takes place, as well as knowledge of the complexity (both visible and invisible, as Diriker highlights) of their activity, make interpreting teaching and learning more relevant.

For, from the moment we stop regarding interpreting as 'un arte natural y no aprendido – y, por inferencia inmediata, que no se podía aprender ni enseñar – ' ['an art that was natural and not learned – and, by immediate inference, one that could not be learned or taught'] (Baigorri Jalón, 2000, pp. 331–332), the learning process comes to the fore.

Nevertheless, although the earliest interpreting training is likely to date from remote times – the eleventh or twelfth century at the latest (Kalina, 2015, p. 17) – and the first simultaneous interpreting course in history was taught almost one century ago (ILO, Geneva, 1928), the idea that interpreters could not be 'made' remained, to the point that Mackintosh decided to entitle a general article on interpreting training in the US with the eloquent statement that 'Interpreters are made, not born' in 1999 – a clear declaration of intent that emphasizes the need to remember the acquired nature of the job.

On the other hand, those who defended the relevance of interpreting training at that time did not deny the need for a more or less innate previous talent:

> Those who advocated cooperation with schools and recognition of degrees, on the other hand, did not question the importance of an inherent aptitude; they agreed that talent is not teachable, and that entrance examinations were required to select those students who had such an aptitude; they argued that even naturally gifted students had much to learn that could be taught. (Seleskovitch, 1999, p. 58)

Therefore, the hegemonic thought on interpreting teaching and research from the middle of last century assumed that a more or less natural talent for the trade was indeed necessary; it was just that such talent did not imply that training was dispensable, but that it should not be accessible to everyone. Accordingly, research focused, to a large extent, on the study of the innate characteristics of these people and the aptitudes that should be considered in the admission tests for specialized interpreting courses in order to select those who where the most suitable for and deserving of such training (Moser-Mercer, 1994; Russo, 2011).

2. Implicit conditions of interpreting training and the particular context of our proposal

People would learn to interpret – provided that they had certain foundations and aptitudes – in the last century already; but how did they do it, and with what approach?

If we analyze interpreting handbooks or even the scientific production on interpreting didactics, we can see that the focus was on describing the interpreter's savoir-faire and presenting it as reference for the assessment of students' performance in the classroom; that is, we can detect a pedagogic 'learning by imitation' or even 'by comparison' approach in them. Thus, in their pioneering work on interpreting didactics, Seleskovitch and Lederer (1989) highlight the importance of the role of the teacher (and interpreter), who should compare students' performance with their own as it would be if they had to interpret the speech in question: 'l'apport personnel de l'enseignant est irremplaçable ; la base de l'enseignement restera toujours la comparaison intuitive qu'il établira entre la prestation de l'étudiant et la prestation qu'il aurait faite lui-même sur le même discours' (p. 265).

This perspective focused on the appraisal of the product and its comparison with the 'desirable' product of the interpreter and teacher, which would be the model to be imitated. Nevertheless, this pioneering work already proved to be a critical breakthrough for an approach to interpreting as a process, with an interest in the diagnosis of errors and, consequently, in the underlying possibility of 'remedying' them and, therefore, learning to avoid or solve them.

Since then and until today, considerable progress has been made thanks to interdisciplinary research and the encounters between cognitive psychology and research on interpreting learning. Both have provided new foundations for training, defining interpreting as a complex discipline that involves the development of skills that can be learned separately through 'deliberate practice' (Ericsson, 2000) and the promotion of metacognition (Moser-Mercer, 2008; Choi, 2006). This approach to interpreting learning – which is conceived implicitly as a process – thus entered interpreting teaching. In fact, the latest great work on its didactics (Setton & Dawrant, 2016) explicitly mentions the learning curve (pp. 20–21, 159, 180) and bases its proposal on progressive learning through increasingly difficult and realistic exercises, bearing in mind each student's individuality and focusing on skills, constructive feedback and deliberate practice as pedagogic principles and key recommendations for good training (pp. 9–10, 36–39, 98–99).

Nevertheless, in spite of the above, we feel that the conception of interpreting as a discipline accessible to few is still deeply rooted and appears implicitly as a mechanism for teachers and 'gatekeepers' of the profession to delimit certain privileges. As an example, in Setton and Dawrant's work itself, we find once again the implicit idea of the consideration of the teacher as infallible interpreter and unquestionable *auctoritas*, when the authors note the need to 'ensure that no-one [students] can get too cocksure and everyone will have something to learn' (Setton & Dawrant, 2016, p. 159). We find that need to 'take students down a peg or two' striking since, to a large extent, it does not match our teaching experience. On the contrary,

> [...] entre os obstáculos máis habituais para a aprendizaxe da materia [de interpretación consecutiva] destacan a falta de seguridade dos estudantes nas súas propias capacidades e a interferencia de factores psicolóxicos como a baixa autoestima, a dificultade para actuar en situacións de estrés ou o medo ao fracaso e a mostrar debilidade en público [the most common obstacles to the learning of the subject [of consecutive interpreting] include notably students' lack of confidence in their own abilities and the interference of psychological factors such as low self-esteem, difficulty to perform in situations of stress or fear of failure and showing weakness in public]. (Domínguez Araújo, 2012b, p. 199)

To understand this, we should bear in mind, first, the fact that our experience is mainly restricted to teaching at bachelor's degree level and, second, students' sociological configuration, in which certain factors that are usually not considered when it comes to teaching conference interpreting at postgraduate level – such as social class, gender, neurodivergence or the fact that students or teachers belong to a minoritized culture – play an inescapable role in one's self-concept and the understanding of one's own and other's capabilities. Thus, from our experience in interpreting training in the third and fourth years of the bachelor's degree in translation and interpreting at the University of Vigo, we feel that the 'impostor phenomenon' is much more widespread among female students than reluctance to follow the teacher's suggestions.

Therefore, we believe it is important to emphasize not only the need to pay attention to the interpreting process (and not only to the product) but also the learning process itself as such, so that it will involve and empower students.[1]

3. The consecutive interpreting (learning) process as focal point

In spite of the aforementioned inability to explain the interpreting process (Baigorri Jalón, 2000, p. 332), interpreting research reflected, from the very beginning, the processual nature of the discipline, focusing on the note-taking procedure (Rozan, 1956) and making explicit reference to the process (Herbert, 1952). Herbert already structured his pioneering interpreting handbook into three well differentiated parts ('comprehending or understanding', 'converting or translating' and 'saying') that he treats as separate elements of the 'interpreting process' (1970 [1952], p. 9).

From Herbert's early considerations to the Setton and Dawrant's latest dual work (2016), in which references to the process (as a way of putting skills into practice) and to the product (as learning results) guide the training method, through Gile's efforts model (2009 [1995]), the emphasis placed by Abuín González (2005) and Arumí Ribas (2012) on the need to use strategies, or the contributions from cognitive psychology and the different studies on interpreting expertise (Ivanova, 1999; Ericsson, 2000; Moser-Mercer, 2000a, 2000b; Liu, 2001, 2008; Tiselius, 2005, Tiselius & Jenset 2011), the process proved inescapable and became the core of the research.

With regard to assessment, however, the role of educational assessment and its interrelationship with the interpreting process has received less attention, in spite of its relevance (Soler, 2006; Martin & Abril Martí, 2001; Domínguez Araújo, 2015). In fact, if we want to intervene in the interpreting process, we need to clearly delineate the relationships between the process and the product and define the skills we are seeking in relation to the former.

1 See Domínguez Araújo (2012a, 2012b, 2016) for more information on the pedagogic approach.

In the study by Domínguez Araújo (2015) analyzing the feedback given in the classroom in the context of interpreting teaching at postgraduate level, we find some examples of the interrelationship between those elements in the assessment of consecutive interpreting (pp. 424–425):

No.	Product (symptom)		Process (cause and solution)	Appraisal
17	The assessment stresses the lack of **confidence** conveyed by the student in their interpretation [FORM]. The possible lack of **credibility** resulting from inadequate problem management during the interpretation is a very important reference because the audience perceives it [FORM] and errors can be made in the content, by adding information or attributing wrong statements [CONTENT].	→ ←	The student explains that this is due to the fact that they were aware they were losing **information** while interpreting [CONTENT]. The teacher refers to the need to manage and **solve problems** as origin and as pattern for the future in order to avoid conveying insecurity [TECHNIQUE].	
21	The interpretation has **content** errors that might call into question the student's level of **understanding** [CONTENT].		It is a recurrent error of the student that has nothing to do with the language but with the type of information the student finds hard to process (analysis) [CONTENT, TECHNIQUE]. The teacher advises the student to be aware of the **speaker** and the **context** in order to better follow the **sense** of the speech and not to make mistakes that call the student's credibility into question [CONTENT, TECHNIQUE AND PROFESSIONAL PREPARATION].	General appraisal Negative: too many black points.

Setton and Dawrant (2016), for their part, align skill acquisition (process) with learning objectives (product) in their table of steps to gain expertise in consecutive interpreting (pp. 170–171):

Skill acquisition (Process)	Intermediate objectives (Product)
Listening, analysis, memory technique, speaking	Make sense, capture main points and links
Noting: Learn the 'Standard Method' of note-taking in steps (A/B/C>A)	Establish a basic note-taking toolkit (layout plus condensing devices)
Practice real-time note-taking, improve and adapt technique (A/B/C>A then, when confident, A>B)	Completeness of information content, facts and logic
Experiment, customize and stabilize technique, adapting what, how and when to note. Step up practice into B	Coherence: guided by clear layout and pointers in notes, use connectives and prosody to make product more structured, meaningful and communicative
Consolidate technique through extensive deliberate practice, improve precision, coherence and concision	All-round competence, flow: on standard authentic input, a precise, well-expressed, quasi-professional rendition, with time control and eye contact to engage the audience. On more difficult material, a clear and reliable rendition that makes sense
Polish performance on standard input	Eloquence: polish style, rhythm, tone and quality of expression
Learn to cope and manage on complex and difficult input	Adequacy/Survival: optimize by prioritizing and editing where necessary

This table presents an interesting framework based on progressive learning, designed for a two-year training program. If we focus on the first rows of the table and, therefore, on the primary skills needed for a sound foundation in consecutive interpreting with note-taking, we can see that the skills acquired (or developed) are listening, analysis, memory, expression and note-taking to do an interpretation that makes sense and reproduces the main ideas and the links between them, using a basic note-taking technique.

4. Proposal of skills and abilities as learning objectives

To enable students to situate themselves in the learning process, a thorough understanding of the interpreting process is key. Thus, setting a clear division of the process into skills and sub-skills will help then to have a clear and detailed definition of the progress they need to make.

To this end, we present in this chapter a proposal of skills or abilities formulated as learning objectives and intended to help with their implementation and development on the basis of a processual conception of both interpreting competence and interpreting learning in itself.

Whether we assume the usual assessment criteria of postgraduate courses in conference interpreting (Santamaría Ciordia, 2015) or our own rubric and its reviews (Domínguez Araújo, 2013; Limbach & Álvarez García, 2019), or the many metacognitive self-assessment and co-assessment tools (Arumí Ribas, 2003; Arumí Ribas & Domínguez Araújo, 2011), we can infer several skills that are related to the ability to achieve certain learning results in interpreting as a product and constitute, in our view, the basis for a good consecutive interpreting technique (equivalent to the first two rows of Setton and Dawrant's table in the previous section). Our proposal, therefore, is not intended as a model of what we do when we interpret, but as a selection of skills we should learn and reflect upon in order to attain the foundations of the consecutive interpreting technique within a time horizon of four months of regular classes.

Specifically, we rely on the practice, from the very beginning, of certain skills that will become more complex as the next skills are acquired, and which should be consolidated individually and borne in mind at all times (listening to the original speech continuously and attentively, listening to oneself during the interpretation, natural and correct expression, fluency and confident tone of one's own speech, etc.), as well as on the conversion of these skills into specific objectives that separately address the general efforts compiled by Gile in his didactic theory on consecutive interpreting. All of them focus on the interpreting process and on the abilities that should be brought into play to do the interpretation, both while listening and taking notes in the source language (first phase) and while reconstructing the speech in the target language (second phase).

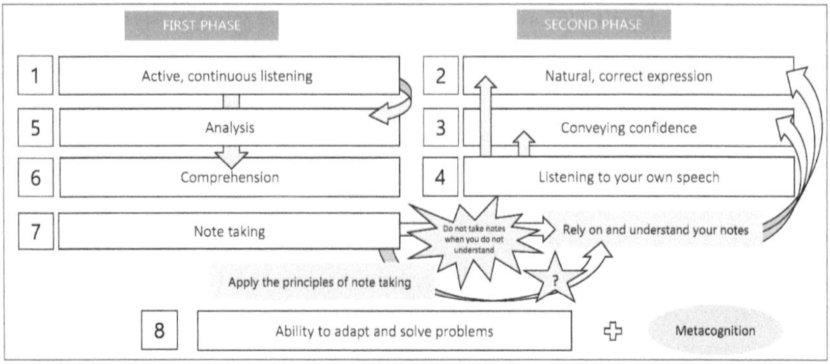

Figure 23. Key skills for consecutive interpreting

In the chart, we suggest a global overview of the skills and abilities, listed in the proposed order of acquisition and organized according to whether they are used in the first or in the second phase of consecutive interpreting. We also present some key strategies for their implementation (inside the ellipses). Below, we present them in the order in which we suggest they should be worked on in the classroom.

4.1. Active listening and continuous attention to the original during the first phase of consecutive interpreting

This critical and indispensable skill is related to the ability to concentrate, solve problems and divide one's attention. It is, without doubt, the main task during the phase of listening to the speech. Therefore, it should be clear that note-taking cannot be performed at the expense of such listening, and listening should always take precedence over any other task. This is why, in the early stages of learning, we recommend that this should be the first and only objective of students' practice. As Groot (2000, p. 63) explained, applying Gopher's findings (1993) to interpreting, the specific practice of attention control has a positive impact in that it helps to improve the interpreting technique. In fact, however basic this task seems at first sight, it should not be neglected and should be worked on as a specific learning objective as, even before note-taking is introduced, students often struggle to keep their attention on the original when facing disconcerting ideas, unknown vocabulary or poorly structured speeches. Therefore, the strategy of 'returning to the thread of the speech' as soon as a problem emerges, i.e., the acceptance of distraction as a natural part of the listening process and quick redirection, is an indispensable strategy that forms part of problem solving while listening. Also, the importance of this objective will become even more evident with the introduction of note-taking (Gile, 1991, p. 431).

4.2. Natural, correct expression in the target language

From our experience, awareness of one's own speech, natural expression and correction are elements that should not be left for the last stage of the learning; on the contrary, they should always be present in each interpretation or oral expression exercise. One way of promoting this is to prepare one's own speeches in the target language, which is often done to raise awareness of one's own abilities and increase vocabulary activation, as well as to avoid interferences from other languages. As with the previous skill, this objective is often disregarded and left aside when working on the acquisition of other interpreting-specific skills; hence the importance of pointing it out and not lowering one's guard at any time, for the benefit of the interpretation.

On the other hand, it is common to find that students are not used to keep a formal register and activate a rich, varied lexicon that is appropriate for the occasion, so they should practice this from the very beginning.

4.3. Conveying confidence in one's voice (tone, fluidity, vocalization, appropriate pauses)

While this skill, which is essential to the credibility of the interpretation, largely depends on one's confidence in their own interpretation, one way of exercising it in those cases when students find it hard to implement it, is to practice theater (Cho & Roger, 2010). From our experience, a usually successful exercise is the exaggerated imitation of some well-known figure who speaks with great confidence (a public figure, a politician, etc.) so that students dare to speak as someone who is not ashamed to show self-confidence and end up adopting a happy medium between their initial insecurity and exaggerated imitation, thus managing to convey the necessary credibility as interpreters.

With regard to fluency, we stress the need to pause between sentences and keep a fluid pace but without going too fast, which allows students to focus on what is being said and choose the most appropriate expressions, with a view to reinforcing skill 2. Also, this gives students the leeway required to reconstruct the interpreted speech, which will be so useful for problem solving ('think fast but speak slowly').

In relation to vocalization, making previous warm-up and articulation exercises that are typical of the performing arts and communication is of great help to increase awareness of this aspect and improve it almost effortlessly (the practice of speaking with a pen in one's mouth, vocal and mouth muscle exercises, etc.).

4.4. Listening to one's own speech

This skill refers to the ability to keep one's attention in the speech one is pronouncing during the phase of restitution of the interpreted speech, i.e., 'hearing yourself as you speak'. This is an essential attention control skill, similar to actively listening to the original speech, that is often the first to disappear when difficulties emerge. Precisely because of its importance, we believe that this skill should be introduced right from the start and students should be reminded of it throughout their training, so that it will serve as a self-regulation resource at all times. Also, it is especially useful in order to improve skill 3 and gradually eliminate any 'erms' or false starts since, as soon as students start paying attention to what they are saying, they start hearing the 'erms' they were previously unaware of, and they automatically restrain themselves and the speech improves in terms of fluency (skill 3), and they also focus on its appropriate reformulation (skill 2).

4.5. Analysis of the original speech

This is a previous step that is indispensable and essential to develop the note-taking technique, where we go from the first skill (active listening) to the sixth (note-taking), in a process that could be summarized linearly as follows:

> Hearing → listening → understanding → analyzing
> → comprehending → selecting → distinguishing and taking notes (deciding how and what)

As Collados Aís and Fernández Sánchez state, active listening (skill 1) and speech analysis are abilities that should be developed as objectives in itself and also as separate efforts to which one should direct certain cognitive capacity within the balance of efforts, and as an essential basis for effective note-taking (skill 7) (2001, p. 98). Also, active listening and analysis usually go hand in hand and form part of the listening effort (Gile includes both skills in his listening effort; 2009, p. 160). We have identified them separately in our proposal simply to help develop them better and to put special emphasis on the need to pay attention to the active listening effort (skill 1).

4.6. Comprehension of the original speech

As Kohn and Kalina explained (1996, p. 127), comprehension for interpreting should proceed more integrally and less selectively than the comprehension that occurs in monolingual communication, and should be based on the in-depth processing of the speech at all levels (Gile, 2009, pp. 160–162). In principle, this should be a logical consequence of skills 1 and 5, provided that one has sufficient knowledge of the source language, the context, the subject matter and the terminology of the original speech.

However, since this is not always the case, we believe that we should refer to this skill from the very beginning so as to detect vocabulary deficiencies and the level of knowledge of the source language, since any deficit in these requires a significant individual investment of time and effort. Also, problems related to analysis, attention and adaptive capacity (connected not only to skills 4 and 5 but also closely linked to skill 8, problem solving) usually emerge when developing this skill. While many strategies and abilities are brought into play to make up for potential gaps in comprehension, such as inference, good memory use or controlling the validity of these strategies and abilities (Kohn & Kalina, 1996, p. 127), there are two in this first phase that we regard as fundamental for problem solving and for the consolidation of a good note-taking technique: not to take notes when one has not understood, and to ask professionally when one has reasonable doubts about the content.

4.7. Decision making on note-taking

As Chmiel points out (2010, p. 234), note-taking is one of the most important skills interpreting students need to learn, and there is consensus on the fact that, although the note-taking technique largely depends on the individual person, it should still be taught at the early stages of the training. We include two objectives in the skill related to the note-taking technique: (1) to rely on one's own memory when taking notes and understand them, and (2) to apply the fundamental principles of note-taking.

The former objective largely depends on the development of the previous skills, and there are two very useful exercises to attain it whose purpose is to show – through personal experience – that listening more and writing less helps to better understand and retain the thread and content of the speech, i.e., students should experience and understand the sense of note-taking first-hand. One of these exercises is that proposed by Domínguez Araújo as 'taking notes by heart' (2012c) and the other one is that called 'notes as a help and a hindrance' by Setton and Dawrant (2016, p. 173).

With regard to the principles of note-taking, assuming the foundations expounded by Rozan (1956) as well as the components on which there is some consensus, we suggest the gradual inclusion of guidelines, as was also proposed by Setton and Dawrant (2016). Such guidelines are summarized into the following learning objectives, which probably do not fully coincide with those applied by other educators, but we believe, from our experience, that they are the most important ones for the purpose of consolidating a good foundation of the technique, before introducing symbols, abbreviations and intensity nuances:

- Take notes in the target language or mother tongue
- Do not write sentences (except for the last one of each speech)
- Note down ideas, not words
- Detect and note down connectors systematically
- Distinguish between main and secondary ideas
- Separate ideas
- Write in letters big enough for you to be able to look at the audience and see your notes at the same time

4.8. Adaptive and problem-solving capacity

The capacity to solve problems, or development of adaptive expertise (Moser-Mercer, 2008, p. 8), is essential to promote creative solutions, reflection and students' capacity to overcome their individual shortcomings and contextual limitations (Domínguez Araújo, 2013, p. 216). This skill is strictly related to performance psychology, which focuses 'on knowledge and adaptation to the environment in which real-world tasks, such as interpreting, are performed' (Moser-Mercer, 2008, p. 2) and was used by Moser-Mercer for her definition of the skill.

It takes the shape of a learning objective that has to do with the management of frustration, anxiety and perfectionism, which are common among students (Hermida Quelle, 2020; Cho & Roger, 2010): to accept the impossibility of a perfect interpretation and control over the original speech, and develop strategies to face difficulties. That is, we assume that certain difficulties will emerge, and the aim is for students to develop the ability to solve them professionally, automate strategies and prepare to find new ones. This skill affects the two phases of consecutive interpreting and is closely related to cognitive flexibility, which Timarová and Salaets have studied (2011).

Lastly, the implementation of these skills should be accompanied by the development of metacognition on such skills in order to improve self-regulation and promote learning. Metacognition, which was already worked on during the development of attention awareness in skills 1 and 3 specifically, is also especially relevant to the development of adaptive expertise (Moser-Mercer, 2010). Nevertheless, metacognition should not be introduced from the very beginning, as its development (which implies keeping one's attention on what is going on and controlling the attainment of the objective) may distract students from the task itself (Moser-Mercer, 2008, p. 5).

Each of these skills and learning results may be developed in multiple ways. How they are worked on specifically will depend on the time and the difficulties encountered by the individual student, who will probably have to focus on the key objectives again once the new ones have been introduced, or as the speeches used increase in difficulty. However, the order we have proposed is intended to highlight that, in case of conflict, the critical objective in the first phase of consecutive interpreting will always be 'active, continuous listening' and in the second phase 'natural, correct expression'. As these skills are consolidated, the following ones are added: on the one hand, 'conveying confidence' and 'listening to one's own speech', which reinforce the skill 'natural, correct expression' of the second phase; on the other hand, 'analysis of the original speech' (always prioritizing active, continuous listening) in the first phase, which usually helps to better convey confidence in the second phase, as students will retain information better when they perform the analysis. The emphasis on comprehension should come just after that, prior to note-taking, in order to detect any shortcomings as soon as possible and stress that it is a sine qua non previous to the most basic note-taking. Problem solving, as an intrinsic part of interpreting, and awareness of one's own processing, fostering metacognition, should come last.

5. Assessment tools to foster the attainment of the objectives in the classroom

There are multiple methods and tools that can be used in interpreting teaching, such as teacher feedback in the classroom, tutoring, self-assessment grids, peer feedback, learning diaries, portfolios, or rubrics (Arumí Ribas & Domínguez Araújo, 2011). In the teaching experience from which we have inferred the above skills and objectives, we have used different assessment and self-assessment methods that we describe in Domínguez Araújo (2012a, 2012b).

In this chapter, we present a new tool, designed to make up for the difficulties of online teaching during the lockdown due to the COVID-19 pandemic (Domínguez Araújo, 2021) and intended to promote reflection on the interpreting and learning process in relation to the attainment of the skills explained in the previous section. It is a guide or grid of which there are two versions: one conceived as a reference for the development and appraisal of a self-assessment portfolio – in which students had to show 'evidence' of attainment of the skills and learning objectives listed – that would serve as summative assessment, and another one conceived as a basis for personalized self-assessment tutoring by way of an educational assessment (Domínguez Araújo, 2012a).

We present below the version of the guide to develop the self-assessment portfolio (originally in Spanish) used for the subject of English–Spanish consecutive interpreting during the year 2019–2020.

1 Note-taking
   Taking notes in Spanish (A language)
   Not writing sentences (except for the last one of each speech)
   Noting down ideas, not words
   Detecting and noting down connectors systematically
   Distinguishing between main and secondary ideas
   Separating ideas
   Writing in letters big enough for them to be able to look at the audience and seeing their notes at the same time
2 Basic skills to interpret in the consecutive mode
   Understanding and relying on their notes
   Analyzing the speech correctly and keeping their attention on it at all times
   Speaking in Spanish naturally and correctly
   Speaking in a formal register and using a precise, varied lexicon
   Understanding the key ideas of the original speech
   Taking appropriate decisions with regard to note-taking: selecting the important information and making good use of memory; not taking notes when they do not understand
   Not changing the content of the original and asking professionally when having a reasonable doubt about the content
   Listening to themselves as they speak (there are no incoherent or agrammatical sentences, or too many 'erms')
   Vocalizing and pausing when appropriate
   Speaking with confidence and their speech sounds credible
3 Portfolio
   Appropriately detecting what they need to get better at
   Correctly explaining and demonstrating the attainment of the above objectives
   Demonstrating that they improved at attaining the above objectives

Although the portfolio was welcomed by students, some found it very complex to implement it owing to the circumstances in which it was applied (to substitute for a mid-course examination and contributing a percentage toward the final mark of the subject, in a context of online teaching and lockdown due to the COVID-19 pandemic). Also, what happens with portfolios is that, even if we assume students' honesty and demonstration of attainment of the skills (which they had to prove through photographs of the notes taken and recordings of interpretations previously uploaded to the online teaching platform as follow-up to the lessons), what we end up judging is students' capacity to demonstrate such skills rather than the execution of these in a specific context.

As a result, we adapted this tool the following year to use it as a self-assessment guide and orientate the self-assessment tutoring scheduled for the middle of the term. The second version of the guide consists of the same lists with items by way of a 'checklist', but written in the first person and without the last section, related to the portfolio. Its purpose is to encourage students to reflect in order to self-assess their progress in consecutive interpreting learning, based on what was described in the previous section, in a way that makes it easy to identify achievements and areas of improvement.

1 Note-taking
✓ I take notes in Spanish (A language)
✓ I do not write sentences (except for the last one of each speech)
✓ I note down ideas, not words
✓ I detect and note down connectors systematically
✓ I distinguish between main and secondary ideas
✓ I separate ideas
✓ I write in letters big enough for me to be able to look at the audience and see my notes at the same time
2 Basic skills to interpret in the consecutive mode
✓ I understand and rely on my notes
✓ I analyze the speech correctly and am able to keep my attention on it at all times
✓ I express myself in Spanish naturally and correctly
✓ I express myself in a formal register and using a precise, varied lexicon
✓ I understand the key ideas of the original speech

- ✓ I take appropriate decisions with regard to note-taking:
  - I select the important information and make good use of my memory
  - I do not take notes when I do not understand
- ✓ I do not change the content of the original and ask professionally when I have a reasonable doubt about the content
- ✓ I listen to myself as I speak (there are no incoherent or agrammatical sentences, or too many 'erms' or false starts)
- ✓ I vocalize and pause when appropriate
- ✓ I speak with confidence and my speech sounds credible

6. Conclusion

In this chapter, we propose a number of skills and abilities as learning objectives that may help materialize and guide their acquisition in the early stages of consecutive interpreting training. We believe that, just as it is important to understand the mechanisms involved in the interpreting process, we should also be aware of the skills that are brought into play and work on them specifically and gradually in the classroom.

As starting point, we assume the possibility to disaggregate the interpreting process as a good example of 'scaffolding', as Moser-Mercer proposes in her application of the 'cognitive apprenticeship' method to interpreting (2008, p. 14), and we verify students' capacity to transfer what they have learned to the global task of interpreting in our classes (Groot, 2000, p. 54). Nevertheless, we believe that these skills should be worked on early in interpreting contexts, and only at the beginning, when they are introduced or when special difficulties emerge, may it be advisable to work on them in tasks different from interpreting itself, as Wightman and Lintern stated in 1985: 'part-task training is more effective than whole-task training with difficult tasks and with low-aptitude or inexperienced students' (in Groot, 2000, p. 54).

With a view to contributing to a type of training that motivates and qualifies students, we also offer an assessment tool that we think may help to avoid and overcome the difficulties that usually occur at one of the most sensitive points in consecutive interpreting learning (acquisition of the foundations of the note-taking technique and reinforcement of the fundamental skills to consolidate it), viewing interpreting, and its learning, as processes. Accordingly, without disregarding the product of the interpretation (and of the learning) as reference, we place the focus on the development of the skills and on the progress and regulation of their acquisition, understanding such learning as a gradual process that cannot be separated from (meta)cognitive development.

References

Abuín González, Marta (2005). *El binomio problema/estrategia en el proceso de interpretación* (doctoral thesis). Universidad de Granada.

Arumí Ribas, Marta (2003). Análisis de la actividad metacognitiva en la iniciación a la interpretación consecutiva: implicaciones didácticas. In Ricardo Muñoz Martín (ed.), *I AIETI. Actas del I Congreso Internacional de la Asociación Ibérica de Estudios de Traducción e Interpretación. Granada 12–14 de febrero de 2003* (vol. 2, pp. 139–156).

Arumí Ribas, Marta (2012). Problems and Strategies in Consecutive Interpreting: A Pilot Study at Two Different Stages of Interpreter Training. *Meta*, 57 (3), pp. 812–835. doi: 10.7202/1017092ar.

Arumí Ribas, Marta & Domínguez Araújo, Lara (2011). Instrumentos de evaluación en la enseñanza-aprendizaje de la interpretación: hacia una mayor conciencia del alumno sobre la calidad [conference]. II Congreso Internacional sobre Calidade en Interpretación, Universidad de Granada, Almuñécar, Spain.

Baigorri Jalón, Jesús (2000). La interpretación de conferencias: el nacimiento de una profesión. De París a Nuremberg. Granada: Editorial Comares.

Chmiel, Agnieszka (2010). How Effective is Teaching Note-Taking to Trainee Interpreters? *The Interpreter and Translator Trainer*, 4 (2), pp. 233–250. doi: 10.1080/13556509.2010.10798805.

Cho, Jinhyun & Roger, Peter (2010). Improving Interpreting Performance through Theatrical Training. *The Interpreter and Translator Trainer*, 4 (2), pp. 151–171. doi: 10.1080/13556509.2010.10798802.

Choi, Jung-Yoon (2006). Metacognitive evaluation method in consecutive interpretation for novice learners. *Meta*, 51 (2), pp. 273–283. doi: 10.7202/013256ar.

Diriker, Ebru (2011). Agency in Conference Interpreting: Still a Myth? *Gramma: Journal of Theory and Criticism*, 19, pp. 27–36.

Domínguez Araújo, Lara (2012a). A (auto)avaliación como aprendizaxe da interpretación consecutiva. In Vicerreitoría de Formación e Innovación Educativa, Universidade de Vigo (ed.), *Innovar na universidade: experiencias do profesorado* (pp. 127–130).

Domínguez Araújo, Lara (2012b). A avaliación formativa na clase de interpretación: principios e aplicación. In Pedro Membiela, Natalia Casado & María Isabel Cebreiros (eds.), *La docencia universitaria en el contexto educativo actual* (pp. 199–204).

Domínguez Araújo, Lara. (2012c). Anotando de memoria: una contribución experimental al aprendizaje de la interpretación consecutiva. In José Luis Martí Ferriol & Ana Muñoz Miquel (eds.), *Estudios de traducción e interpretación vol. II. Entornos de especilalidad. V Congreso Internacional AIETI, Actualidad e Investigación en los Estudios de Traducción e Interpretación* (pp. 301–310).

Domínguez Araújo, Lara (2013). Una propuesta de matriz formativa para evaluar la interpretación consecutiva. In Rafael Barranco-Droege, Esperanza Macarena Pradas Macías & Olalla García Becerra (eds.), *Quality in interpreting: widening the scope – volume 2* (pp. 201–222).

Domínguez Araújo, Lara (2015). *La evaluación para el aprendizaje de la interpretación de conferencias.* (doctoral thesis). Universitat Autònoma de Barcelona.

Domínguez Araújo, Lara (2016). La importancia de la evaluación formativa para los docentes de interpretación de conferencias. *Polissema. Revista de Letras do ISCAP*, 16, pp. 25–52.

Domínguez Araújo, Lara (2021). *Actividades e recursos de (auto)avaliación para fomentar a metacognición na teledocencia da interpretación* [conference]. VI Congreso internacional de lingua, lingüística e tecnoloxía Techling, Universidade de Vigo, Vigo, Spain.

Ericsson, K. Anders (2000). Expertise in interpreting: An expert-performance perspective. *Interpreting*, 5 (2), pp. 187–220. doi: 10.1075/intp.5.2.08eri.

Gile, Daniel (1989). La communication linguistique en réunion multilingue. Les difficultés de la transmission informationnelle en interprétation simultanée (doctoral thesis). Université Paris 3.

Gile, Daniel (1991). Prise de notes et attention en début d'apprentissage de l'interprétation consécutive – une expérience – démonstration de sensibilisation. *Meta* 36 (2/3), pp. 431–439.

Gile, Daniel (2009 [1995]). Basic Concepts and Models for Interpreter and Translator Training. Philadelphia: John Benjamins.

Gopher, Daniel (1993). The skill of attention control: Acquisition and execution of attention strategies. In David E. Meyer & Sylvan Kornblum (eds.), *Synergies in Experimental Psychology, Artificial Intelligence, and Cognitive Neuroscience [Attention and Performance 14]* (pp. 299–322). doi: 10.7551/mitpress/1477.001.0001.

Groot, Annette (2000). A Complex-skill Approach to Translation and Interpreting. In Sonja Tirkkonen-Condit & Riitta Jääskeläinen (eds.), *Tapping and Mapping the Processes of Translation and Interpreting: Outlooks on empirical research* (pp. 54–68). doi: 10.1075/btl.37.06gro.

Herbert, Jean (1970 [1952]). *Manuel del intérprete* (tr. M. Hernández). Genève: Librairie de l'Université Georg. (Originally published 1952).

Hermida Quelle, Eva (2020). *Influencia de la depresión y la ansiedad en el aprendizaje de la interpretación* (bachelors dissertation, unpublished). Universidade de Vigo.

Ivanova, Adelina Velikova (1999). *Discourse processing during simultaneous interpreting: An expertise approach* (doctoral thesis). University of Cambridge, UK.

Jinhyun, Cho & Roger, Peter (2010). Improving Interpreting Performance through Theatrical Training. *The Interpreter and Translator Trainer*, 4:2, 151–171. doi: 10.1080/13556509.2010.10798802

Kalina, Sylvia (2015). Interpreter training and interpreting studies – Which is the chicken and which is the egg? In Dörte Andres & Martina Behr (eds.), *To kown how to suggest … Approaches to teaching conference interpreting* (pp. 17–42).Berlin: Frank & Timme.

Kohn, Kurt & Kalina, Sylvia (1996). The Strategic Dimension of Interpreting. *Meta*, 41 (1),118–138. doi: 10.7202/003333ar.

Limbach, Christiane & Álvarez García, Carmen (2019). Fehleranalyse und didaktische Vorschläge für die Qualitätssteigerung beim bilateralen konsekutiven Dolmetschen. Error analysis and teaching suggestions to improve the quality of bilaterial interpreting. In Cristina Carrasco Bengoa (coord.), María Cantarero Muñoz & Coral Diez Carbajo (ed.s). *Traducción y sostenibilidad cultural* (pp. 241–251).Ediciones Universidad de Salamanca.

Liu, Minhua (2001). *Expertise in simultaneous interpreting: A working memory analysis* (doctoral thesis). University of Texas at Austin, US.

Liu, Minhua (2008). How do experts interpret? Implications from research in Interpreting Studies and cognitive science. In G. Hansen, A. Chesterman & H. Gerzymisch-Arbogast (eds.), *Efforts and Models in Interpreting and Translation Research. A Tribute to Daniel Gile* (pp. 159–177).Amsterdam/Philadelphia: John Benjamins.

Mackintosh, Jennifer (1999). Interpreters are Made, not Born. *Interpreting*, 4(1), 67–80. doi: 10.1075/intp.4.1.08mac.

Martin, Anne & Abril Martí, María Isabel (2001). Teaching interpreting: some considerations on assessment. In Á. Collados Aís, M. M. Fernández Sánchez & E. M. Pradas Macías (eds.), *La evaluación de la calidad en interpretación: docencia y profesión* (pp. 197–207).Granada: Comares.

Moser-Mercer, Barbara (1994). Aptitude testing for conference interpreting: why, when and how. In B. Moser-Mercer (ed.), *Bridging the gap* (pp. 57–68).Amsterdam: John Benjamins.

Moser-Mercer, Barbara (1997). Skill components in simultaneous interpreting. In Y. Gambrier, D. Gile & C. Taylor (eds.), *Conference Interpreting: Current Trends in Research* (pp. 133–148). Amsterdam/ Philadelphia: John Benjamins.

Moser-Mercer, Barbara (2000a). The acquisition of interpreting skills. In Laura Gran, & CynthiaKellett Bidoli (eds.), *Signed-language interpretation and training: theoretical and practical aspects* (pp. 57–62).

Moser-Mercer, Barbara (2000b). The rocky road to expertise: eliciting knowledge from learners. In Mira Kadric, Klaus Kaindl & Franz Pöchhacker (eds.), *Translationswissenschaft. Festschrift für Mary Snell-Hornby zum 60. Geburtstag* (pp. 339–352).

Moser-Mercer, Barbara (2008). Skill Acquisition in Interpreting. *The Interpreter and Translator Trainer*, 2 (1), pp. 1–28. doi: 10.1080/1750399X.2008.10798764.

Moser-Mercer, Barbara (2010). The search for neuro-physiological correlates of expertise in interpreting. In Gregory M. Shreve & Erik

Angelone, *Translation and Cognition* (pp. 263–287). doi: 10.1075/ata.xv.15mos.

Rozan, Jean François (1956). *La prise des notes en interprétation consecutive*. Geneva: Librairie de l'Université Georg.

Russo, Mariachiara (2011). Aptitude testing over the years. *Interpreting*, 13 (1), pp. 5–30. doi: 10.1075/intp.13.1.02rus.

Santamaría Ciordia, Leticia (2015). *Manual de buenas prácticas para la formación del intérprete de conferencias* (PDF unpublished). Universidad de Valladolid.

Seleskovitch, Danica (1999). The Teaching of Conference Interpretation in the Course of the Last 50 Years. *Interpreting*, 4 (1), pp. 55–66.

Seleskovitch, Danica & Lederer, Marianne (1989). *Pédagogie raisonnée de l'interprétation*. Brussels/Luxembourg: Didier Érudition.

Setton, Robin & Dawrant, Andrew (2016). *Conference Interpreting: A Trainer's Guide*. Amsterdam/Philadelphia: John Benjamins.

Soler, Emma (2006). *La calidad en formación especializada en interpretación: análisis de los criterios de evaluación de un jurado en un posgrado de interpretación de conferencia médica* (doctoral thesis). Universitat Pompeu Fabra.

Timarová, Šárka. & Salaets, Heidi (2011). Learning styles, motivation and cognitive flexibility in interpreter training. *Interpreting*, 13 (1), pp. 31–52.

Tiselius, Elisabet (2005). *An investigation of two methods for measuring interpreting performance and studying expertise in interpreting* (master dissertation). Stockholm University.

Tiselius, Elisabet & Jenset, Gard B. (2011). Process and product in simultaneous interpreting: What they tell us about experience and expertise. In Cecilia Alvstad, Adelina Hild & Elisabet Tiselius (eds.), *Methods and Strategies of Process Research: Integrative approaches in Translation Studies* (pp. 269–300).

Negociando con la clientela: una propuesta didáctica en las clases de traducción

*Ana Hermida Ruibal**

RESUMEN

En este capítulo se hace hincapié en la necesidad de que el alumnado de traducción practique la negociación de un servicio de traducción desde el principio al fin. Para ello, se propone una práctica didáctica en el contexto de una clase de traducción, en nuestro caso concreto, dentro de la asignatura de traducción general del portugués al español y al gallego (3.er curso) en el grado en Traducción e Interpretación de la Universidad de Vigo. Para realizar esta práctica, simulamos las condiciones de un encargo real de traducción: comenzamos por el envío de la consulta por correo electrónico, la comprobación de referencias de nuestra clienta, la posterior negociación del trabajo, la aceptación del encargo, las posibles dudas que se remitirán a la clienta, el envío del trabajo y la remisión de la factura al finalizar el proyecto.

Palabras clave: didáctica, negociación, tarifas, traducción, portugués

1. Introducción

Uno de los puntos que más llama la atención del alumnado de Traducción e Interpretación (TeI) durante sus estudios universitarios son los aspectos profesionales.

Actualmente ya existen asignaturas que abordan dicho tema, tanto en el grado como en algún posgrado o máster —como es el caso del módulo «Aspectos profesionales de la traducción y la interpretación» del máster en Traducción para la Comunicación Internacional de la Universidade de Vigo—. Cuando ello no sucede, el estudiantado puede sentirse bastante desorientado en sus comienzos como traductor(a) autónomo/a, concretamente al negociar

* Universidad de Vigo, Departamento de Traducción y Lingüística. Este trabajo forma parte de las actividades de investigación de Bitraga, promovidas por BiFeGa (grupo de referencia competitiva GRC), financiadas por la Xunta de Galicia_Programa de Consolidación y Estructuración de Unidades de Investigación Competitivas (expediente ED431C 2024/20, GRC 2024–2027, DOG 146, 30/07/2024). Integrante del Instituto de investigación Lingua de la Universidad de Vigo. ORCID: 0000-0002-3717-2389.

cada trabajo y facturarlo. Estos conocimientos también se pueden adquirir en las prácticas en empresas —que no siempre son obligatorias—, charlas y cursos extracurriculares o, *in extremis*, cuando se llega al mercado laboral, aunque en este último caso se recomienda que se haga de la mano de un(a) profesional con experiencia o alguna asociación del sector, a través de los programas de mentoría —véase Saldanha (2021, pp. 237–251)—, como los de Asetrad, ACE Traductores o APTRAD.

De conformidad con lo previsto en la letra b) del artículo 2 de la LOSU, «una de las funciones que debe realizar la universidad al servicio de la sociedad es la preparación para el ejercicio de actividades profesionales [...]». Por ello, consideramos oportuno incluir esta práctica en la docencia de traducción.

En este artículo describiremos una propuesta sobre cómo podemos trabajar la negociación de condiciones de un servicio de traducción en el contexto de una clase de traducción, concretamente, en las asignaturas Traducción idioma II 2: portugués-español y Traducción idioma II 2: portugués-gallego, es decir, en una asignatura de traducción general del portugués al español y al gallego (3.er curso, 1.er cuatrimestre) en el grado en Traducción e Interpretación de la Universidad de Vigo. Cabe puntualizar que en el plan de estudios de dicho grado de la Univ. de Vigo hay tres niveles de traducción general del portugués. La asignatura en la que solemos trabajar esta práctica corresponde al nivel intermedio (dos de tres).

2. Contextualización

Una pregunta que solemos lanzar al alumnado nuevo de Traducción e Interpretación al que le vamos a impartir docencia es por qué ha elegido dichos estudios. Numeroso alumnado responde que optó por estudiar esa carrera porque «le gustan los idiomas» o incluso porque quieren ser docentes de idiomas. No obstante, lo que no se le explica es lo que afirma Hoyos (2021, p. 24):

> En España, como en otros países, dedicarse a la traducción implica, casi siempre, trabajar como autónomo o freelance (aunque de free, a veces, tenga más bien poco). Ya desde los primeros años de carrera, el alumnado comprende —y parece asumir— que el objetivo de desempeñar esta profesión desde la relativa seguridad del trabajo por cuenta ajena no es una tarea fácil. Los puestos de plantilla que ofrece el sector no son suficientes para absorber la cantidad de profesionales que hay en activo,

> y la oferta laboral en organismos nacionales o internacionales, tan atractiva para nuestro gremio, tampoco basta para satisfacer la demanda, por lo que el número de autónomos supera ampliamente al de asalariados en agencias de traducción».

Aunque existen pocos puestos de trabajo de traductor(a) en plantilla si los comparamos con la cantidad de traductores/as autónomos/as que hay en España, ambos trabajos cuentan con ventajas e inconvenientes detallados en Surià López (2023, p. 105).

La gran mayoría de los/as traductores/as somos autónomos/as y ello conlleva tener que gestionar nuestra empresa y negociar las condiciones de cada trabajo. Casi se podría afirmar que tenemos una entrevista de trabajo cada vez que negociamos las condiciones de un proyecto, especialmente con clientela nueva.

Las primeras promociones de las licenciaturas en TeI de España nos incorporamos al mercado laboral sin prácticamente ningún conocimiento acerca del mercado de la traducción y tuvimos que aprender «sobre la marcha».

3. Propuesta de práctica

En este apartado explicaremos nuestra propuesta sobre cómo podemos trabajar la negociación de condiciones de un servicio de traducción en el contexto de una clase de traducción, en nuestro caso concreto, dentro de la asignatura de traducción general del portugués al español y al gallego (3.er curso) en el grado en Traducción e Interpretación de la Universidad de Vigo, materias que llevamos impartiendo desde el curso 2011/2012, con algunas interrupciones; en total, durante más de siete años. En el año 2023 y 2024 también impartimos dos sesiones de 2 a 3 h (adaptadas, dado que esta actividad suele extenderse de 3 a 4 sesiones de 1 h 45 min) a alumnado del grado y del máster en Traducción e Interpretación del ISCAP, en Oporto, a alumnado del grado en Traducción de la Universidade Nova de Lisboa y a alumnado del máster en Traducción del Instituto Politécnico de Bragança, todos en Portugal, en el marco de varias estancias Erasmus para profesorado, con resultados muy interesantes y enriquecedores. Por consiguiente, esta práctica puede funcionar en otros países, aunque realizando las adaptaciones oportunas.

Para realizar esta práctica, simulamos las condiciones de un encargo real de traducción: comenzamos por el envío de la consulta por correo electrónico, la comprobación de referencias de nuestra clienta, la posterior negociación del trabajo, la aceptación del encargo, las posibles dudas que se remitirán a la clienta, el envío del trabajo y la remisión de la factura al finalizar el proyecto.

A continuación, detallamos esta práctica cronológicamente.

3.1. Referencias de la clientela

En primer lugar, le pedimos al alumnado que lea un artículo (Hermida, 2012) y una entrada de blog (Mencía, 2014) acerca de prácticas de pago y que anote todo lo que le llame la atención y las dudas que le surjan para ponerlo en común en la siguiente sesión presencial. Aunque no son recientes, estas lecturas son bastante completas y lo introducirán en la materia. Le explicamos al estudiantado que es tan importante entregar un trabajo de calidad como cobrar nuestra factura en el plazo pactado. Posteriormente, cuando el alumnado comience a negociar con la clientela potencial, tendrá que averiguar sus datos teniendo en cuenta las orientaciones de Hermida (2012, pp. 623–637). Los resultados se subirán a la plataforma virtual de la asignatura y se discutirán en la siguiente sesión presencial; entre ellos, si el alumnado trabajaría para esa empresa o no.

3.2. Cómo presupuestar

Comenzamos por preguntarle al estudiantado cuánto cobraría por una traducción con unas características determinadas. Si no contamos con datos suficientes, la respuesta debería ser inevitablemente: «depende». De hecho, nunca deberíamos cerrar un presupuesto de un servicio de traducción (o corrección/revisión) sin analizar el texto con el que iremos a trabajar, y deberíamos trasladar esta preocupación al alumnado: ¿un zapatero o zapatera indica un presupuesto para arreglar un zapato sin verlo?

El precio depende de diversos aspectos. A continuación, enumeramos algunos:

- si se trata de un intermediario o una clienta directa;
- en qué país se encuentra la clienta;
- el formato del documento original: si es editable, si se trata de un PDF en imagen o con texto manuscrito, un paquete de SDL Trados, memoQ u otra memoria de traducción repleto o no de etiquetas que tendremos que plasmar también en el texto meta en su lugar correspondiente;

- si existe o no material de apoyo: a veces ayuda y otras entorpece, dependiendo de su calidad y si debemos unificar criterios;
- si el recuento de palabras u otra unidad de facturación se efectúa en el texto origen o en el meta. En determinadas combinaciones lingüísticas, como DE>ES, se incrementa notablemente el número de palabras meta;
- en qué programa o memoria de traducción deberemos realizar la traducción;
- el plazo de entrega: ¿la clienta necesita la traducción en un plazo determinado o decidimos nosotras el plazo? ¿Tenemos que trabajar de noche, durante el fin de semana, un festivo —en caso de que tengamos disponibilidad para hacerlo— por causas imputables a la clienta?;
- el plazo de pago: no es lo mismo cobrar por adelantado que a 90 días;
- si cobramos una tarifa mínima debido a que el volumen de palabras es muy reducido —por ej., 25 palabras— o por causa del tipo de documento (cartas de restaurante en las que no hay frases completas con sujeto y predicado y que, por consiguiente, su traducción lleva más tiempo);
- si el texto contiene repeticiones o coincidencias parciales. ¿nos «imponen» o sugieren descuentos por repeticiones o coincidencias parciales? Si existe algún descuento, debería ser siempre por propuesta de la traductora, no de la clienta, como en el resto de los sectores económicos;

En las entradas de blog de Cálamo&Cran «Cómo se calcula el precio de una traducción» (Gómez, s. f.) y «Las tarifas de los traductores especializados: Algunas orientaciones prácticas» (Nuviala, s. f.), se detallan estas y otras orientaciones prácticas para presupuestar un servicio de traducción.

Asimismo, Neves (2021, p. 83) menciona qué elementos debe incluir un presupuesto: «serviço a efectuar; preço, prazo; condições de pagamento; prazo de validade do orçamento». Por otro lado, Pérez (2021) presenta modelos de presupuestos y algunas ideas para la exposición de los contenidos.

En el caso que nos ocupa, mencionamos a continuación los detalles de este primer encargo:

- traducción del portugués de Portugal al gallego;
- clienta: agencia de traducción con domicilio social en Portugal;

- uso de memoQ, con el que trabajaremos en todos los encargos y en las clases;
- tema: académico (carta de recomendación);
- número de palabras origen: 344;
- plazo de entrega: cuatro días laborables contados desde la fecha de consulta;
- plazo de pago: 60 días desde el final de mes de la entrega del servicio.

Podremos pensar que, al facilitar más detalles, el estudiantado sabrá contestar con más fundamento; no obstante, ocurre lo contrario, dado que no suele estar habituado a tener en consideración todas estas variables.

Al llegar a este punto, lanzamos la siguiente pregunta: ¿cómo se suele cobrar una traducción: por página, palabra, línea, hora, caracteres…?, y aquí ya suelen responder casi unánimemente: por palabra. Les suena que se factura por palabra, aunque en numerosas ocasiones no suela ser así:

- quienes traducen en el sector editorial suelen facturar por página de un número variable de caracteres que difiere de país a país, así como de editorial a editorial;
- quienes traducen en el sector audiovisual facturan con frecuencia por minuto de vídeo, por subtítulo, aunque depende del servicio específico (doblaje, subtitulado …);
- quienes trabajan con el alemán o con clientela alemana y suiza a menudo facturan por línea de 55 o 65 caracteres normalmente incluidos espacios, debido a la gran diferencia de caracteres que contienen las palabras alemanas y sus equivalentes en otros idiomas como el español;
- en países como Brasil, se factura con frecuencia por «laudas». Según el SINTRA (Sindicato Nacional dos Tradutores), «uma lauda é definida como 30 linhas x até 70 caracteres (incluindo espaços) por linha. Isso é igual a cerca de 2100 caracteres por página, com espaços», similar a las matrices del sector editorial español.

Como, en este caso concreto, lo más habitual es facturar por palabra, formulamos al alumnado la siguiente pregunta: ¿cómo presupuestaríais esta traducción por palabra origen? Y puntualizamos «por palabra origen» porque, si bien a finales del siglo xx sí era más común facturar por palabra meta, por lo menos en España y Portugal, especialmente si nuestra clienta era una agencia de traducción, hoy en día, un cuarto de siglo más tarde, lo más habitual es facturar por palabra (u otra unidad) origen, puesto que la clienta prefiere contar con un presupuesto cerrado al encargar el servicio.

En los últimos años, también se mencionan las tarifas por hora y se empiezan a considerar conceptos como la productividad y la rentabilidad que nos gustaría alcanzar (Inglada Florensa, 2021, 16).

Volviendo a la tarifa por palabra, en general, el estudiantado sí ha oído hablar de algún precio por palabra: 0,08 €, 0,07 €, 0,04 € e incluso 0,03 € son los que más han escuchado en la universidad.

De conformidad con lo previsto en la Ley 15/2007, de 3 de julio, de Defensa de la Competencia, concretamente en la letra a) del artículo 1.1, en España las asociaciones tienen prohibida la publicación de tarifas orientativas: «Se prohíbe todo acuerdo, decisión o recomendación colectiva, o práctica concertada o conscientemente paralela, que tenga por objeto, produzca o pueda producir el efecto de impedir, restringir o falsear la competencia en todo o parte del mercado nacional y, en particular, los que consistan en: a) La fijación, de forma directa o indirecta, de precios o de otras condiciones comerciales o de servicio.»

Sancho Durán (2018) afirma que «es falso que esté prohibido intercambiar información sobre tarifas. [...] Podemos hablar de tarifas siempre y cuando no lleguemos a acuerdos o realicemos recomendaciones colectivas que puedan distorsionar la competencia en el mercado.»

Hace unos años dos asociaciones españolas del sector (UniCo y EIZIE) fueron multadas por recomendar tarifas en sus páginas web.

Ni las asociaciones del sector ni el profesorado podemos recomendar tarifas públicamente, aunque sí podemos trabajar este aspecto con el alumnado para que él mismo llegue a sus propias conclusiones. Siempre hay una tarifa por debajo de la cual no compensa trabajar. Llegado este momento es cuando recurrimos a CalPro, «una herramienta de cálculo concebida para que los traductores autónomos analicen, desde el punto de vista económico, la situación actual de su actividad profesional. Pero CalPro se puede utilizar también, mediante una serie de pasos interactivos, para prever o planificar la posible evolución futura de la actividad a cinco, diez o veinte años vista y determinar así qué medidas es preciso tomar para alcanzar las metas, más o menos ambiciosas, que nos propongamos» (Quiñones, 2010, p. 151). Esta herramienta la elaboraron gratuitamente tres socios de Asetrad en el año 2008: Xosé Castro, Héctor Quiñones y Andrew Steel.

A mediados de 2024, mientras se redacta este capítulo, la única versión de CalPro totalmente funcional es la hoja de cálculo que hemos mencionado en el anterior párrafo, aunque sabemos que se está trabajando en una versión web del mismo recurso que creemos que en el futuro estará disponible en https://calproweb.asetrad.org/.

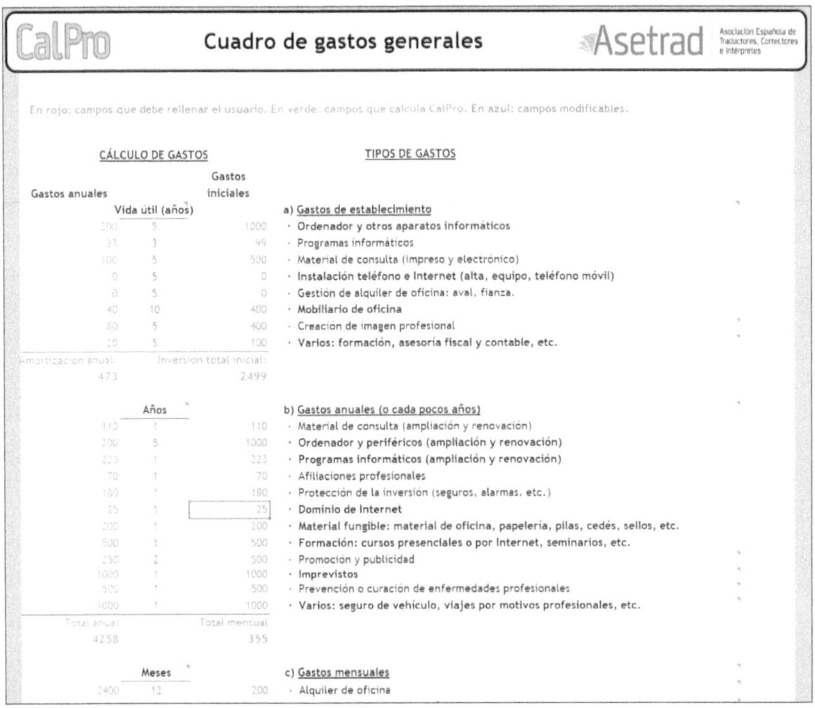

Figura 24. Gastos anuales 1 (CalPro)

Además de CalPro, existen otros métodos para calcular nuestra tarifa de traducción, como:

- esta entrada del blog *Gonduana* de Jesús Prieto: Cómo calcular tu tarifa de traducción: https://www.gonduana.com/como-calcular-tu-tarifa-de-traduccion/;
- @Team Translator Rates Calculator: https://www.team-translator.com/resources/team-translator-rates-calculator;
- Translator rates calculator (ProZ): https://www.proz.com/translator-rates-calculator/.

De cualquier forma, la herramienta más completa nos parece CalPro. De ahí que sea la que utilizamos en nuestras clases.

A continuación, figuran las capturas de pantalla de CalPro (figuras 24–29) con los datos que nos ha ido indicando el alumnado de 3.er curso de traducción de portugués del primer cuatrimestre de este curso académico.

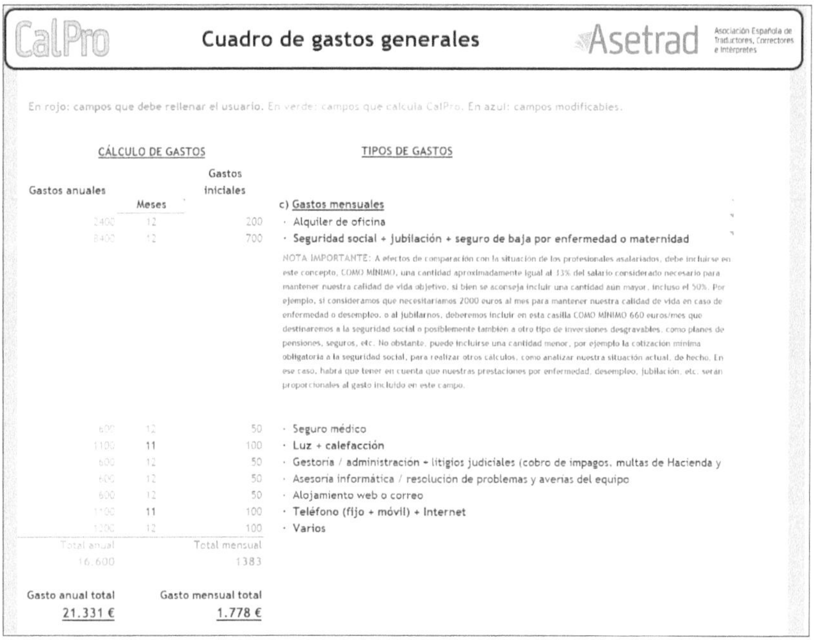

Figura 25. Gastos anuales 2 (CalPro)

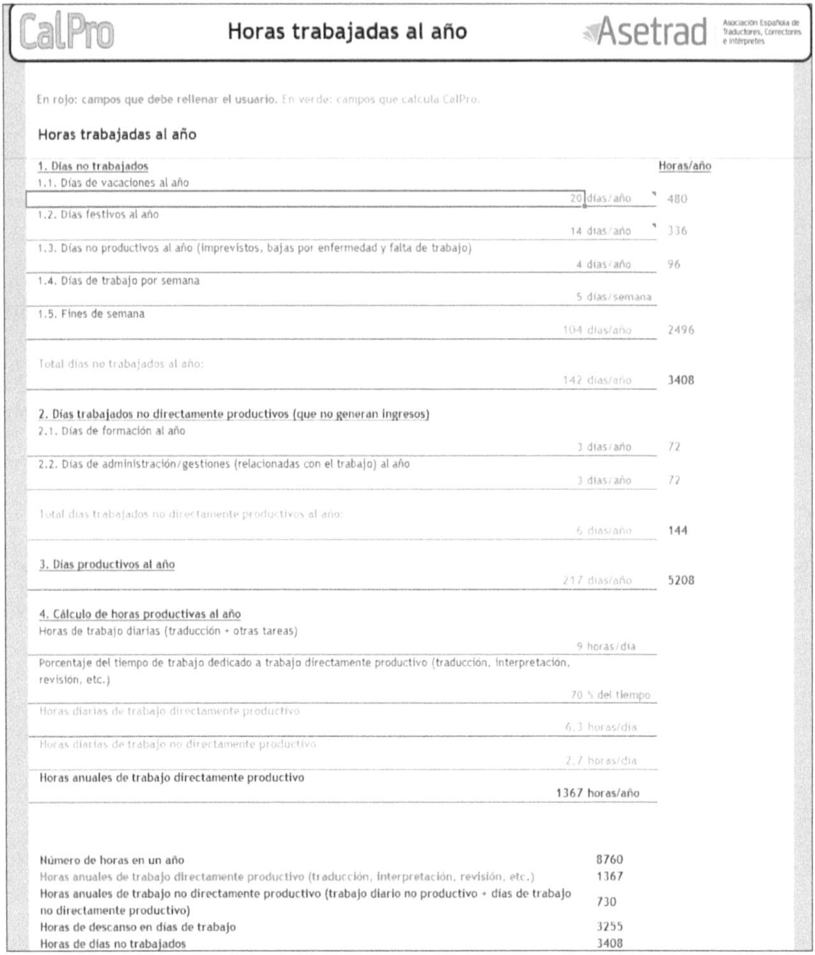

CalPro — Horas trabajadas al año — Asetrad (Asociación Española de Traductores, Correctores e Intérpretes)

En rojo: campos que debe rellenar el usuario. En verde: campos que calcula CalPro.

Horas trabajadas al año

		Horas/año
1. Días no trabajados		
1.1. Días de vacaciones al año	20 días/año	480
1.2. Días festivos al año	14 días/año	336
1.3. Días no productivos al año (imprevistos, bajas por enfermedad y falta de trabajo)	4 días/año	96
1.4. Días de trabajo por semana	5 días/semana	
1.5. Fines de semana	104 días/año	2496
Total días no trabajados al año:	142 días/año	3408
2. Días trabajados no directamente productivos (que no generan ingresos)		
2.1. Días de formación al año	3 días/año	72
2.2. Días de administración/gestiones (relacionadas con el trabajo) al año	3 días/año	72
Total días trabajados no directamente productivos al año:	6 días/año	144
3. Días productivos al año	217 días/año	5208
4. Cálculo de horas productivas al año		
Horas de trabajo diarias (traducción + otras tareas)	9 horas/día	
Porcentaje del tiempo de trabajo dedicado a trabajo directamente productivo (traducción, interpretación, revisión, etc.)	70 % del tiempo	
Horas diarias de trabajo directamente productivo	6,3 horas/día	
Horas diarias de trabajo no directamente productivo	2,7 horas/día	
Horas anuales de trabajo directamente productivo	1367 horas/año	

Número de horas en un año	8760
Horas anuales de trabajo directamente productivo (traducción, interpretación, revisión, etc.)	1367
Horas anuales de trabajo no directamente productivo (trabajo diario no productivo + días de trabajo no directamente productivo)	730
Horas de descanso en días de trabajo	3255
Horas de días no trabajados	3408

Figura 26. Horas trabajadas al año (CalPro)

No queremos entrar en demasiado detalle, pues en Quiñones (2010, pp. 151–154) uno de sus tres autores explica en pormenor el funcionamiento de esta herramienta, pero sí nos gustaría realizar varias puntualizaciones:

- gracias a que el alumnado tiene que pensar cuáles son sus gastos e ingresos, pasa a ser [más] consciente de estas cifras;

- aproximadamente la mitad del estudiantado prefiere contratar una gestoría para que se ocupe de la fiscalidad y la otra mitad se decanta por ocuparse ella misma de los temas fiscales;
- en la hoja «Cuánto gano», hemos indicado la tarifa de 0,04 €/palabra (impuestos siempre no incluidos) para que el alumnado comprobara el sueldo mensual neto que le queda disponible para «vivir» si acepta ese precio: 31 €/mes.
- con los gastos e ingresos introducidos, si el alumnado desea ganar mensualmente (con 14 pagas al año) 2000 € netos, si su productividad es de 400 palabras/hora (traducidas y revisadas, es decir, listas para enviar a la clienta), su tarifa media debería ser de 0,11 €/palabra;

Figura 27. Cuánto gano (CalPro)

Figura 28. Cuánto debo cobrar (CalPro)

Figura 29. Cuánto debo trabajar (CalPro)

- si realmente un(a) traductor(a) quiere ganar 2000 € netos mensuales, su productividad es de 400 palabras/hora y su tarifa media es de 0,04 €/palabra, tendrá que trabajar 20 horas al día, 5 días a la semana o estirar la semana laboral al fin de semana para poder trabajar menos horas diarias. Con estos datos, solo tendría 4 horas para dormir y «vivir». Es muy importante hacer estas cuentas para ser conscientes de lo que implica aceptar una tarifa (media) de 0,04 €/palabra;
- por último, nos gustaría destacar que lo más importante no es la tarifa, sino nuestro rendimiento por hora: hay trabajos con tarifas que se podrían considerar bajas, en un contexto muy productivo por repeticiones, sin necesidad de buscar terminología… Por otro lado, existe clientela que facilita el trabajo y otra que envía más texto con instrucciones que texto para traducir.

3.3. Negociación de condiciones

Después de tener algo más claro lo que debemos cobrar por nuestro trabajo (o, por lo menos, lo que no debemos cobrar), pasamos a la fase de negociación de condiciones. Para ello, creamos una cuenta de correo (en nuestro caso, hemos elegido clienteficticio2023@gmail.com) para poder comunicarnos con nuestro alumnado y representar el papel de un cliente real. Toda la negociación se llevará a cabo por correo electrónico, como en la mayoría de los casos del día a día de los/as traductores/as. A continuación, reproducimos la correspondencia entre un alumno (el traductor) y nosotras (la clienta), con el permiso de dicho estudiante.

> El dom, 1 oct 2023 a las 15:26, <clienteficticio2023@gmail.com> escribió:
>
> Exmo. Senhor Carlos Gomes,
>
> O meu nome é Maria João Mendonça e sou project manager na Sintraweb, Lda., uma empresa de tradução da Grande Lisboa fundada em 1998.
>
> Vimos os seus dados na Internet e estamos a contactá-lo porque precisamos da tradução de português para galego do ficheiro em anexo de 344 palavras.

O prazo limite seria na próxima sexta-feira, dia 6 de outubro, às 9h00 de Espanha.

Podemos pagar 0,04 EUR/palavra original e costumamos liquidar os trabalhos a 60 dias do fim do mês. Por favor, diga-nos se concorda com as nossas condições.

Ficamos a aguardar as suas prezadas notícias e aproveitamos a oportunidade para apresentar os nossos melhores cumprimentos.

Os melhores cumprimentos, | Un saludo, | Kind regards,

Maria João Mendonça [Gestora de Projetos | Project Manager]
Sintraweb - Informática e Serviços, Lda.
Apartado 72 | EC Monção
4954-909 Monção (Portugal)
Tel.: +351 966 669 855
www.sintraweb.pt NIF (VAT): 504167600
e-mail disclaimer: www.sintraweb.pt/disclaimer.htm

- En este mensaje, la clienta (una agencia de traducción de la zona de Lisboa; fue la empresa de la que fuimos socias durante los años que vivimos en Portugal, por eso utilizamos este ejemplo) se dirige en un tono formal al traductor (lo trata por «Exmo. Senhor Nombre Apellido2» en vez de otras opciones menos formales como «Boa tarde, XXXX XXXX» o «Caro XXXX XXXX») y le sugiere/«impone» una tarifa de 0,04 €/palabra y un plazo de pago a 60 días desde el final de mes.
- El nombre del traductor/alumno es Carlos Apellido1 Gómez y la clienta utiliza su segundo apellido en vez del primero para dirigirse al traductor —pues es lo habitual en Portugal cuando se usa solo un apellido, como explica Hermida Ruibal (2010, p. 15)—, aparte de adaptar libremente la ortografía del segundo apellido al portugués: «Gomes» en vez de «Gómez». Esto es algo bastante común cuando nos escribimos con clientela portuguesa. Ya hemos sido Ana Herminda,

Ana Hermínia, Ana Ermida… o simplemente Ana Ruibal, para nuestra clientela portuguesa.

De: Carlos XXXXX Gómez <xxxxxxxxxx@xxxxx.xxx>
Enviado el: lunes, 2 de octubre de 2023 8:17
Para: clienteficticio2023@gmail.com
Asunto: Re: Consulta de tradução PT>GL (Ref.ª 23872): carta_de_recomendacao_xxxx.docx

Exma. Senhora Maria João Mendonça,

Embora não haja nenhum problema com o prazo de entrega, as minhas tarifas são normalmente de 0,07 €/palavra, o que significaria um total de 24,08 euros e que podem ser pagos em 60 dias.

Com os melhores cumprimentos,

- En este mensaje, el alumno/traductor Carlos responde en el mismo tono formal («Exma. Senhora Maria João Mendonça») y, sin dejarse «pisotear», le remite una contrapropuesta del precio (0,07 €/palabra) y acepta el plazo de pago (60 días).
- El apellido que hemos elegido para la clienta portuguesa es intencional. Por lo menos el 20 % del alumnado suele escribirlo incorrectamente («Mendoça» en vez de «Mendonça»). Curiosamente una proporción parecida de alumnado suele molestarse cuando la clienta le cambia su primer apellido por el segundo y, sobre todo, cuando adapta su nombre propio a portugués, a veces no con los mejores modales para las formalidades portuguesas.
- Este alumno no utiliza ninguna firma —porque en su gestor de correo está configurada para que figure al final del mensaje que se está citando— y ello se comenta en clase, ya que numeroso estudiantado ni siquiera firma el mensaje, ni con un saludo, ni se dirige a la clienta por su nombre. Alguno incluso ni siquiera saluda al comenzar el mensaje, lo que no es nada educado en una comunicación formal con una clienta nueva.

El lun, 2 oct 2023 a las 11:36, <clienteficticio2023@gmail.com> escribió:

Exmo. Senhor Carlos Gomes,

Antes de mais, obrigada pela resposta.

Infelizmente a sua tarifa é superior à que cobramos ao n/cliente. Gostaríamos de saber se, excecionalmente, poderia faturar 0,06 €/palavra apenas para este trabalho e, se isso ajudar, poderíamos liquidar esta fatura a 30 dias do final do mês.

Aguardo as s/notícias. Obrigada.

Os melhores cumprimentos, | Un saludo, | Kind regards,

Maria João Mendonça [Gestora de Projetos | Project Manager]
Sintraweb - Informática e Serviços, Lda.
Apartado 72 | EC Monção

4954-909 Monção (Portugal)
Tel.: +351 966 669 855
www.sintraweb.pt NIF (VAT): 504167600
e-mail disclaimer: www.sintraweb.pt/disclaimer.htm

- La clienta baja el precio a 0,06 €/palabra en vez de aceptar la contrapropuesta de 0,07 €/palabra y, para compensar de cierta forma, indica que podrían liquidar la factura a 30 días de fin de mes, en vez de 60.

De: Carlos XXXXX Gómez <xxxxxxxxxx@xxxxx.xxx>
Enviado el: lunes, 2 de octubre de 2023 12:25
Para: clienteficticio2023@gmail.com
Asunto: Re: Consulta de tradução PT>GL (Ref.ª 23872): carta_de_recomen-dacao_xxxxx.docx

> Exma. Senhora Maria João Mendonça,
>
> Penso que desta vez posso fazer a exceção e agradeço que a fatura, que ascenderia a 20,64 euros, seja liquidada antes.
>
> Com os melhores cumprimentos,

- El traductor accede e indica el precio total de la factura para no haber equívocos. En este punto, si no tuviéramos ese dato, tendríamos que solicitar al cliente sus datos fiscales para fines de facturación; sin ellos, no podremos emitir la factura. En este caso no es necesario porque figura en su firma.

> El lun, 2 oct 2023 a las 13:47, <clienteficticio2023@gmail.com> escribió:
>
> Exmo. Senhor Carlos Gomes,
>
> Obrigada pela aceitação das condições propostas. Pode avançar com esta tradução e entregá-la até à próxima sexta-feira dia 6 às 9h00 de Espanha. Bom trabalho!
>
> Os melhores cumprimentos, | Un saludo, | Kind regards,
>
> Maria João Mendonça [Gestora de Projetos | Project Manager]
> Sintraweb - Informática e Serviços, Lda.
> Apartado 72 | EC Monção
> 4954-909 Monção (Portugal)
> Tel.: +351 966 669 855
> www.sintraweb.pt NIF (VAT): 504167600
> e-mail disclaimer: www.sintraweb.pt/disclaimer.htm

- La clienta le agradece al traductor que haya aceptado las condiciones y le recuerda cuál es el plazo de entrega.

De: Carlos XXXXX Gómez <xxxxxxxxxx@xxxxx.xxx>
Enviado el: miércoles, 4 de octubre de 2023 10:45
Para: clienteficticio2023@gmail.com
Asunto: Re: Consulta de tradução PT>GL (Ref.ª 23872): carta_de_recomendacao_xxxxx.docx

Exma. Senhora Maria João Mendonça,

Envio-lhe a tradução solicitada e a fatura do trabalho. Espero que tudo seja do vosso agrado.

Com os melhores cumprimentos,

· Por último, el traductor le envía la traducción y la factura a la clienta.

Importa destacar que el mejor momento para negociar un trabajo es cuando tenemos la «barriga llena» y no cuando no tenemos trabajo. Como afirma Neves (2021, p. 80): «um orçamento realizado numa situação em que há pouco trabalho [...] representa também uma fragilidade, pois a situação irá empurrar a empresa para a oferta de preços mais baixos ou condições mais desvantajosas.»

3.4. Facturación

Tras negociar las condiciones y enviar el trabajo, deberemos facturarlo y remitir la factura a la clienta. ¿Y qué impuestos se aplican en cada caso? La traductora Alba Méndez (2023) publicó en LinkedIn un esquema sobre qué impuestos debemos aplicar a cada encargo. Lo importante es que el alumnado sepa dónde encontrar la información y, sobre todo, que dude y la busque. Una factura con los impuestos incorrectos puede ocasionar graves problemas fiscales, aparte de multas.

Para que el alumnado emita la factura, puede recurrir a páginas web (españolas, pues los impuestos varían) en la que pueda introducir los datos y descargar un PDF con la factura. Otra opción es diseñar una factura en Excel. López (2013) indica cómo en su entrada de blog, además de mencionar qué información debe incluir una factura.

3.5. Cómo iniciarse en la profesión

Una guía que solemos pedir que el alumnado lea para poner en común posteriormente todos los puntos que le llamaron la atención es la *Guía práctica para o inicio da actividade profesional da tradución ou da interpretación*, elaborada por la AGPTI y disponible en su web. En ella, numerosos miembros de dicha asociación exponen ideas y orientaciones acerca de cómo iniciarse en el mercado y cómo ellos se iniciaron en su día.

Por otro lado, Vicente López (2018, pp. 79–94) explica detalladamente cómo iniciar la carrera de traductor(a) en el sector privado, cómo buscar clientela, cómo se facturan los trabajos como autónomo/a, qué impuestos se aplican en las facturas y qué trámites legales son necesarios para trabajar como autónomo/a.

4. Conclusiones

La propuesta didáctica presentada enfatiza la importancia de que el estudiantado de traducción practique la negociación de servicios en el grado en Traducción e Interpretación. Para ello, simulamos un encargo real para prepararlos/as para el mercado laboral. Esta práctica no solo les proporciona habilidades esenciales en la gestión de proyectos de traducción, sino que también les ayuda a comprender las complejidades del trabajo autónomo en el sector y a familiarizarse con el proceso de envío de consultas, negociación, entrega del trabajo y facturación.

En la asignatura en la que realizamos esta práctica, normalmente llevamos a cabo dos tipos de ejercicios de este tipo: uno en el que la clienta es una agencia portuguesa, que escribe en portugués, por lo tanto, se espera que el alumnado responda en el mismo idioma; por otro lado, hacemos siempre otra práctica que ya no hemos plasmado aquí en la que la clienta es una traductora autónoma residente en Galicia que escribe en gallego y se espera, asimismo, que el alumnado le responda en dicho idioma. Cabe decir que, tras dos prácticas, numeroso alumnado pregunta si no hay una tercera práctica. El único inconveniente por parte del profesorado es la falta de tiempo para llevar a cabo esta práctica tantas veces como nos gustaría pues, con grupos de más de 10 estudiantes, lleva su tiempo negociar con todo el alumnado en tiempo y forma, recopilar sus negociaciones, corregirlas, proyectarlas y comentarlas, así como las referencias de la clienta y las facturas. De cualquier forma, creemos que es una práctica que «engancha» bastante al alumnado y despierta su interés por el mercado laboral.

Referencias bibliográficas

AGPTI (2013). *Guía práctica para o inicio da actividade profesional da tradución ou da interpretación.* Recuperado el 10/07/2024 de https://www.agpti.org/wp-content/uploads/AGPTI_agpti_guia_inicio_actividadepdf.pdf.

Castro Roig, X.; Quiñones Tapia, H. y Steel, A. (2008). *CalPro.* Recuperado el 10/07/2024 de https://asetrad.org/faqcobro.

Gómez, P. Cómo se calcula el precio de una traducción. *Blog de Cálamo&Cran.* Recuperado el 20/07/2024 de https://www.calamoycran.com/blog/como-se-calcula-el-precio-de-una-traduccion/.

Hermida Ruibal, A. (2010). Acerca de la relevancia de los aspectos culturales al traducir desde el portugués. En X. M. Dasilva (ed.), *Perfiles de la traducción hispano-portuguesa*, III (pp. 13–24).

Hermida Ruibal, A. (2012). ¿Me fío o no me fío de un cliente nuevo? Prácticas de pago de clientes potenciales. En S. Cruces Colado, M. del Pozo Triviño, A. Luna Alonso, & A. Álvarez Lugrís (eds.), *Traducir en la frontera* (pp. 619–638).

Hoyos Seijo, I. (2021). La traducción en España, desde la perspectiva de una profesional autónoma: una radiografía borrosa. *Puntoycoma*, 170, pp. 24–28. Recuperado de https://ec.europa.eu/translation/spanish/magazine/documents/pyc_170_es.pdf.

Inglada Florensa, R. (2021). Traducción automática y tarifas: la eterna incógnita. *Puntoycoma*, 170, pp. 16–19. Recuperado de https://ec.europa.eu/translation/spanish/magazine/documents/pyc_170_es.pdf.

Ley 15/2007, de 3 de julio, de Defensa de la Competencia. *Boletín Oficial del Estado,* 159, de 4 de julio de 2007. https://www.boe.es/eli/es/l/2007/07/03/15.

Ley Orgánica 2/2023, de 22 de marzo, del Sistema Universitario. *Boletín Oficial del Estado*, 70, de 23 de marzo de 2023. https://www.boe.es/eli/es/lo/2023/03/22/2/con.

López, R. (2013). Aprende a diseñar tu propia factura en Excel. *Jugando a traducir.* Recuperado el 10/07/2024 de http://jugandoatraducir.com/aprende-a-disear-tu-propia-factura-en-excel/.

Mencía, R. (2014). 9 consejos para conseguir que te paguen siendo traductor. Blog *Traducción jurada oficial.* Recuperado el 20/07/2024 de https://www.traduccion-jurada-oficial.com/blog/9-consejos-para-conseguir-que-te-paguen-siendo-traductor/.

Méndez, A. (2023). Recuperado el 13/07/2024 de https://www.linkedin.com/feed/update/urn:li:activity:7117097835023495168/.

Neves, M. (2021). *O Tradutor Ansioso: Boas Práticas de Tradução Empresarial.* Lisboa: Certas Palavras.

Nuviala, I. Las tarifas de los traductores especializados: Algunas orientaciones prácticas. Blog de Cálamo&Cran. Recuperado el 20/07/2024 de https://www.calamoycran.com/blog/las-tarifas-de-los-traductores-especializados-algunas-orientaciones-practicas/.

Pérez Alonso, B. El arte de presupuestar o «que levante esa manita sin uñas el que nunca se haya pillado los dedos». *La Linterna del Traductor,* 5. Recuperado de https://lalinternadeltraductor.org/n5/presupuestos-traduccion.html.

Prieto, J. (2015). Cómo calcular tu tarifa de traducción. *Gonduana.* Recuperado el 16/07/2024 de https://www.gonduana.com/como-calcular-tu-tarifa-de-traduccion/.

ProZ. *Translator rates calculator.* Recuperado el 20/07/2024 de https://www.proz.com/translator-rates-calculator/.

Quiñones, H. (2010). Uso de CalPro como herramienta de planificación. *La Linterna del Traductor,* 2–3, pp. 151–154. Recuperado de http://www.lalinternadeltraductor.org/pdf/lalinterna_n2-3.pdf.

Saldanha, A. S. (2021). Mentoring: A solução prática para o sucesso dos futuros profissionais de tradução. *Viceversa*, 21, pp. 237–251. https://revistas.uvigo.es/index.php/viceversa/article/view/3468/3152.

Sancho Durán, J. (2018). Prohibido hablar de tarifas de traducción. *La Linterna del Traductor*, 17, pp. 95–100. http://lalinternadeltraductor.org/n17/prohibido-recomendar-tarifas.html.

SINTRA. Valores de Referência. Recuperado el 18/07/2024 de https://sintra.org.br/valores.

Surià López, S. (2023). Traducción, interpretación y accesibilidad. En S. Queralt Estévez (coord.), *Lingüistas de hoy, profesiones para el siglo* xxi (pp. 99–107).

Team Translator Rates Calculator. Recuperado el 15/07/2024 de https://www.team-translator.com/resources/team-translator-rates-calculator.

Vicente López, I. (2018). Iniciar la carrera de traductor en el sector privado. En P. Meseguer Cutillas y A. M. Rojo López (coords.), *La profesión del traductor e intérprete: claves para dar el salto al mundo laboral* (pp. 79–94).

Sobre las autorías

Tamara Andrés es poeta, traductora literaria y doctora en Traducción y Paratraducción por la Universidad de Vigo con un trabajo centrado en el papel de la poeta como agente importador. Sus intereses de investigación se centran en la sociología de la traducción, en la traducción poética y en el análisis de la historia de la literatura gallega desde un enfoque de género. Es miembro de la línea de investigación BITRAGA dentro del grupo de investigación de referencia competitiva BiFeGa y formó parte del proyecto Legados Literarios del Centro Ramón Piñeiro. Participó en la coordinación de obras como *O son en que cada lingua se solta. Luísa Villalta tradutora, Luísa Villalta traducida* (2024); *Francisco Fernández del Riego no río do tempo* (2023) o *Mensajes de Poesía (1948–1952)* (2022). Entre sus traducciones más recientes cabe destacar una antología poética de Vicent Andrés Estellés (Premio 2024 de Traducción de la Universidad de Vigo) y, junto con Oriana Méndez, *As iluminacións*, de Arthur Rimbaud (Editorial Kalandraka, 2023, XXII Premio de Traducción Plácido Castro).

Patricia Buján Otero, doctora en Traducción por la Universidad de Vigo y miembro de la línea BITRAGA dentro del grupo de investigación de referencia competitiva BiFeGa, es docente del Área de Filología Alemana de dicha institución. Sus más de 25 años de dedicación profesional a la traducción han girado, sobre todo, en torno al ámbito técnico y publicitario (alemán e inglés) y al editorial. En este último, ha vertido al gallego obras de autorías como Virginia Woolf, Rachel Carson, Albert Einstein y Byung-Chul Han. Esta experiencia profesional se refleja en sus principales líneas de investigación: la fraseología y la calidad en traducción, la traducción literaria del alemán y las políticas editoriales. Entre sus trabajos, destaca la coautoría de *Idiomatik Deutsch-Spanisch* (Buske Verlag, 2013), dirigido por Hans Schemann y Carmen Mellado, y la coedición de las monografías *La fraseografía del s. XXI. Nuevas propuestas para el español y el alemán* (Frank & Timme, 2010) y *La traducción editorial en el espacio ibérico. Discursos de principios de siglo* (Comares, en prensa).

Lara Domínguez-Araújo es licenciada en Traducción e Interpretación por la Universidade de Vigo y doctora en Traducción y Estudios Interculturales por la Universitat Autònoma de Barcelona. Posgraduada en interpretación de conferencias en la Facultade de Letras de Lisboa, ejerció como intérprete y traductora autónoma de inglés y portugués entre 2006 e 2021, atesorando más de 1000 horas de experiencia como intérprete en congresos y conferencias. Actualmente es profesora permanente del Departamento de Traducción y Lingüística de la Universidad de Vigo y sus áreas de investigación se centran en las intersecciones entre los estudios de traducción e interpretación y la didáctica. Entre sus publicaciones recientes destacan «Feedback in conference interpreter education: Perspectives of trainers and trainees», en el número 21 de la revista *Interpreting* (2019) y «Translation tutors' assessment perceptions and practices in Spain: results from the EACT project» con Elsa Huertas Barros en *Hermēneus* (2025).

Iolanda Galanes-Santos es licenciada en Filología Hispánica y doctora en Filología Gallego-Portuguesa por la Universidade de Santiago de Compostela, con posdoctorado en la Université de Montreal (OLST). Es profesora titular del Departamento de Tradución e Lingüística de la Universidade de Vigo. Sus áreas de investigación son los estudios de traducción y terminología: planificación terminológica, terminología gallega, neología y semántica. Ha dirigido un proyecto de cooperación universitaria con la Universidad de São Paulo sobre la terminología de la crisis económica. Entre sus publicaciones más recientes, destacan «Polycentric Galician terminology. Notes on terminology planning: The Galician case», en la monografía editada por Rossella Resi y Frieda Steurs *Handbook of Terminology. Volume 4. Terminology planning in Europe* (John Benjamins, 2025), y «Pandemia y viajes. Plasmación de la variación terminológica y la neología en los bancos terminológicos», en el volumen *Traducción, discurso turístico y cultura* editado por Gisella Policastro (Comares, 2024).

Ana Hermida Ruibal es licenciada en Traducción e Interpretación por la Universidad de Vigo, traductora/intérprete jurada (gallego-inglés-gallego), posee el DEA en Traducción y Paratraducción, el máster en Profesorado y es traductora desde 1998: durante 15 años como socia-fundadora de una empresa de traducción en Portugal y, actualmente, como autónoma residente en Galicia. Sus lenguas de trabajo son el portugués, gallego, castellano e inglés.

Lleva más de dos décadas impartiendo docencia de traducción del portugués y lengua portuguesa, tanto en España como en Portugal. Actualmente es profesora asociada en la Universidad de Vigo y profesora en la UNED. Pertenece a los grupos de investigación Bifega e iLingua de la Universidad de Vigo y sus líneas de investigación abarcan los aspectos profesionales de la traducción, la traducción portugués-español-gallego, la didáctica del portugués como lengua extranjera y la informática aplicada a la traducción.

Ana Luna Alonso es profesora titular en el departamento de Tradución de la Universidad de Vigo. Así mismo, es investigadora del grupo BITRAGA (bitraga.gal) en BiFeGa. Ha participado en diferentes equipos como CRET (UB), CULTURFIL (USC) o EACT (UAB). Entre sus actividades centradas en los Estudios de Traducción, hay que incluir la sociología de la traducción (desde y hacia las lenguas minorizadas), la historia de la traducción y de las personas que traducen, el estudio de los flujos de traducción y las políticas de traducción editorial. Cuenta con numerosas publicaciones y ha coeditado varias monografías como *Promoción cultural y traducción. Ferias internacionales del libro e invitados de honor* (Peter Lang, 2021), *Traducir en femenino: prácticas textuales y políticas* (Transfer, 2020), *La traducción literaria: nuevas investigaciones* (Comares, 2016), *Literaturas extranjeras y desarrollo cultural* (Peter Lang, 2015) o *Traducción de una cultura emergente* (Peter Lang, 2012).

Ramón Méndez González es docente del Departamento de Traducción y Lingüística de la Universidade de Vigo, donde imparte docencia en grado, posgrado y doctorado. Lleva vinculado a la industria del videojuego desde el año 2003, donde ha trabajado como periodista en diversos medios, como intérprete de diversas compañías y como localizador de videojuegos, ámbito en el que ha participado en la localización al español de más de un millar de producciones. En total, acumula 40 premios y nominaciones. Es miembro del Grupo de Investigación Traducción & Paratraducción (T&P) de la Universidade de Vigo, donde centra su trabajo en las diversas ramas posibles de la localización de videojuegos (elementos textuales y paratextuales, interpretación, proceso de localización, herramientas…), un ámbito en el que lleva publicadas más de dos decenas de monografías y libros editados, tanto de corte académico como de divulgación, así como decenas de publicaciones académicas de gran calado en el ámbito.

Alba Quintairos-Soliño es doctora en Traducción & Paratraducción, miembro titular del grupo de investigación T&P y docente en el Departamento de Traducción y Lingüística de la Universidade de Vigo. Sus líneas de investigación incluyen la paratraducción de la relación texto_imagen y la representación de la alteridad en la cultura popular. Entre sus publicaciones, destacan la coedición del volumen *Aprender a traducir y traducir para aprender: nuevas herramientas y metodologías para la docencia universitaria* (Peter Lang, 2025), el artículo en coautoría «Science, Folklore and Ecology of Knowledges in Aoyama's Detective Conan Anime», publicado en *Íkala* (2023), y los capítulos «Contemporary Japanese Folktales Represented in Anime: The Paradigmatic Case of InuYasha», en *Contemporary Fairy-Tale Magic* (Brill, 2020), y «Cuando el símbolo se malinterpreta: paratraducir Japón al margen de dinámicas orientalistas», en *Traducción & Paratraducción I* (Peter Lang, 2022).

Alba Rodríguez-Saavedra es traductora, editora técnica e integrante del Grupo de Investigación en Traducción y Paratraducción de la Universidade de Vigo. Sus líneas de estudio principales, asentadas en feminismo y traducción, se centran en el análisis de las distintas manipulaciones de los conceptos de la *moura* y la *cailleach*, así como de la ocultación de la obra de Ruth Matilda Anderson. Algunos de sus trabajos más recientes son «A moura, a deusa traducida» (2020), «Silence and Distortion of Feminine Characters in Irish Folktales» (2021), «A tradución das marxes como reivindicación das mulleres galegas. Elas, as elididas, a través de Ruth Matilda Anderson» (2023), galardonado con el Premio de Investigación Enxeñeiro Comerma Concello de Ferrol-Universidade da Coruña, «Tejiendo identidades. Mujeres autoras y protagonistas en las letras gallegas actuales» (2024) o el ensayo *Ruth Matilda Anderson, tradutora das marxes* (2025).

Elena Sánchez Trigo es catedrática de Traducción e Interpretación en la Universidad de Vigo. En la actualidad, sus líneas de trabajo se centran en la creación de recursos multilingües basados en corpus, terminología, análisis de convenciones textuales y aspectos teóricos y profesionales de la traducción. Dirigió y participó en numerosos proyectos de I+D+i de convocatorias competitivas, así como en diferentes redes temáticas autonómicas (como Red de Lingüística de corpus, Red de Recursos Lingüísticos para la Sociedad del Conocimiento o e-Learning) y europeas (como TRAMICTEK). En la actualidad es miembro del grupo de investigación GALMA, Galician Observatory for Media Accesibility. Entre los resultados de su investigación se incluyen numerosas publicaciones académicas en revistas y editoriales de referencia, como Meta, Jostrans, Sintagma, Omomazéin, Cadernos de Tradução, Çedille, Sendebar o Peter Lang, o la creación de recursos como RERCOR, un portal multilingüe sobre enfermedades raras.

Patricia Sotelo Dios es doctora en Traducción por la Universidad de Vigo y profesora asociada en el Departamento de Traducción y Lingüística de dicha institución, donde imparte docencia en el Grado en Traducción e Interpretación y en el Máster en Traducción para la Comunicación Internacional, y trabaja como traductora, revisora y correctora autónoma. Se licenció en Filología Inglesa y en Traducción e Interpretación, y obtuvo un Máster en Edición y un Master of Arts in Foreign and Second Language Education. Anteriormente trabajó como profesora de español en la University of Iowa y como traductora, revisora, correctora y gestora de proyectos en Interlingua Traduccións, SL. También estuvo contratada como investigadora en el Seminario de Lingüística Informática (SLI) de la Universidad de Vigo y en el Centro de Estudos Humanísticos (CEHUM) de la Universidade do Minho. Sus intereses de investigación se centran en los estudios de traducción basados en corpus y en la traducción audiovisual, sobre todo en la construcción y explotación de corpus paralelos multimedia.

Tamara Varela Vila es profesora ayudante doctora en la Universidade de Vigo, donde acumula más de una década de experiencia docente en diversas categorías. Inició su formación académica en esta misma institución con la Licenciatura en Traducción e Interpretación, para luego especializarse en terminología a través de un máster en la Université Lumière-Lyon 2, en Francia. Su formación culminó con el doctorado en la Universidade de Vigo en 2015, donde su tesis sobre el uso de ontologías para la representación del conocimiento terminológico fue galardonada con el Premio Extraordinario de Doctorado.

Su labor investigadora, ligada actualmente al grupo GALMA, se centra en la traducción y terminología biomédicas, con un enfoque particular en el subdominio de las enfermedades raras. Ha publicado numerosos artículos en revistas de prestigio como *Cadernos de Tradução*, *Onomázein* y *Çédille, revista de estudios franceses*, y forma parte del comité de redacción de la revista *Panace@: Revista de Medicina, Lenguaje y Traducción*, un referente en su campo.

Studien zur romanischen Sprachwissenschaft und interkulturellen Kommunikation

Herausgegeben von
José Juan Batista Rodríguez, Dolores García-Padrón und Encarnación Tabares Plasencia
Begründet von Gerd Wotjak †

Die vollständige Liste der in der Reihe erschienenen Bände finden Sie auf unserer Website
https://www.peterlang.com/view/serial/SRSIK

Band 110 Joaquín García Palacios / Goedele De Sterck / Daniel Linder / Nava Maroto / Miguel Sán-chez Ibáñez / Jesús Torres del Rey (eds): La neología en las lenguas románicas. Recursos, estrategias y nuevas orientaciones. 2016.

Band 111 André Horak: Le langage fleuri. Histoire et analyse linguistique de l'euphémisme. 2017.

Band 112 María José Domínguez Vázquez / Ulrich Engel / Gemma Paredes Suárez: Neue Wege zur Verbvalenz I. Theoretische und methodologische Grundlagen. 2017.

Band 113 María José Domínguez Vázquez / Ulrich Engel / Gemma Paredes Suárez: Neue Wege zur Verbvalenz II. Deutsch-spanisches Valenzlexikon. 2017.

Band 114 Ana Díaz Galán / Marcial Morera (eds.): Estudios en Memoria de Franz Bopp y Ferdinand de Saussure. 2017.

Band 115 Mª José Domínguez Vázquez / Mª Teresa Sanmarco Bande (ed.): Lexicografía y didáctica. Diccionarios y otros recursos lexicográficos en el aula. 2017.

Band 116 Joan Torruella Casañas: Lingüística de corpus: génesis y bases metodológicas de los corpus (históricos) para la investigación en lingüística. 2017.

Band 117 Pedro Pablo Devís Márquez: Comparativas de desigualdad con la preposición de en es-pañol. Comparación y pseudocomparación. 2017.

Band 118 María Cecilia Ainciburu (ed.): La adquisición del sistema verbal del español. Datos empíri-cos del proceso de aprendizaje del español como lengua extranjera. 2017.

Band 119 Cristina Villalba Ibáñez: Actividades de imagen, atenuación e impersonalidad. Un estudio a partir de juicios orales españoles. 2017.

Band 120 Josefa Dorta (ed.): La entonación declarativa e interrogativa en cinco zonas fronterizas del español. Canarias, Cuba, Venezuela, Colombia y San Antonio de Texas. 2017.

Band 121 Celayeta, Nekane / Olza, Inés / Pérez-Salazar, Carmela (eds.): Semántica, léxico y fraseo-logía. 2018.

Band 122 Alberto Domínguez Martínez: Morfología. Procesos Psicológicos y Evaluación. 2018.

Band 123 Lobato Patricio, Julia / Granados Navarro, Adrián: La traducción jurada de certificados de registro civil. Manual para el Traductor-Intérprete Jurado. 2018.

Band 124 Hernández Socas, Elia / Batista Rodríguez, José Juan / Sinner, Carsten (eds.): Clases y categorías lingüísticas en contraste. Español y otras lenguas. 2018.

Band 125 Miguel Ángel García Peinado / Ignacio Ahumada Lara (eds.): Traducción literaria y discur-sos traductológicos especializados. 2018.

Band 126 Emma García Sanz: El aspecto verbal en el aula de español como lengua extranjera. Hacia una didáctica de las perífrasis verbales. 2018.

Band 127 Miriam Seghiri. La lingüística de corpus aplicada al desarrollo de la competencia tecnoló-gica en los estudios de traducción e interpretación y la enseñanza de segundas lenguas. 2020.

Band 128 Pino Valero Cuadra / Analía Cuadrado Rey / Paola Carrión González (eds.): Nuevas ten-dencias en traducción: Fraseología, Interpretación, TAV y sus didácticas. 2018.

Band 129 María Jesús Barros García: Cortesía valorizadora. Uso en la conversación informal espa-ñola. 2018.

Band 130 Alexandra Marti / Montserrat Planelles Iváñez / Elena Sandakova (éds.): Langues, cultures et gastronomie : communication interculturelle et contrastes / Lenguas, culturas y gastro-nomía: comunicación intercultural y contrastes. 2018.

Band 131 Santiago Del Rey Quesada / Florencio del Barrio de la Rosa / Jaime González Gómez (eds.): Lenguas en contacto, ayer y hoy: Traducción y variación desde una perspectiva fi-lológica. 2018.

Band 132 José Juan Batista Rodríguez / Carsten Sinner / Gerd Wotjak (Hrsg.): La Escuela traducto-lógica de Leipzig. Continuación y recepción. 2019.

Band 133 Carlos Alberto Crida Álvarez / Arianna Alessandro (eds.): Innovación en fraseodidáctica. Tendencias, enfoques y perspectivas. 2019.

Band 134 Eleni Leontaridi: Plurifuncionalidad modotemporal en español y griego moderno. 2019.

Band 135 Ana Díaz-Galán / Marcial Morera (eds.): Nuevos estudios de lingüística moderna. 2019.

Band 136 Jorge Soto Almela: La traducción de la cultura en el sector turístico. Una cuestión de aceptabilidad. 2019.

Band 137 Xoán Montero Domínguez (ed.): Intérpretes de cine. Análisis del papel mediador en la ficción audiovisual. 2019.

Band 138 María Teresa Ortego Antón: La terminología del sector agroalimentario (español-inglés) en los estudios contrastivos y de traducción especializada basados en corpus: los embuti-dos. 2019.

Band 139 Sara Quintero Ramírez: Lenguaje creativo en el discurso periodístico deportivo. Estudio contrastivo en español, francés e inglés. 2019.

Band 140 Laura Parrilla Gómez: La interpretación en el contexto sanitario: aspectos metodológicos y análisis de interacción del intérprete con el usuario. 2019.

Band 141 Yeray González Plasencia: Comunicación intercultural en la enseñanza de lenguas extranje-ras. 2019.

Band 142 José Yuste Frías / Xoán Manuel Garrido Vilariño (Hrsg.): Traducción y Paratraducción. Líneas de investigación. 2020.

Band 143 María del Mar Sánchez Ramos: Documentación digital y léxico en la traducción e interpre-tación en los servicios públicos (TISP): fundamentos teóricos y prácticos. 2020.

Band 144 Florentina Mena Martínez / Carola Strohschen: Teaching and Learning Phraseology in the XXI Century. Phraseologie Lehren und Lernen im 21. Jahrhundert. Challenges for Phrase-odidactics and Phraseotranslation. Herausforderungen für Phraseodidaktik und Phrase-oübersetzung. 2020.

Band 145 Yuko Morimoto / Rafael García Pérez: De la oración al discurso: estudios en español y estudios contrastivos. 2020.

Band 146 Miguel Ibáñez Rodríguez: ENOTRADULENGUA. Vino, lengua y traducción. 2020.

Band 147 Miguel Ángel García Peinado / José Manuel González Calvo: Estudios de literatura y tra-ducción. 2020.

Band 148 Fernando López García: La involuntariedad en español. 2020.

Band 149 Julián Sancha Vázquez: La injerencia del sexo en el lenguaje. Dos siglos de historia del género gramatical en español. 2020.

Band 150 Joseph García Rodríguez: La fraseología del español y el catalán. Semántica cognitiva, simbolismo y contrastividad. 2020.

Band 151 Melania Cabezas-García: Los términos compuestos desde la Terminología y la Traducción. 2020.

Band 152 Inmaculada Clotilde Santos Díaz: El léxico bilingüe del futuro profesorado. Análisis y pau-tas para estudios de disponibilidad léxica. 2020.

Band 153 Alfonso Corbacho Nuevas reflexiones sobre la fraseología del insulto. 2020.

Band 154 Míriam Buendía Castro: Verb Collocations in Dictionaries and Corpus: an Integrated Ap-proach for Translation Purposes. 2020.

Band 155 Guiomar Topf Monge: Traducir el género. Aproximación feminista a las traducciones es-pañolas de obras de Annemarie Schwarzenbach. 2020.

Band 156 Miriam Seghiri / Lorena Arce-Romeral: La traducción de contratos de compraventa inmobi-liaria: un estudio basado en corpus aplicado a España e Irlanda. 2021.

Band 157 Emmanuel Bourgoin Vergondy / Ramón Méndez González (eds.): Traducción y paratra-ducción. Líneas de investigación II. 2021.

Band 158 Clara Inés López Rodríguez / Beatriz Sánchez Cárdenas: Theory and Digital Resources for the English-Spanish Medical Translation Industry. 2021.

Band 159 Alicia Mariscal: Categorización de los errores ortográficos en zonas de contacto lingüísti-co entre inglés y español. 2021.

Band 160 Esther Linares Bernabéu: Gender and Identity in Humorous Discourse Genero e identidad en el discurso humorístico. 2021.

Band 161 Matteo De Beni / Dunia Hourani Martín (eds.): Corpus y estudio diacrónico del discurso especializado en español. 2021.

Band 162 María Clara von Essen: Identidad y contacto de variedades. La acomodación lingüística de los inmigrantes rioplatenses en Málaga. 2021.

Band 163 Juana Luisa Herrera Santana/Ana Díaz-Galán: Aportaciones al estudio de las lenguas. Perspectivas teóricas y aplicadas. 2021.

Band 164 Juan M. Carrasco González: Dialectología fronteriza de Extremadura. Descripción e histo-ria de las variedades lingüísticas en la frontera extremeña. 2021.

Band 165 Álvaro Molina García: Fundamentos acústico-perceptivos de la escisión prestigiosa de /θ/. Estudio sociofonético en Málaga. 2021.

Band 166 Pau Bertomeu Pi: Peticiones en alemán y español. Un estudio contrastivo a partir de "Gran Hermano". 2022.

Band 167 Teresa Ortego Antón: La investigación en tecnologías de la traducción. Parámetros de la digitalización presente y la posible incidencia en el perfil de los futuros profesionales de la comunicación interlingüística. 2022.

Band 168 Jaime Sánchez Carnicer: Traducción y discapacidad. Un estudio comparado de la termino-logía inglés-español en la prensa escrita. 2022.

Band 169 Juan Manueal Ribes Lorenzo: Las palabras diacríticas en fraseología histórica. 2022.

Band 170 Patricia Buján Otero y Lara Domínguez Araújo (eds.): Traducción & Paratraducción III. Procesos inherentes a la interpretación, la revisión y la traducción. 2026.

Band 171 Juan Cuartero Otal / Montserrat Martínez Vázquez / Regina Gutiérrez Pérez / Juan Pablo Larreta Zulategui (eds.): La interfaz Léxico-Gramática. Contrastes entre el español y las lenguas germánicas. 2022.

Band 172 Miguel Ibáñez Rodríguez: Enotradulengua. Géneros y tipos textuales en el sector del vino. 2022.

Band 173 Sara Quintero Ramírez: Estudio pragmático-textual de marcadores discursivos en crónicas audiovisuales de eventos deportivos. 2022.

Band 174 Yeray González Plasencia / Itziar Molina Sangüesa (eds.): Enfoques actuales en investiga-ción filológica. 2022.

Band 175 Irma Mora Aguiar: De Numidia a Canarias: el viaje de la escritura líbico-bereber. 2022.

Band 176 Óscar Ferreiro-Vázquez [ed.]: Avances en las realidades traductológicas: tecnología, ocio y sociedad a través del texto y del paratexto. 2022.

Band 177 Félix Rodríguez González (ed.): Anglicismos en el español contemporáneo. Una visión panorámica. 2022.

Band 178 Celia Rico Pérez / Mª del Mar Sánchez Ramos (eds.). Traducción automática en contextos especializados. 2023.

Band 179 Alicia Mariscal: Bilingüismo y contacto lingüístico en la comunidad de Gibraltar a partir del análisis contrastivo y de errores. 2022.

Band 180 María Araceli Losey León / Gloria Corpas Pastor: La terminología del dominio de la segu-ridad de la navegación marítima en inglés y en español. 2022.

Band 181 María del Mar Sánchez Ramos (ed.): Investigaciones recientes en traducción y accesibili-dad digital. 2022.

Band 182 Encarnación Tabares Plasencia: Terminología y fraseología jurídicas en el "Libro de buen amor". 2022.

Band 183 Catalina Iliescu-Gheorghiu: Metodología de análisis traductológico. El modelo Lambert-Van Gorp y su aplicación a una revista de propaganda cultural durante la Guerra Fría. 2022.

Band 184 Amor López Jimeno: Estereotipos y pragmática intercultural en la pantalla. El humor como estrategia de aprendizaje y mediación. 2023.

Band 185 Ricardo Connett: El populismo como discurso en Venezuela y en España (1999-2018). Estudio de textos de Hugo Chávez y Pablo Iglesias. 2023.

Band 186 Elke Cases Berbel: Turismo, flujos migratorios y lengua. 2023.

Band 187 Dunia Hourani-Martín: Fraseología en el discurso jurídico-ambiental. Las construcciones verbonominales desde una perspectiva contrastiva (español-alemán). 2023.

Band 188 María del Carmen Balbuena Torezano: Identidad, territorio y lengua en torno al vino: apro-ximaciones desde la terminología y la traducción. 2023.

Band 190 Sara Quintero Ramírez / Reynaldo Radillo Enríquez: Rasgos prosódicos en la marcación discursiva. 2023.

Band 191 Nieto García Paola: Contextos de interpretación social en España. 2023.

Band 192 Leticia Santamaría Ciordia: Nuevas tecnologías para la interpretación remota. Progresos y retos para la formación y la profesión. 2023.

Band 193 María José Serrano Montesinos / Miguel Ángel Aijón Oliva: Form and Meaning. Studies of Grammatical Variation and Communicative Choice in Spanish. 2023.

Band 195 Carles Navarro Carrascosa: Lingüística queer hispánica. Las formas nominales de trata-miento de la comunidad de habla LGTBI. 2023.

Band 196 Félix Rodríguez González: Estudios sobre el anglicismo en el español actual. Perspectivas lingüísticas. 2023.

Band 197 Celia Rico Pérez: Tecnologías de la traducción en el ámbito de las migraciones. 2023.

Band 198 Rossana Sidoti / Domenico Daniele Lapedota: Nuevas aportaciones a las investigaciones en fraseología, paremiología y traducción. 2023.

Band 199 Francisco Jiménez Calderón: Los verbos ditransitivos y su enseñanza: transferencia, loca-ción y movimiento. 2023.

Band 200 Rafael García Pérez / Ariana Suárez Hernández (eds.): El adverbio: aproximaciones sincró-nicas, diacrónicas y variacionales. 2023.

Band 201 Diana González Pastor (ed.): El impacto de la traducción automática en la traducción pro-fesional en España: tendencias, retos y aspectos socioprofesionales. El proyecto DITA-PE. 2023.

Band 202 Juana Luisa Herrera Santana / Fermín Domínguez Santana (eds.): Dinámicas actuales en la investigación lingüística. Teoría y aplicación. 2024.

Band 203 Jaime Sánchez Carnicer (ed.): Nuevos avances tecnológicos en teoría y práctica de la traducción e interpretación. 2024.

Band 204 Fernando López García (ed.): Lingüística de la ausencia. 2024.

Band 205 Verónica Cristina Trujillo González: Los indoamericanismos léxicos en la obra lexicográfica de César Oudin (1607, 1616, 1621). 2024.

Band 206 Juan Cuartero Otal (ed.): Problemas de la traducción automática español-alemán-español. 2024.

Band 207 Mariano Quirós-García (ed.): La geoponía en su historia: Aportes filológicos y lexicográfi-cos. 2024.

Band 208 Analía Cuadrado Rey: Aproximación fraseológica al español de Argentina: Selección de un corpus y propuesta de traducción al alemán. 2024.

Band 209 José Luis Cifuentes Honrubia (ed.): Estudios sobre negación y cuantificación: Sincronía y diacronía. 2025.

Band 210 Héctor Hernández Arocha: La adquisición del alemán como segunda lengua: Un enfoque cognitivo basado en estructuras algorítmicas. 2025.

Band 211 Jesús Castañon Rodríguez / Félix Rodríguez González: Reacciones ante el anglicismo en los medios de comunicación españoles. 2025.

Band 212 Irune Berdún Villamonte: Desarrollo de la inteligencia metafórica en la enseñanza de Espa-ñol como Lengua Extranjera. 2025.

Band 213 Guadalupe de la Maya Retamar (ed.): Plurilingüismo en Extremadura: análisis de factores afectivos, disciplinares y lingüísticos. 2025.

Band 214 Rafael García Pérez: Formación y evolución de los adverbios intensificadores en -mente del español. clases, subclases y colocaciones. 2025.

Band 215 Marcello Giugliano: Oralidad y poesía en traducción. Robert Frost en español y catalán. 2025.

Band 216 Laura Hernández-Lorenzo: El drama textual herreriano desde las Humanidades Digitales y la Estilometría. 2025.

Band 217 Elia Hernández Socas: Ablative Verbalmodifikation aus kontrastiver Sicht. 2026.

Band 218 Elia Hernández Socas, Marcello Giugliano, José Juan Batista Rodríguez, Carsten Sinner (eds.): Contradicciones, discordancias y paradojas en la lengua española y en la lingüística contrastiva con español como término de la comparación. 2026.

Band 219 Carmen Mellado Blanco / Carsten Sinner / Encarnación Tabares Plasencia (eds.): Contradicciones, incoherencias y paradojas en la fraseología del español. 2026.

Band 220 Celia Rico Pérez y María del Mar Sánchez Ramos (eds.): Traducción y tecnología: diseño de ecosistemas colaborativos. 2026.

Band 221 Elisa Calvo, Hanan Saleh Hussein y Robert Szymyślik (eds.): Los servicios lingüísticos en el comercio internacional y su valor añadido. 2026.

Band 222 Matteo De Beni, Dunia Hourani-Martín y Carsten Sinner (eds.): Contradicciones, incoherencias y paradojas en la lexicografía y terminografía hispánicas. 2026.

www.peterlang.com

www.ingramcontent.com/pod-product-compliance
Ingram Content Group UK Ltd.
Pitfield, Milton Keynes, MK11 3LW, UK
UKHW011005120926
8556IPUK00027B/49

9 783631 867792